GLESS 1972

PARIS. — M.DCCC.XXXVIII.

MAGASIN DES FÉES.

ALPHONSE HENRIOT, ÉDITEUR.

# CONTES DE MA MÈRE L'OYE,

ou

# HISTOIRES DU TEMPS PASSÉ,

PAR PERRAULT.

# MAGASIN DES FÉES

ou

# CONTES DE FÉES,

DE PERRAULT,

DE M<sup>me</sup> LEPRINCE DE BEAUMONT, DE FÉNÉLON,

Et de Madame d'Aulnoy.

## Deuxième Édition.

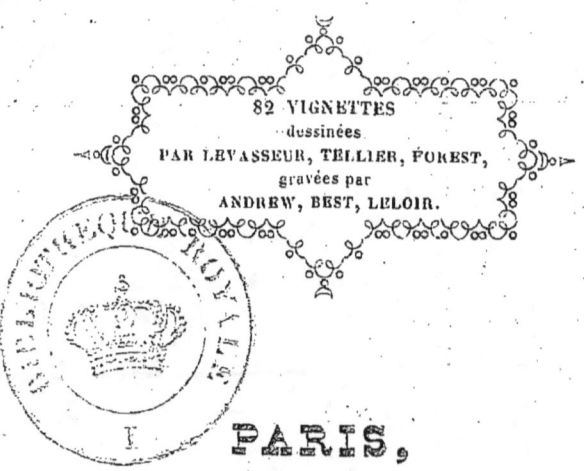

82 VIGNETTES
dessinées
PAR LEVASSEUR, TELLIER, FOREST,
gravées par
ANDREW, BEST, LELOIR.

PARIS,

ALPHONSE HENRIOT, ÉDITEUR,

6, RUE NEUVE-SAINT-MARC.

1838.

# MAGASIN DES FÉES.

## LE PETIT CHAPERON ROUGE.

Il était une fois une petite fille de village, la plus jolie qu'on eût su voir : sa mère en était folle, et sa mère-grand plus folle encore. Cette bonne femme lui fit faire un petit chaperon[1] rouge qui lui seyait si bien, que partout on l'appelait le petit Chaperon rouge.

Un jour sa mère ayant fait des galettes,

[1] Ancienne coiffure, en usage en France, jusqu'au temps du roi Charles IX.

lui dit : Va voir comment se porte ta mère-grand; car on m'a dit qu'elle était malade : porte-lui une galette et ce petit pot de beurre. » Le petit Chaperon rouge partit aussitôt pour aller chez sa mère-grand, qui demeurait dans un autre village. En passant dans un bois, elle rencontra compère le Loup, qui eut bien envie de la manger; mais il n'osa, à cause de quelques bûcherons qui étaient dans la forêt. Il lui demanda où elle allait. La pauvre enfant, qui ne savait pas qu'il était dangereux de s'arrêter à écouter un loup, lui dit : « Je vais voir ma mère-grand, et lui porter une galette avec un petit pot de beurre que ma mère lui envoie. — Demeure-t-elle bien loin? lui dit le Loup. — Oh! oui, lui dit le petit Chaperon rouge; c'est par-delà le moulin que vous voyez tout là-bas, là-bas, à la première maison du village. — Eh bien! dit le Loup, je veux l'aller voir aussi : je m'y en vais par ce chemin-ci, et toi par ce chemin-là; et nous verrons à qui plus tôt y sera. »

Le Loup se mit à courir de toute sa force par le chemin qui était le plus court; et la petite fille s'en alla par le chemin le plus long, s'amusant à cueillir des noisettes, à courir après des papillons, et à faire des bouquets des petites fleurs qu'elle rencontrait.

Le Loup ne fut pas long-temps à arriver à la maison de la mère-grand; il heurte, toc, toc. — Qui est là? — C'est votre fille, le petit Chaperon rouge, dit le Loup en contrefaisant sa voix, qui vous apporte une galette et un petit pot de beurre, que ma mère vous envoie. » La bonne mère-grand, qui était dans son lit, à cause qu'elle se trouvait un peu mal, lui cria : « Tire la chevillette, la bobinette [1] cherra. » Le Loup tira la chevillette, et la porte s'ouvrit. Il se jeta sur la bonne femme, et la dévora en moins de rien ; car il y avait plus de trois jours qu'il n'avait mangé. Ensuite il ferma la porte, et s'alla coucher dans le lit de la mère-grand, en attendant le petit Chaperon rouge, qui, quelque temps après, vint heurter à la porte, toc, toc. « Qui est là ? » Le petit Chaperon rouge, qui entendit la grosse voix du Loup, eut peur d'abord, mais croyant que sa mère-grand était enrhumée, répondit : « C'est votre fille, le petit Chaperon rouge, qui vous apporte une galette et un petit pot de beurre que ma mère vous envoie. » Le Loup lui cria, en adoucissant un peu sa voix : « Tire la chevillette, la bobinette cherra. » Le petit Chaperon rouge tira la chevillette, et la porte s'ouvrit.

Le Loup la voyant entrer, lui dit en se cachant dans le lit sous la couverture : « Mets la galette et le petit pot de beurre sur la huche [2], et viens te coucher avec moi. » Le petit Chaperon rouge se déshabille, et va se mettre dans le lit, où elle fut bien étonnée de voir comment

[1] Petit verrou de bois qui ferme les portes dans les villages.
[2] Grand coffre où l'on serre le pain, dans les campagnes.

sa mère-grand était faite en son déshabillé. Elle lui dit : « Ma mère-grand, que vous avez de grands bras ! — C'est pour mieux t'embrasser, ma fille ! — Ma mère-grand, que vous avez de grandes jambes ! — C'est pour mieux courir, mon enfant ! — Ma mère-grand, que vous avez de grandes oreilles ! — C'est pour mieux écouter, mon enfant ! — Ma mère-grand, que vous avez de grands yeux ! — C'est pour mieux voir, mon enfant ! — Ma mère-grand, que vous avez de grandes dents ! — C'est pour te manger ! ». Et en disant ces mots, ce méchant Loup se jeta sur le petit Chaperon rouge, et la mangea.

## LES FÉES.

Il était une fois une veuve qui avait deux filles : l'aînée lui ressemblait si fort et d'humeur et de visage, que, qui la voyait, voyait la mère. Elles étaient toutes deux si désagréables et si orgueilleuses, qu'on ne pouvait vivre avec elles.

La cadette, qui était le vrai portrait de son père, pour la douceur et l'honnêteté, était avec cela une des plus belles filles qu'on eût su voir.

Comme on aime naturellement son semblable, cette mère était folle de sa fille aînée, et en même temps avait une aversion effroyable pour la cadette. Elle la faisait manger à la cuisine, et travailler sans cesse.

Il fallait, entre autres choses, que cette pauvre enfant allât, deux fois le jour, puiser de l'eau à une grande demi-lieue du logis, et qu'elle en rapportât plein une grande cruche.

Un jour qu'elle était à cette fontaine, il vint à elle une pauvre femme, qui la pria de lui donner à boire. « Oui-dà, ma bonne mère, » dit cette belle fille; et rinçant aussitôt sa cruche, elle puisa de l'eau au plus bel endroit de la fontaine, et la lui présenta, soutenant toujours la cruche, afin qu'elle bût plus aisément.

La bonne femme ayant bu, lui dit : « Vous êtes si belle, si bonne et si honnête, que je ne puis m'empêcher de vous faire un don (car c'était une fée qui avait pris la forme d'une pauvre femme de village, pour voir jusqu'où irait l'honnêteté de cette jeune fille). Je vous donne pour don, poursuivit la fée, qu'à chaque parole que vous direz, il vous sortira de la bouche ou une fleur, ou une pierre précieuse. »

Lorsque cette belle fille arriva au logis, sa mère la gronda de revenir si tard de la fontaine. « Je vous demande pardon, ma mère, dit cette pauvre fille, d'avoir tardé si long-temps; » et en disant ces mots, il lui sortit de la bouche deux roses, deux perles et deux gros diamans. « Que vois-je là, dit sa mère tout étonnée, je crois qu'il lui sort de la bouche des perles et des diamans. D'où vient cela, ma fille ? » (Ce fut la première fois qu'elle l'appela sa fille).

La pauvre enfant lui raconta naïvement tout ce qui lui était arrivé, non sans jeter une infinité de diamans. « Vraiment, dit la mère, il faut que j'y envoie ma fille. Tenez, Fanchon, voyez ce qui sort de la bouche de votre sœur, quand elle parle : ne seriez-vous pas bien aise d'avoir le même don ? Vous n'avez qu'à aller puiser de l'eau à la fontaine, et quand une pauvre femme vous demandera à boire, lui en donner bien honnêtement. — Il me ferait beau voir, répondit la brutale, aller à la fontaine ! — Je veux que vous y alliez, reprit la mère, et tout à l'heure. »

Elle y alla, mais toujours en grondant. Elle prit le plus beau flacon d'argent qui fût dans le logis.

Elle ne fut pas plus tôt arrivée à la fontaine, qu'elle vit sortir du bois une dame magnifiquement vêtue, qui vint lui demander à boire. C'était la même fée qui avait apparu à sa sœur, mais qui avait pris l'air et les habits d'une princesse, pour voir jusqu'où irait la malhonnêteté de cette fille. « Est-ce que je suis ici venue, lui dit cette brutale orgueilleuse, pour vous donner à boire ? Justement j'ai apporté un flacon d'argent tout exprès pour donner à boire à madame ; j'en suis d'avis : buvez à même si vous voulez. — Vous n'êtes guère honnête, reprit la fée, sans se mettre en colère. Eh bien ! puisque vous êtes si peu obligeante, je vous donne pour don, qu'à chaque parole que vous direz, il vous sortira de la bouche ou un serpent ou un crapaud. »

D'abord que sa mère l'aperçut, elle lui cria : « Eh bien ! ma fille ? — Eh bien ! ma mère ? lui répondit la brutale, en jetant deux vipères et deux crapauds. — O ciel ! s'écria la mère, que vois-je là ? C'est sa sœur qui en est la cause : elle me le paiera ; » et aussitôt elle courut pour la battre.

La pauvre enfant s'enfuit, et alla se sauver dans la forêt prochaine. Le fils du roi, qui revenait de la chasse, la rencontra, et la voyant si belle, lui demanda ce qu'elle faisait là toute seule, et ce qu'elle avait à pleurer ? « Hélas ! monsieur, c'est ma mère qui m'a chassée du logis. »

Le fils du roi, qui vit sortir de sa bouche cinq ou six perles, et autant de diamans, la pria de lui dire d'où cela lui venait. Elle lui raconta toute son aventure. Le fils du roi en devint amoureux ; et considérant qu'un tel don valait mieux que tout ce qu'on pouvait donner en mariage à une autre, l'emmena au palais du roi son père, où il l'épousa.

Pour sa sœur, elle se fit tant haïr, que sa propre mère

la chassa de chez elle ; et la malheureuse, après avoir bien couru sans trouver personne qui voulût la recevoir, alla mourir au coin d'un bois.

## LA BARBE-BLEUE.

Il était une fois un homme qui avait de belles maisons à la ville et à la campagne, de la vaisselle d'or et d'argent, des meubles en broderie et des carrosses tout dorés. Mais, par malheur, cet homme avait la barbe bleue : cela le rendait si laid et si terrible, qu'il n'était ni femme ni fille qui ne s'enfuit de devant lui.

Une de ses voisines, dame de qualité, avait deux

filles parfaitement belles. Il lui en demanda une en mariage, en lui laissant le choix de celle qu'elle voudrait lui donner. Elles n'en voulaient point toutes deux, et se le renvoyèrent l'une à l'autre, ne pouvant se résoudre à prendre un homme qui eût la barbe bleue. Ce qui les dégoûtait encore, c'est qu'il avait déjà épousé plusieurs femmes, et qu'on ne savait ce que ces femmes étaient devenues.

La Barbe-Bleue, pour faire connaissance, les mena, avec leur mère et trois ou quatre de leurs meilleures amies, et quelques jeunes gens du voisinage, à une de ses maisons de campagne, où on demeura huit jours entiers. Ce n'étaient que promenades, que parties de chasse et de pêche, que danses et festins, que collations : on ne dormait point et on passait toute la nuit à se faire des malices les uns aux autres; enfin tout alla si bien, que la cadette commença à trouver que le maître du logis n'avait plus la barbe si bleue, et que c'était un fort honnête homme. Dès qu'on fut de retour à la ville, le mariage se conclut.

Au bout d'un mois, la Barbe-Bleue dit à sa femme qu'il était obligé de faire un voyage en province, de six semaines au moins, pour une affaire de conséquence; qu'il la priait de se bien divertir pendant son absence; qu'elle fît venir ses bonnes amies; qu'elle les menât à la campagne, si elle le voulait; que partout elle fît bonne chère. « Voilà, lui dit-il, les clefs des deux grands garde-meubles ; voilà celles de la vaisselle d'or et d'argent, qui ne sert pas tous les jours ; voilà celles de mes coffres-forts où est mon or et mon argent ; celles de mes cassettes où sont mes pierreries ; et voilà le passe-partout de tous les appartemens. Pour cette petite clef-ci, c'est la clef du cabinet au bout de la grande galerie de l'appartement bas : ouvrez tout, allez partout ; mais, pour ce petit cabinet, je vous défends d'y entrer, et je vous le défends de telle sorte, que, s'il vous arrive de l'ouvrir, il n'y a rien que vous ne deviez attendre de ma colère. »

Elle promit d'observer exactement tout ce qui lui venait d'être ordonné ; et lui, après l'avoir embrassée, monte dans son carrosse, et part pour son voyage.

Les voisines et les bonnes amies n'attendirent pas qu'on les envoyât quérir pour aller chez la jeune mariée, tant elles avaient d'impatience de voir toutes les richesses de sa maison, n'ayant osé y venir pendant que le mari y était, à cause de sa barbe bleue, qui leur faisait peur. Les voilà aussitôt à parcourir les chambres, les cabinets, les garde-robes, toutes plus belles et plus riches les unes que les autres. Elles montèrent ensuite aux garde-meubles, où elles ne pouvaient assez admirer le nombre et la beauté des tapisseries, des lits, des sophas, des cabinets, des guéridons, des tables et des miroirs où l'on se voyait depuis les pieds jusqu'à la tête, et dont les bordures, les unes de glace, les autres d'argent et de vermeil doré, étaient les plus belles et les plus magnifiques qu'on eût jamais vues; elles ne cessaient d'exagérer et d'envier le bonheur de leur amie, qui cependant ne se divertissait point à voir toutes ces richesses, à cause de l'impatience qu'elle avait d'aller ouvrir le cabinet de l'appartement du bas.

Elle fut si pressée de sa curiosité, que, sans considérer qu'il était malhonnête de quitter sa compagnie, elle descendit par un escalier dérobé, et avec tant de précipitation, qu'elle pensa se rompre le cou deux ou trois fois. Étant arrivée à la porte du cabinet, elle s'y arrêta quelque temps, songeant à la défense que son mari lui avait faite, et considérant qu'il pourrait lui arriver malheur d'avoir été désobéissante; mais la tentation était si forte, qu'elle ne put la surmonter : elle prit donc la petite clef, et ouvrit en tremblant la porte du cabinet.

D'abord elle ne vit rien, parce que les fenêtres étaient fermées. Après quelques momens, elle commença à voir que le plancher était tout couvert de sang caillé, dans lequel se miraient les corps de plusieurs femmes mortes, attachées le long des murs : c'étaient toutes les femmes que la Barbe-Bleue avait épousées, et qu'il avait égorgées l'une après l'autre. Elle pensa mourir de peur, et la clef du cabinet, qu'elle venait de retirer de la serrure lui tomba de la main.

Après avoir un peu repris ses sens, elle ramassa la clef, referma la porte, et monta à sa chambre pour se remettre un peu; mais elle n'en pouvait venir à bout, tant elle était émue.

Ayant remarqué que la clef du cabinet était tachée de sang, elle l'essuya deux ou trois fois; mais le sang ne s'en allait point : elle eut beau la laver, et même la frotter avec du sable et avec du grès, il y demeura toujours du sang, car la clef était fée [1], et il n'y avait pas moyen de la nettoyer tout-à-fait : quand on ôtait le sang d'un côté, il revenait de l'autre...

La Barbe-Bleue revint de son voyage dès le soir même, et dit qu'il avait reçu des lettres en chemin, qui lui avaient appris que l'affaire pour laquelle il était parti, venait d'être terminée à son avantage. Sa femme fit tout ce qu'elle put pour lui témoigner qu'elle était ravie de son prompt retour.

Le lendemain, il lui demanda les clefs; et elle les lui donna; mais d'une main si tremblante, qu'il devina sans peine tout ce qui s'était passé. « D'où vient, lui dit-il, que la clef du cabinet n'est point avec les autres?

---

[1] C'est-à-dire que la clef était un ouvrage de féerie. Elle était enchantée sans doute, comme la lampe merveilleuse, les anneaux constellés et d'autres objets magiques, du genre du talisman.

— Il faut, dit-elle, que je l'aie laissée là-haut sur ma table. — Ne manquez pas, dit la Barbe-Bleue, de me la donner tantôt.

Après plusieurs remises, il fallut apporter la clef. La Barbe-Bleue l'ayant considérée, dit à sa femme : « Pourquoi y a-t-il du sang sur cette clef ? — Je n'en sais rien, répondit la pauvre femme, plus pâle que la mort. — Vous n'en savez rien ? reprit la Barbe-Bleue ; je le sais bien, moi. Vous avez voulu entrer dans le cabinet ? Eh bien ! madame, vous y entrerez, et irez prendre votre place auprès des dames que vous y avez vues. »

Elle se jeta aux pieds de son mari, en pleurant, et en lui demandant pardon avec toutes les marques d'un vrai repentir de n'avoir pas été obéissante. Elle aurait attendri un rocher, belle et affligée comme elle était ; mais la Barbe-Bleue avait un cœur plus dur qu'un rocher. « Il faut mourir, madame, lui dit-il, et tout-à-l'heure. — Puisqu'il faut mourir, répondit-elle en le regardant les yeux baignés de larmes, donnez-moi un peu de temps pour prier Dieu. — Je vous donne un demi-quart d'heure, reprit la Barbe-Bleue ; mais pas un moment davantage. »

Lorsqu'elle fut seule, elle appela sa sœur, et lui dit : « Ma sœur Anne (car elle s'appelait ainsi), monte, je te prie, sur le haut de la tour, pour voir si mes frères ne viennent point : ils m'ont promis qu'ils me viendraient voir aujourd'hui ; et, si tu les vois, fais leur signe de se hâter. » Là sœur Anne monta sur le haut de la tour; et la pauvre affligée lui criait de temps en temps : « Anne, ma sœur Anne, ne vois-tu rien venir ? » Et la sœur Anne répondait : « Je ne vois rien que le soleil qui poudroie [1], et l'herbe qui verdoie [2]. »

Cependant la Barbe-Bleue, tenant un grand coutelas à sa main, criait de toute sa force : « Descends vite, ou je monterai là-haut. — Encore un moment, s'il vous plaît, » lui répondit sa femme ; et aussitôt elle criait tout bas : « Anne, ma sœur Anne, ne vois-tu rien venir ? » Et la sœur Anne répondait : « Je ne vois rien que le soleil qui poudroie, et l'herbe qui verdoie. »

« Descends donc vite, cria la Barbe-Bleue, ou je monterai là-haut. — Je m'en vais, » répondit la femme ; et puis elle criait : « Anne, ma sœur Anne, ne vois-tu rien venir ? — Je vois, répondit la sœur Anne, une grosse poussière qui vient de ce côté-ci... — Sont-ce mes frères ? — Hélas! non, ma sœur; je vois un troupeau de moutons... — Ne veux-tu pas descendre, criait la Barbe-Bleue ? — Encore un petit moment, » répondit sa femme ; et puis elle criait : « Anne, ma sœur Anne, ne vois-tu rien venir ? — Je vois deux cavaliers qui viennent de ce côté ; mais ils sont bien loin encore. — Dieu soit loué !

---

[1] Poudroyer, darder, éblouir les yeux.
[2] Verdoyer, jeter un éclat vert.

s'écria-t-elle un moment après, ce sont mes frères. — Je leur fais signe tant que je puis de se hâter. »

La Barbe-Bleue se mit à crier si fort, que toute la maison en trembla. La pauvre femme descendit, et alla se jeter à ses pieds, tout éplorée et tout échevelée. « Cela ne sert de rien, dit la Barbe-Bleue; il faut mourir. » Puis, la prenant d'une main par les cheveux, et de l'autre levant le coutelas en l'air, il allait lui abattre la tête. La pauvre femme, se tournant vers lui, et le regardant avec des yeux mourans, le pria de lui donner un petit moment pour se recueillir. « Non, non, dit-il, recommande-toi bien à Dieu; » et levant son bras... Dans ce moment, on heurta si fort à la porte, que la Barbe-Bleue s'arrêta tout court. On ouvrit, et aussitôt on vit entrer deux cavaliers qui, mettant l'épée à la main, coururent droit à la Barbe-Bleue...

Il reconnut que c'étaient les frères de sa femme, l'un dragon, et l'autre mousquetaire, de sorte qu'il s'enfuit aussitôt pour se sauver; mais les deux frères le poursuivirent de si près, qu'ils l'attrapèrent avant qu'il pût gagner le perron. Ils lui passèrent leur épée au travers du corps, et le laissèrent mort. La pauvre femme était presque aussi morte que son mari, et n'avait pas la force de se lever pour embrasser ses frères.

Il se trouva que la Barbe-Bleue n'avait point d'héritiers, et qu'ainsi sa femme demeura maîtresse de tous ses biens. Elle en employa une partie à marier sa jeune sœur Anne, avec un jeune gentilhomme dont elle était aimée depuis long-temps; une autre partie à acheter des charges de capitaine à ses deux frères; et le reste à se marier elle-même à un fort honnête homme, qui lui fit oublier le mauvais temps qu'elle avait passé avec la Barbe-Bleue.

## LA BELLE AU BOIS DORMANT.

Il y avait une fois un roi et une reine qui étaient si fâchés de n'avoir pas d'enfans, si fâchés qu'on ne saurait dire. Ils allèrent à toutes les eaux du monde : vœux, pélerinages [1], tout fut mis en œuvre, et rien n'y faisait. Enfin pourtant, la reine devint grosse,

[1] On allait en pélerinage, pour avoir des enfans, à Notre-Dame de Liesse, à Saint-René en Anjou, à Saint-Guenolé en Bretagne, à Notre-Dame de Roquemadour en Querci, à Saint-Urbic en Auvergne, etc.

et accoucha d'une fille. On fit un beau baptême ; on donna pour marraines, à la petite princesse, toutes les fées qu'on put trouver dans le pays (il s'en trouva sept), afin que, chacune d'elles lui faisant un don, comme c'était la coutume des fées en ce temps-là, la princesse eût, par ce moyen, toutes les perfections imaginables.

Après les cérémonies du baptême, toute la compagnie revint au palais du roi, où il y avait un grand festin pour les fées. On mit devant chacune d'elles un couvert magnifique, avec un étui d'or massif où il y avait une cuiller, une fourchette et un couteau de fin or, garnis de diamans et de rubis. Mais, comme chacun prenait sa place à table, on vit entrer une vieille fée, qu'on n'avait point priée, parce qu'il y avait plus de cinquante ans qu'elle n'était sortie d'une tour, et qu'on la croyait morte ou enchantée. Le roi lui fit donner un couvert ; mais il n'y eut pas moyen de lui donner un étui d'or massif comme aux autres, parce que l'on n'en avait fait faire que sept pour les sept fées. La vieille crut qu'on la méprisait, et grommela quelques menaces entre ses dents. Une des jeunes fées, qui se trouva auprès d'elle, l'entendit ; et jugeant qu'elle pourrait donner quelque fâcheux don à la petite princesse, alla, dès qu'on fut sorti de table, se cacher derrière la tapisserie, afin de parler la dernière, et de pouvoir réparer, autant qu'il lui serait possible, le mal que la vieille aurait fait.

Cependant, les fées commencèrent à faire leur don à la princesse. La plus jeune lui donna pour don qu'elle serait la plus belle personne du monde; celle d'après, qu'elle aurait de l'esprit comme un ange; la troisième, qu'elle aurait une grâce admirable à tout ce qu'elle ferait; la quatrième, qu'elle danserait parfaitement bien; la cinquième, qu'elle chanterait comme un rossignol; la sixième, qu'elle jouerait de toutes sortes d'instrumens dans la dernière perfection. Le rang de la vieille fée étant venu, elle dit, en branlant la tête, avec plus de dépit que de vieillesse, que la princesse se percerait la main d'un fuseau, et qu'elle en mourrait.

Ce terrible don fit frémir toute la compagnie, et il n'y eut personne qui ne pleurât. Dans ce moment la jeune fée sortit de derrière la tapisserie, et dit tout haut ces paroles : « Rassurez-vous, roi et reine, votre fille n'en mourra point; il est vrai que je n'ai pas assez de puissance pour défaire entièrement ce que mon ancienne a fait; la princesse se percera la main d'un fuseau; mais, au lieu d'en mourir, elle tombera seulement dans un profond sommeil qui durera cent ans, au bout desquels le fils d'un roi viendra la réveiller. »

Le roi, pour tâcher d'éviter le malheur annoncé par la vieille, fit publier un édit par lequel il défendait à toutes personnes de filer au fuseau, ni d'avoir des fuseaux chez soi, sous peine de la vie.

Au bout de quinze ou seize ans, le roi et la reine étant allés à une de leurs maisons de plaisance, il arriva que la jeune princesse, courant un jour dans le château, et montant de chambre en chambre, alla jusqu'au haut d'un donjon, dans un petit galetas où une bonne vieille était à filer sa quenouille. Cette bonne femme n'avait point ouï parler des défenses que le roi avait faites de filer au fuseau. « Que faites-vous là, ma bonne femme ? dit la princesse. — Je file, ma belle enfant, lui répondit la vieille, qui ne la connaissait pas. — Ah ! que cela est joli, reprit la princesse : comment faites-vous ? donnez-moi que je voie si j'en ferai autant : » Elle n'eut pas plus tôt pris le fuseau, que, comme elle était fort vive, un peu étourdie, et que d'ailleurs l'arrêt des fées l'ordonnait ainsi, elle s'en perça la main, et tomba évanouie.

La bonne vieille, bien embarrassée, crie au secours : on vient de tous côtés; on jette de l'eau au visage de la princesse, on la délace, on lui frappe dans les mains, on lui frotte les tempes avec de l'eau de la reine de Hongrie[1] : mais rien ne la faisait revenir.

Alors le roi, qui était monté au bruit, se souvint de la prédiction des fées, et jugeant bien qu'il fallait que cela arrivât, puisque les fées l'avaient dit, fit mettre la princesse dans le plus bel appartement du palais, sur un

---

[1] Cette eau doit son nom à sainte Élisabeth, reine de Hongrie.

lit en broderie d'or et d'argent. On eût dit un ange, tant elle était belle; car son évanouissement n'avait point ôté les couleurs vives de son teint : ses joues étaient incarnates, et ses lèvres comme du corail; elle avait seulement les yeux fermés, mais on l'entendait respirer tout doucement, ce qui faisait voir qu'elle n'était pas morte. Le roi ordonna qu'on la laissât dormir en repos, jusqu'à ce que son heure de se réveiller fût venue. La bonne fée qui lui avait sauvé la vie, en la condamnant à dormir cent ans, était dans le royaume de Mataquin; à douze mille lieues de là, lorsque l'accident arriva à la princesse; mais elle en fut avertie en un instant, par un petit nain qui avait des bottes de sept lieues (c'étaient des bottes avec lesquelles on faisait sept lieues d'une seule enjambée). La fée partit aussitôt, et on la vit, au bout d'une heure, arriver dans un chariot tout de feu, traîné par des dragons. Le roi alla lui présenter le main à la descente du chariot. Elle approuva tout ce qu'il avait fait; mais comme elle était grandement prévoyante, elle pensa que quand la princesse viendrait à se réveiller, elle serait bien embarrassée toute seule dans ce grand château : voici ce qu'elle fit. Elle toucha de sa baguette tout ce qui était dans le château (hors le roi et la reine), gouvernantes, filles d'honneur, femmes-de-chambre, gentilshommes, officiers, maîtres-d'hôtel, cuisiniers, marmitons, galopins, gardes, suisses, pages, valets-de-pied; elle toucha aussi tous les chevaux qui étaient dans les écuries, avec les palfreniers, les gros mâtins de la basse-cour, et la petite Pouffle, petite chienne de la princesse, qui était auprès d'elle sur son lit. Dès qu'elle les eut touchés, ils s'endormirent tous, pour ne se réveiller qu'en même temps que leur maîtresse, afin d'être tout prêts à la servir quand elle en aurait besoin. Les broches même, qui étaient au feu, toutes pleines de perdrix et de faisans, s'endormirent, et le feu aussi. Tout cela se fit en un moment : les fées n'étaient pas longues à leur besogne.

Alors le roi et la reine, après avoir baisé leur chère enfant, sans qu'elle s'éveillât, sortirent du château, et firent publier des défenses à qui que ce fût d'en approcher. Ces défenses n'étaient pas nécessaires; car il crût, dans un quart d'heure, tout autour du parc, une si grande quantité de grands arbres et de petits, de ronces et d'épines entrelacées les unes dans les autres, que bête ni homme n'y aurait pu passer; en sorte qu'on ne voyait plus que le haut des tours du château, encore n'était-ce que de bien loin. On ne douta point que la fée n'eût encore fait là un tour de son métier, afin que la princesse, pendant qu'elle dormirait, n'eût rien à craindre des curieux.

Au bout de cent ans, le fils du roi qui régnait alors, et qui était d'une autre famille que la princesse endormie, étant allé à la chasse de ce côté-là, demanda ce que c'était que des tours qu'il voyait au-dessus d'un grand bois fort épais. Chacun lui répondit selon qu'il en avait ouï parler : les uns disaient que c'était un vieux château où il revenait des esprits ; les autres, que tous les sorciers de la contrée y faisaient leur sabbat. La plus commune opinion était qu'un ogre y demeurait, et que là, il emportait tous les enfans qu'il pouvait attraper, pour les pouvoir manger à son aise, et sans qu'on le pût suivre, ayant seul le pouvoir de se faire un passage au travers du bois.

Le prince ne savait qu'en croire, lorsqu'un vieux paysan prit la parole et lui dit : « Mon prince, il y a plus de cinquante ans que j'ai ouï dire à mon père, qu'il y avait dans ce château une princesse, la plus belle qu'on eût su voir ; qu'elle y devait dormir cent ans, et qu'elle serait réveillée par le fils d'un roi, à qui elle était réservée. »

Le jeune prince, à ce discours, se sentit tout de feu ; il crut, sans balancer, qu'il mettrait fin à une si belle aventure ; et, poussé par l'amour et par la gloire, il résolut de voir sur-le-champ ce qui en était. A peine s'avança-t-il vers le bois, que tous ces grands arbres, ces ronces et ces épines, s'écartèrent d'eux-mêmes pour le laisser passer. Il marcha vers le château, qu'il voyait au bout d'une grande avenue où il entra ; et, ce qui le surprit un peu, il vit que personne de ses gens ne l'avait pu suivre; parce que les arbres s'étaient rapprochés dès qu'il avait été passé. Il ne laissa pas de continuer son chemin : un prince jeune et amoureux est toujours vaillant. Il entra dans une grande avant-cour, où tout ce qu'il vit d'abord était capable de le glacer de crainte. C'était un silence affreux : l'image de la mort s'y présentait partout; ce n'était que des corps étendus d'hommes et d'animaux qui paraissaient morts. Il reconnut pourtant bien, au nez bourgeonné et à la face vermeille des suisses, qu'ils n'étaient qu'endormis; et leurs tasses, où il y avait encore quelques gouttes de vin, montraient assez qu'ils s'étaient endormis en buvant.

Il passe une grande cour pavée de marbre; il monte l'escalier; il entre dans la salle des gardes, qui étaient rangés en haie, la carabine sur l'épaule, et ronflant de leur mieux. Il traverse plusieurs chambres, pleine de gentilshommes et de dames, dormant tous, les uns debout, les autres assis. Il entra dans une chambre toute dorée, et il vit sur un lit, dont les rideaux étaient ouverts de tous côtés, le plus beau spectacle qu'il eût jamais vu : une princesse qui paraissait avoir quinze ou seize ans, et dont l'éclat resplendissant avait quelque chose de lumineux et de divin. Il s'approcha en tremblant et en admirant, et se mit à genoux auprès d'elle.

Alors, comme la fin de l'enchantement était venue, la princesse s'éveilla; et le regardant avec des yeux plus tendres qu'une première vue ne semblait le permettre : « Est-ce vous, mon prince? lui dit-elle; vous vous êtes bien fait attendre. » Le prince, charmé de ses paroles, et plus encore de la manière dont elles étaient dites, ne savait comment lui témoigner sa joie et sa reconnaissance; il l'assura qu'il l'aimait plus que lui-même. Ses discours furent mal rangés; ils en plurent davantage : peu d'éloquence, beaucoup d'amour. Il était plus embarrassé qu'elle, et l'on ne doit pas s'en étonner : elle avait eu le temps de songer à ce qu'elle aurait à lui dire; car il y a apparence (l'histoire n'en dit pourtant rien) que la bonne fée, pendant un si long sommeil, lui avait procuré le plaisir des songes agréables. Enfin, il y avait quatre heures qu'ils se parlaient, et ils ne s'étaient pas dit la moitié des choses qu'ils avaient à se dire.

Cependant tout le palais s'était réveillé avec la princesse : chacun songeait à faire sa charge; et, comme ils n'étaient pas tous amoureux, ils mouraient de faim. La dame d'honneur, pressée comme les autres, s'impatienta, et dit tout haut à la princesse que la viande était servie. Le prince aida la princesse à se relever : elle était tout habillée, fort magnifiquement, mais il se garda bien de lui dire qu'elle était habillée comme ma mère-grand, et qu'elle avait un collet monté [1]; elle n'en était pas moins belle.

Ils passèrent dans un salon de miroirs, et y soupèrent, servis par les officiers de la princesse. Les violons et les hautbois jouèrent de vieilles pièces, mais excellentes, quoiqu'il y eût près de cent ans qu'on ne les jouât plus; et, après souper, sans perdre de temps, le grand aumônier les maria dans la chapelle du château, et la dame d'honneur leur tira le rideau. Ils dormirent peu, la princesse n'en avait pas grand besoin, et le prince la quitta dès le matin pour retourner à la ville, où son père devait être en peine de lui.

Le prince lui dit qu'en chassant il s'était perdu dans la forêt, et qu'il avait couché dans la hutte d'un charbonnier, qui lui avait fait manger du pain noir et du fromage. Le roi son père, qui était bonhomme, le crût; mais sa mère n'en fut pas bien persuadée, et voyant qu'il allait presque tous les jours à la chasse, et qu'il avait toujours une raison en main pour s'excuser, quand il avait couché deux ou trois nuits dehors, elle ne douta plus qu'il n'eût quelque amourette; car il vécut avec la princesse plus de deux ans entiers, et en eut deux enfans, dont le premier, qui était une fille, fut nommée l'*Aurore*, et le second, un fils qu'on nomma le *Jour*,

---

[1] Mode du temps de Henri IV; cette mode avait un siècle au moment où l'auteur écrivait.

parce qu'il paraisait encore plus beau que sa sœur. La reine dit plusieurs fois à son fils, pour le faire expliquer, qu'il fallait se contenter dans la vie; mais il n'osa jamais se fier à elle de son secret; il la craignait quoiqu'il l'aimât, car elle était de race ogresse, et le roi ne l'avait épousée qu'à cause de ses grands biens. On disait même tout bas à la cour qu'elle avait les inclinations des ogres, et qu'en voyant passer des petits enfans, elle avait toutes les peines du monde à se retenir de se jeter sur eux : ainsi le prince ne voulu jamais rien dire.

Mais quand le roi fut mort, ce qui arriva au bout de deux ans, et qu'il se vit le maître, il déclara publiquement son mariage, et alla en grande cérémonie quérir la reine sa femme, dans son château. On lui fit une entrée magnifique dans la ville capitale, où elle entra au milieu de ses deux enfans.

Quelque temps après, le roi alla faire la guerre à l'empereur Cantalabutte, son voisin. Il laissa la régence du royaume à la reine sa mère, et lui recommanda fort sa femme et ses enfans : il devait être à la guerre tout l'été; et dès qu'il fut parti, la reine-mère envoya sa bru et ses enfans à une maison de campagne dans les bois, pour pouvoir plus aisément assouvir son horrible envie. Elle y alla quelques jours après, et dit un soir à son maître-d'hôtel : « Je veux manger demain à mon dîner la petite Aurore. — Ah! madame, dit le maître-d'hôtel...

— Je le veux, dit la reine (et elle le dit d'un ton d'ogresse, qui a envie de manger de la chair fraîche), et je la veux manger à la sauce Robert. » [1]

Ce pauvre homme, voyant bien qu'il ne fallait pas se jouer d'une ogresse, prit son grand couteau, et monta à la chambre de la petite Aurore : elle avait pour lors quatre ans, et vint en sautant et en criant se jeter à son cou, et lui demanda du bonbon. Il se mit à pleurer : le couteau lui tomba des mains, et il alla dans la basse-cour couper la gorge à un petit agneau, et lui fit une si bonne sauce, que sa maîtresse l'assura qu'elle n'avait jamais rien mangé de si bon. Il avait emporté en même temps la petite Aurore, et l'avait donnée à sa femme, pour la cacher dans le logement qu'elle avait au fond de la basse-cour.

Huit jours après, la méchante reine dit à son maître-d'hôtel : « Je veux manger à mon souper le petit Jour. » Il ne répliqua pas, résolu de la tromper comme l'autre fois. Il alla chercher le petit Jour, et le trouva avec un petit fleuret à la main, dont il faisait des armes avec un gros singe : il n'avait pourtant que trois ans. Il le porta à sa femme, qui le cacha avec la petite Aurore, et donna à la place du petit Jour un petit chevreau fort tendre, que l'ogresse trouva admirablement bon.

[1] Sauce inventée par un cuisinier, nommé Robert, du temps de Louis XIV.

Cela était fort bien allé jusque-là ; mais un soir, cette méchante reine dit au maître-d'hôtel : « Je veux manger la reine à la même sauce que ses enfans. » Ce fut alors que le pauvre maître-d'hôtel désespéra de la pouvoir encore tromper. La jeune reine avait vingt ans passés, sans compter les cent ans qu'elle avait dormi : sa peau était un peu dure, quoique belle et blanche ; et le moyen de trouver, dans la ménagerie, une bête aussi dure que cela ? Il prit la résolution, pour sauver sa vie, de couper la gorge à la reine, et monta dans sa chambre, dans l'intention de n'en pas faire à deux fois. Il s'excitait à la fureur, et entra, le poignard à la main, dans la chambre de la jeune reine ; il ne voulut pourtant point la surprendre, et il lui dit avec beaucoup de respect l'ordre qu'il avait reçu de la reine-mère. « Faites, faites, lui dit-elle, en lui tendant le cou, exécutez l'ordre qu'on vous a donné, j'irai revoir mes enfans, mes pauvres enfans que j'ai tant aimés. » Elle les croyait morts, depuis qu'on les avait enlevés sans lui rien dire.

« Non, non, madame, lui répondit le pauvre maître-d'hôtel tout attendri, vous ne mourrez point, et vous ne laisserez pas d'aller revoir vos enfans ; mais ce sera chez moi où je les ai cachés, et je tromperai encore la reine, en lui faisant manger une jeune biche en votre place. » Il la mena aussitôt à sa chambre, où la laissant embrasser ses enfans et pleurer avec eux, il alla accommoder une biche, que la reine mangea à son souper, avec le même appétit que si c'eût été la reine : elle était bien contente de sa cruauté, et elle se préparait à dire au roi, à son retour, que les loups enragés avaient mangé la reine sa femme, et ses deux enfans.

Un soir qu'elle rôdait à son ordinaire dans les cours et basses-cours du château, pour y halener [1] quelque viande fraîche, elle entendit, dans une salle basse, le petit Jour qui pleurait, parce que la reine sa mère le voulait faire fouetter, à cause qu'il avait été méchant ; et elle entendit aussi la petite Aurore qui demandait pardon pour son frère. L'ogresse reconnut la voix de la reine et de ses enfans ; et, furieuse d'avoir été trompée, elle commanda, dès le lendemain au matin, avec une voix épouvantable qui faisait trembler tout le monde, qu'on apportât au milieu de la cour une grande cuve, qu'elle fit remplir de crapauds, de vipères, de couleuvres et de serpens, pour y faire jeter la reine et ses enfans, le maître-d'hôtel, sa femme et sa servante : elle avait donné ordre de les amener les mains liées derrière le dos.

Ils étaient là, et les bourreaux se préparaient à les jeter dans la cuve, lorsque le roi, qu'on n'attendait pas si tôt, entra dans la cour, à cheval ; il était venu en poste, et demanda tout étonné ce que voulait dire cet

[1] Flairer.

horrible spectacle. Personne n'osait l'en instruire, quand l'ogresse, enragée de voir ce qu'elle voyait, se jeta elle-même la tête la première dans la cuve, et fut dévorée en un instant par les vilaines bêtes qu'elle y avait fait mettre. Le roi ne laissa pas d'en être fâché : elle était sa mère; mais il s'en consola bientôt avec sa belle femme et ses enfans.

## LE MAITRE CHAT, OU LE CHAT BOTTÉ.

Un meunier ne laissa pour tous biens, à trois enfans qu'il avait, que son moulin, son âne et son chat. Les partages furent bientôt faits ; ni le notaire, ni le procureur n'y furent point appelés. Ils auraient eu bientôt mangé tout le pauvre patrimoine. L'aîné eut le moulin, le second eut l'âne, et le plus jeune n'eut que le chat.

Ce dernier ne pouvait se consoler d'avoir un si pauvre

lot : « Mes frères, disait-il, pourront gagner leur vie honnêtement en se mettant ensemble; pour moi, lorsque j'aurai mangé mon chat, et que je me serai fait un manchon de sa peau, il faudra que je meure de faim. »

Le Chat, qui entendit ce discours, mais qui n'en fit pas semblant, lui dit d'un air posé et sérieux : « Ne vous affligez point, mon maître; vous n'avez qu'à me donner un sac, et me faire faire une paire de bottes, pour aller dans les broussailles, et vous verrez que vous n'êtes pas si mal partagé que vous croyez. » Quoique le maître du chat ne fît pas grand fond là-dessus, il lui avait vu faire tant de tours de souplesse, pour prendre des rats et des souris, comme quand il se pendait par les pieds, ou qu'il se cachait dans la farine pour faire le mort [1], qu'il ne désespéra pas d'en être secouru dans sa misère.

Lorsque le Chat eut ce qu'il avait demandé, il se botta bravement; et mettant son sac à son cou, il en prit les cordons avec ses deux pattes de devant, et s'en alla dans une garenne où il y avait grand nonmbre de lapins. Il mit du son et des lacerons [2] dans son sac, et, s'étendant comme s'il eût été mort, il attendit que quelque

---

[1] Allusion à la fable dernière du troisième livre de La Fontaine: LE CHAT ET LE VIEUX RAT.

[2] Plante laiteuse, qu'on donne aux lapins dans la campagne.

jeune lapin, peu instruit encore des ruses de ce monde, vint se fourrer dans son sac, pour manger ce qu'il y avait mis.

A peine fut-il couché, qu'il eut contentement; un jeune étourdi de lapin entra dans son sac, et le maître chat tirant aussitôt les cordons, le prit et le tua sans miséricorde.

Tout glorieux de sa proie, il s'en alla chez le roi, et demanda à lui parler. On le fit monter à l'appartement de Sa majesté, où étant entré, il fit une grande révérence au roi, et lui dit : « Voilà, sire, un lapin de garenne que M. le marquis de Carabas (c'était le nom qu'il lui prit en gré de donner à son maître) m'a chargé de vous présenter de sa part. — Dis à ton maître répondit le roi, que je le remercie, et qu'il me fait plaisir. »

Une autre fois, il alla se cacher dans un blé, tenant toujours son sac ouvert, et lorsque deux perdrix y furent entrées, il tira les cordons, et les prit toutes deux. Il alla ensuite les présenter au roi, comme il avait fait du lapin de garenne. Le roi reçut encore avec plaisir les deux perdrix, et lui fit donner pour boire.

Le Chat continua ainsi, pendant deux ou trois mois, de porter de temps en temps, au roi, du gibier de la chasse de son maître. Un jour qu'il sut que le roi devait aller à la promenade, sur le bord de la rivière, avec sa fille, la plus belle princesse du monde, il dit à son maître : « Si vous voulez suivre mon conseil, votre fortune est faite : vous n'avez qu'à vous baigner dans la rivière, à l'endroit que je vous montrerai, et ensuite me laisser faire. »

Le marquis de Carabas fit ce que son chat lui conseillait, sans savoir à quoi cela serait bon. Dans le temps qu'il se baignait, le roi vint à passer, et le Chat se mit à crier de toutes ses forces : « Au secours! au secours! voilà M. le marquis de Carabas qui se noie! » A ce cri, le roi mit la tête à la portière, et reconnaissant le Chat, qui lui avait apporté tant de fois du gibier, il ordonna à ses gardes qu'on allât vite au secours de M. le marquis de Crabas.

Pendant qu'on retirait le pauvre marquis de la rivière, le Chat, s'approchant du carosse, dit au roi que, dans le temps que son maître se baignait, il était venu des voleurs qui avaient emporté ses habits, quoiqu'il eût crié *au voleur!* de toute sa force : le drôle les avait cachés sous une grosse pierre. Le roi ordonna aussitôt aux officiers de sa garde-robe d'aller quérir un de ses plus beaux habits, pour M. le marquis de Carabas. Le roi lui fit mille caresses; et comme les beaux habits qu'on venait de lui donner relevaient sa bonne mine (car il était beau et bien fait de sa personne), la fille du roi le trouva fort à son gré, et le marquis de Carabas ne lui eut pas plus tôt jeté deux ou trois regards fort respectueux et un peu tendres, qu'elle en devint amoureuse à la folie.

Le roi voulut qu'il montât dans son carosse, et qu'il fût de la promenade. Le Chat, ravi de voir que son dessein commençait à réussir, prit les devans, et ayant rencontré des paysans qui fauchaient un pré, il leur dit : « Bonnes gens qui fauchez, si vous ne dites au roi que le pré que vous fauchez appartient à M. le marquis de Carabas, vous serez tous hachés menu comme chair à pâté. »

Le roi ne manqua pas à demander aux faucheurs à qui était ce pré qu'ils fauchaient : « C'est à M. le marquis de Carabas, « dirent-ils tous ensemble; car la menace du Chat leur avait fait peur. « Vous avez là un bel héritage, dit le roi au marquis de Carabas. — Vous voyez, sire, répondit le marquis; c'est un pré qui ne manque point de rapporter abondamment toutes les années. »

Le maître Chat, qui allait toujours devant, rencontra des moissonneurs, et leur dit : « Bonnes gens qui moissonnez, si vous ne dites que tous ces blés appartiennent à M. le Marquis de Carabas, vous serez tous hachés menu comme chair à pâté. » Le roi, qui passa un moment après, voulut savoir à qui appartenait tous les blés qu'il voyait. « C'est à M. le marquis de Carabas, » répondirent les moissoneurs; et le roi s'en réjouit encore avec le marquis. Le Chat, qui allait devant le carosse, disait toujours la même chose à tous ceux qu'il rencontrait, et le roi était étonné des grands biens du marquis de Carabas.

Le maître Chat arrive enfin dans un beau château, dont le maître était un ogre, le plus riche qu'on ait jamais vu; car toutes les terres par où le roi avait passé étaient de la dépendance de ce château. Le Chat eut soin de s'informer qui était cet ogre, et ce qu'il savait faire, et demanda à lui parler, disant qu'il n'avait pas voulu passer si près de son château, sans avoir l'honneur de lui faire la révérence.

L'ogre le reçut aussi civilement que le peut un ogre, et le fit reposer. « On m'a assuré, dit le Chat, que vous aviez le don de vous changer en toutes sortes d'animaux; que vous pouviez, par exemple, vous transformer en lion, en éléphant. — Cela est vrai, répondit l'ogre brusquement, et pour vous le montrer, vous m'allez voir devenir lion. » Le Chat fut si effrayé de voir un lion devant lui, qu'il gagna aussitôt les gouttières, non sans peine et sans péril, à cause de ses bottes, qui ne valaient rien pour marcher sur les tuiles.

Quelque temps après, le Chat, ayant vu que l'ogre avait quitté sa première forme, descendit, et avoua qu'il avait eu bien peur. « On m'a assuré encore, dit le Chat, mais je ne saurais le croire, que vous aviez aussi le pouvoir de prendre la forme des plus petits animaux ; par exemple, de vous changer en un rat, en une souris : je vous avoue que je tiens cela tout-à-fait impossible. — Impossible ? reprit l'ogre, vous allez voir ; » et en même temps il se changea en une souris, qui se mit à courir sur le plancher. Le Chat ne l'eut pas plus tôt aperçue, qu'il se jeta dessus, et la mangea.

Cependant le roi, qui vit en passant le beau château de l'ogre, voulut entrer dedans. Le Chat, qui entendit le bruit du carrosse qui passait sur le pont-levis, courut au-devant, et dit au roi : « Votre Majesté soit la bienvenue dans ce château de M. le marquis de Carabas. — Comment, monsieur le marquis, s'écria le roi, ce château est encore à vous ? il ne se peut rien de plus beau que cette cour et que tous ces bâtimens qui l'environnent ; voyons les dedans, s'il vous plaît.

Le marquis donna la main à la jeune princesse ; et, suivant le roi qui montait le premier, ils entrèrent dans une grande salle, où ils trouvèrent une magnifique collation, que l'ogre avait fait préparer pour ses amis, qui le devaient venir voir ce même jour-là, mais qui n'avaient pas osé entrer, sachant que le roi y était. Le roi, charmé des bonnes qualités de M. le marquis de Carabas, de même que sa fille, qui en était folle, et voyant les grands biens qu'il possédait, lui dit, après avoir but cinq ou six coups : « Il ne tiendra qu'à vous, monsieur le marquis, que vous ne soyez mon gendre. « Le marquis, faisant de grandes révérences, accepta l'honneur que lui faisait le roi; et, dès le même jour, il épousa la princesse. Le Chat, devint grand seigneur, et ne courut plus après les souris que pour se divertir.

**CENDRILLON, OU LA PETITE PANTOUFLE DE VERRE.**

L était une fois un gentilhomme, qui épousa en secondes noces une femme, la plus hautaine et la plus fière qu'on eût jamais vue. Elle avait deux filles de son humeur, et qui lui ressemblaient en toutes choses. Le mari avait, de son côté, une jeune fille, mais d'une douceur et d'une bonté sans exemple : elle tenait cela de sa mère, qui était la meilleure personne du monde.

Les noces ne furent pas plus tôt faites, que la belle-mère fit éclater sa mauvaise humeur; elle ne put souffrir les bonnes qualités de cette jeune enfant, qui rendaient ses filles encore plus haïssables. Elle la chargea des plus viles occupations de la maison : c'était elle qui nettoyait la vaisselle et les montées[1], qui frottait la chambre de madame, et celles de mesdemoiselles ses filles; elle couchait tout au haut de la maison, dans un grenier, sur une méchante paillasse, pendant que ses sœurs étaient dans des chambres parquetées, où elles avaient des lits des plus à la mode, et des miroirs où elles se voyaient depuis les pieds jusqu'à la tête. La pauvre fille souffrait tout avec patience, et n'osait se plaindre à son père, qui l'aurait grondée, parce que sa femme le gouvernait entièrement.

Lorsqu'elle avait fait son ouvrage, elle allait se mettre au coin de la cheminée, et s'asseoir dans les cendres, ce qui faisait qu'on l'appelait communément dans le logis, *Cucendron*. La cadette, qui n'était pas si malhonnête que son aînée, l'appelait *Cendrillon*. Cependant Cendrillon, avec ses méchans habits, ne laissait pas d'être cent fois plus belle que ses sœurs, quoique vêtues magnifiquement.

Il arriva que le fils du roi donna un bal, et qu'il en pria toutes les personnes de qualité. Nos deux

[1] Les marches des escaliers.

demoiselles en furent aussi priées, car elles faisaient grande figure dans le pays. Les voilà bien aises, et bien occupées à choisir les habits et les coiffures qui leur siéraient le mieux. Nouvelle peine pour Cendrillon, car c'était elle qui repassait le linge de ses sœurs, et qui gaudronnait[1] leurs manchettes. On ne parlait que de la manière dont on s'habillerait. « Moi, dit l'aînée, je mettrai mon habit de velours rouge et ma garniture d'Angleterre. — Moi, dit la cadette, je n'aurai que ma jupe ordinaire; mais en récompense, je mettrai mon manteau à fleurs d'or et ma barrière [2] de diamans, qui n'est pas des plus indifférentes. » On envoya quérir la bonne coiffeuse, pour dresser les cornettes à deux rangs, et on fit acheter des mouches de la bonne faiseuse[3]. Elles appelèrent Cendrillon pour lui demander son avis; car elle avait le goût bon. Cendrillon les conseilla le mieux du monde, et s'offrit même à les coiffer, ce qu'elles voulurent bien.

En les coiffant, elles lui disaient : « Cendrillon, serais-tu bien aise d'aller au bal? — Hélas! mesdemoiselles, vous vous moquez de moi; ce n'est pas là ce qu'il me faut. — Tu as raison, on rirait si on voyait un Cucendron aller au bal. »

[1] Empesait.
[2] Bandeau.
[3] Ce sont les modes du temps où l'auteur écrivait.

Une autre que Cendrillon les aurait coiffées de travers ; mais elle était bonne : elle les coiffa parfaitement bien. Elles furent près de deux jours sans manger, tant elles étaient transportées de joie. On rompit plus de douze lacets, à force de les serrer, pour leur rendre la taille plus menue, et elles étaient toujours devant leur miroir.

Enfin, l'heureux jour arriva ; on partit, et Cendrillon les suivit des yeux, le plus long-temps qu'elle put. Lorsqu'elle ne les vit plus, elle se mit à pleurer. Sa marraine, qui la vit tout en pleurs, lui demanda ce qu'elle avait. « Je voudrais bien... je voudrais bien... » Elle pleurait si fort qu'elle ne put achever. Sa marraine, qui était fée, lui dit : « Tu voudrais bien aller au bal, n'est-ce pas ? — Hélas ! oui, dit Cendrillon en soupirant. — Eh bien ! seras-tu bonne fille ? dit sa marraine ; je t'y ferai aller. » Elle la mena dans sa chambre, et lui dit : « Va dans le jardin, et apporte-moi une citrouille. » Cendrilon alla aussitôt cueillir la plus belle qu'elle put trouver, et la porta à sa marraine, ne pouvant deviner comment cette citrouille pourrait la faire aller au bal. Sa marraine la creusa, et, n'ayant laissé que l'écorce, la frappa de sa baguette, et la citrouille fut aussitôt changée en un beau carrosse tout doré.

Ensuite, elle alla ragarder dans la souricière, où elle trouva six souris toutes en vie, elle dit à Cendrillon de lever la trappe de la souricière, et à chaque souris qui sortait elle lui donnait un coup de sa baguette, et la souris était aussitôt changée en un beau cheval, ce qui fit un bel attelage de six chevaux d'un beau gris de souris pommelé.

Comme elle était en peine de quoi elle ferait un cocher : « Je vais voir, dit Cendrillon, s'il n'y a pas quelque rat dans la ratière, nous en ferons un cocher. — Tu as raison, dit sa marraine : va voir. » Cendrillon lui apporta la ratière, où il y avait trois gros rats. La fée en prit un d'entre les trois, à cause de sa maîtresse barbe, et, l'ayant touché, il fut changé en un gros cocher, qui avait les plus belles moustaches qu'on ait jamais vues.

Ensuite, elle lui dit : « Va dans le jardin, tu y trouveras six lézards, derrière l'arrosoir; apporte-les-moi. » Elle ne les eut pas plus tôt apportés, que la marraine les changea en six laquais, qui montèrent aussitôt derrière le carrosse, avec leurs habits chamarrés, et qui s'y tenaient attachés comme s'ils n'eussent fait autre chose de toute leur vie.

La fée dit alors à Cendrillon : « Eh bien ! voilà de quoi aller au bal, n'es-tu pas bien aise? — Oui, mais est-ce qui j'irai comme cela, avec mes vilains habits? » Sa marraine ne fit que la toucher avec sa baguette, et en même temps ses habits furent changés en des habits d'or et d'argent, tout chamarrés de pierreries; elle lui donna ensuite une paire de pantoufles de verre, les plus jolies du monde. Quand elle fut ainsi parée, elle monta en carrosse ; mais sa marraine lui recommanda, sur toutes choses, de ne pas passer minuit, l'avertissant que si elle demeurait au bal un moment davantage, son carrosse deviendrait citrouille ; ses chevaux, des souris ; ses laquais, des lézards ; et que ses vieux habits reprendraient leur première forme.

Elle promit à sa marraine qu'elle ne manquerait pas de sortir du bal avant minuit. Elle part, ne se sentant pas de joie. Le fils du roi, qu'on alla avertir qu'il venait d'arriver une grande princesse qu'on ne connaissait point, courut la recevoir. Il lui donna la main à la descente du carrosse, et la mena dans la salle où était la compagnie. Il se fit alors un grand silence ; on cessa de danser, et les violons ne jouèrent plus, tant on était attentif à contempler les grandes beautés de cette inconnue. On n'entendait qu'un bruit confus : « Ah ! qu'elle est belle ! » Le roi même, tout vieux qu'il était, ne laissait pas de la regarder, et de dire tout bas à la reine qu'il y avait long-temps qu'il n'avait vu une si belle et si aimable personne. Toutes les dames étaient attentives à considérer sa coiffure et ses habits, pour en avoir, dès le lendemain, de semblables, pourvu qu'il se trouvât des étoffes assez belles, et des ouvriers assez habiles.

Le fils du roi la mit à la place la plus honorable, et ensuite la prit pour la mener danser. Elle dansa avec tant de grâces, qu'on l'admira encore davantage. On apporta une fort belle collation, dont le jeune prince ne mangea point, tant il était occupé à la considérer. Elle alla s'asseoir auprès de ses sœurs, et leur fit mille honnêtetés; elle leur fit part des oranges et des citrons que le prince lui avait donnés; ce qui les étonna fort, car elles ne la connaissaient point.

Cendrillon entendit sonner onze heures trois quarts; elle fit aussitôt une grande révérence à la compagnie, et s'en alla le plus vite qu'elle put. Dès qu'elle fut arrivée, elle alla trouver sa marraine, et, après l'avoir remerciée, elle lui dit qu'elle souhaiterait bien aller encore le lendemain au bal, parce que le fils du roi l'en avait priée. Comme elle était occupée à raconter à sa marraine tout ce qui s'était passé au bal, les deux sœurs heurtèrent à la porte; Cendrillon leur alla ouvrir. « Que vous êtes long-temps à revenir! » leur dit-elle en bâillant, en se frottant les yeux et s'étendant comme si elle n'eût fait que de se réveiller; elle n'avait cependant pas eu envie de dormir, depuis qu'elles s'étaient quittées. « Si tu étais venue au bal, lui dit une de ses sœurs, tu ne t'y serais pas ennuyée; il est venu la plus belle princesse, la plus belle qu'on puisse jamais voir; elle nous a fait mille civilités; elle nous a donné des oranges et des citrons. »

Cendrillon ne se sentait pas de joie : elle leur demanda le nom de cette princesse; mais elles lui répondirent qu'on ne la connaissait pas, que le fils du roi en était fort en peine, et qu'il donnerait toute chose au monde pour savoir qui elle était. Cendrillon sourit, et leur dit : « Elle était donc bien belle ? Mon Dieu ! que vous êtes heureuses! ne pourrai-je donc pas la voir? Hélas! mademoiselle Javotte, prêtez-moi votre habit jaune, que vous mettez tous les jours. — Vraiment, dit mademoiselle Javotte, je suis de cet avis! Prêtez votre habit à un vilain Cucendron comme cela! il faudrait que je fusse bien folle. » Cendrillon s'attendait bien à ce refus, et elle en fut bien aise, car elle aurait été grandement embarrassée, si sa sœur eût bien voulu lui prêter son habit.

Le lendemain, les deux sœurs furent au bal, et Cendrillon aussi, mais encore plus parée que la première fois. Le fils du roi fut toujours auprès d'elle, et ne cessa de lui conter des douceurs. La jeune demoiselle ne s'ennuyait point, et oublia ce que sa marraine lui avait recommandé, de sorte qu'elle entendit sonner le premier coup de minuit, lorsqu'elle ne croyait pas qu'il fût encore onze heures : elle se leva, et s'enfuit aussi légèrement qu'aurait fait une biche. Le prince la suivit, mais il ne put l'attraper. Elle laissa tomber une de ses pantoufles de verre, que le prince ramassa bien soigneusement. Cendrillon arriva chez elle, bien essoufflée, sans carrosse, sans laquais, et avec ses méchans habits : rien ne lui était resté de toute sa magnificence, qu'une de ses petites pantoufles, la pareille de celle qu'elle avait laissé tomber. On demanda aux gardes de la porte du palais s'ils n'avaient point vu sortir une princesse : ils dirent qu'ils n'avaient vu sortir personne qu'une jeune fille fort mal vêtue, et qui avait plus l'air d'une paysanne que d'une demoiselle.

Quand les deux sœurs revinrent du bal, Cendrillon leur demanda si elles s'étaient encore bien diverties, et si la belle dame y avait été; elles lui dirent que oui, mais qu'elle s'était enfuie lorsque minuit avait sonné, et si promptement qu'elle avait laissé tomber une de ses petites pantoufles de verre, la plus jolie du monde; que le fils du roi l'avait ramassée, et qu'il n'avait fait que la regarder tout le reste du bal, et qu'assurément il était fort amoureux de la belle personne à qui appartenait la petite pantoufle.

Elles dirent vrai; car, peu de jours après, le fils du roi fit publier, à son de trompe, qu'il épouserait celle dont le pied serait bien juste à la pantofle.

On commença à l'essayer aux princesses, ensuite aux duchesses et à toute la cour, mais inutilement.

On la porta chez les deux sœurs, qui firent tout leur possible pour faire entrer leur pied dans la pantoufle, mais elles ne purent en venir à bout. Cendrillon, qui les regardait, et qui reconnut sa pantoufle, dit en riant : « Que je voie si elle ne me serait pas bonne ! » Ses sœurs se mirent à rire et à se moquer d'elle.

Le gentilhomme, qui faisait l'essai de la pantoufle, ayant regardé attentivement Cendrillon, et la trouvant fort belle, dit que cela était très juste, et qu'il avait ordre de l'essayer à toutes les filles. Il fit asseoir Cendrillon, et, approchant la pantoufle de son petit pied, il vit qu'elle y entrait sans peine, et qu'elle lui était juste comme de cire.

L'étonnement des deux sœurs fut grand, mais plus grand encore quand Cendrillon tira de sa poche l'autre petite pantoufle qu'elle mit à son pied. Là-dessus, arriva la marraine, qui, ayant donné un coup de sa baguette sur les habits de Cendrillon, les fit devenir encore plus mrgnifiques que tous les autres.

Alors ses deux sœurs la reconnurent pour la belle personne qu'elles avaient vue bal. Elles se jetèrent à ses pieds, pour lui demander pardon de tous les mauvais traitemens qu'elles lui avaient fait souffrir. Cendrillon les releva, et leur dit, en les embrassant, qu'elle leur pardannait de bon cœur, et qu'elle les priait de l'aimer bien toujours. On la mena chez le jeune prince, parée comme elle était. Il la trouva encore plus belle que jamais ; et, peu de jours après, il l'épousa.

Cendrillon, qui était aussi bonne que belle, fit loger ses deux sœurs au palais, et les maria, dès le jour même, à deux grands seigneurs de la cour.

**RIQUET A LA HOUPPE.**

Il était une fois une reine qui accoucha d'un fils si laid et si mal fait, qu'on douta long-temps s'il avait forme humaine. Une fée, qui se trouva à sa naissance, assura qu'il ne laisserait pas d'être aimable, parce qu'il aurait beaucoup d'esprit : elle ajouta même qu'il pourrait, en vertu du don qu'elle venait de lui faire, donner autant d'esprit qu'il en aurait à la personne qu'il aimerait le mieux.

Tout cela consola un peu la pauvre reine, qui était bien affligée d'avoir mis au monde un si vilain marmot. Il est vrai que cet enfant ne commença pas plutôt à parler, qu'il disait mille jolies choses, et qu'il avait dans ses actions je ne sais quoi de si spirituel, qu'on en était charmé. J'oubliais de dire qu'il vint au monde avec une petite houppe de cheveux sur la tête, ce qui fit qu'on le nomma Riquet à la Houppe, car Riquet était le nom de sa famille.

Au bout de sept ou huit ans, la reine d'un royaume voisin accoucha de deux filles. La première qui vint au monde était plus belle que le jour; la reine en fut si aise qu'on appréhenda que la trop grande joie qu'elle en avait ne lui fît mal. La même fée qui avait assisté à la naissance du petit Riquet à la Houppe était présente, et, pour modérer la joie de la reine, elle lui déclara que cette petite princesse n'aurait point d'esprit, et qu'elle serait aussi stupide qu'elle était belle. Cela mortifia beaucoup la reine; mais elle eut, quelques momens après, un bien plus grand chagrin; car la seconde fille dont elle accoucha se trouva extrêmement laide. « Ne vous affligez pas tant, madame, lui dit la fée, votre fille sera récompensée d'ailleurs, et elle aura tant d'esprit, qu'on ne s'apercevra presque pas qu'il lui manque de la beauté.

— Dieu le veuille! répondit la reine; mais n'y aurait-il pas moyen de faire avoir un peu d'esprit à l'aînée, qui est si belle ? — Je ne puis rien pour elle, madame, du côté de l'esprit, lui dit la fée, mais je puis tout du côté de la beauté ; et comme il n'y a rien que je ne veuille pour votre satisfaction, je vais lui donner pour don de pouvoir rendre beau ou belle la personne qui lui plaira. »

A mesure que ces deux princesses devinrent grandes, leurs perfections crurent aussi avec elles, et on ne parlait partout que de la beauté de l'aînée et de l'esprit de la cadette. Il est vrai que leurs défauts augmentèrent beaucoup avec l'âge. La cadette enlaidissait à vue d'œil, et l'aînée devenait plus stupide de jours en jours : ou elle ne répondait rien à ce qu'on lui demandait, ou elle répondait une sottise. Elle était avec cela si maladroite, qu'elle n'eût pu ranger quatre porcelaines sur le bord d'une cheminée sans en casser une, ni boire un verre d'eau sans en répandre la moitié sur ses habits.

Quoique la beauté soit d'un grand avantage dans une jeune personne, cependant la cadette l'emportait toujours sur son aînée dans toutes les compagnies. D'abord on allait du côté de la plus belle pour la voir et l'admirer ; mais bientôt après on allait à celle qui avait le plus d'esprit, pour lui entendre dire mille choses agréables ; et on était étonné qu'en moins d'un quart d'heure l'aînée n'avait plus personne auprès d'elle, et que tous le monde s'était rangé autour de la cadette. L'aînée, quoique fort stupide, le remarqua bien ; et elle eût donné sans regret toute sa beauté pour avoir la moitié de l'esprit de sa sœur. La reine, toute sage qu'elle était, ne put s'empêcher de lui reprocher plusieurs fois sa bêtise ; ce qui pensa faire mourir de douleur cette pauvre princesse.

Un jour qu'elle s'était retirée dans un bois pour y plaindre son malheur, elle vit venir à elle un petit homme fort désagréable, mais vêtu très magnifiquement. C'était le jeune prince Riquet à la Houppe, qui, étant devenu amoureux d'elle, sur ses portraits qui couraient partout le monde, avait quitté le royaume de de son père pour avoir le plaisir de la voir et de lui parler. Ravi de la rencontrer ainsi toute seule, il l'aborda avec tout le respect et toute la politesse imaginables. Ayant remarqué, après lui avoir fait les complimens ordinaires, qu'elle était fort mélancolique, il lui dit : « Je ne comprends pas, madame, comment une personne aussi belle que vous l'êtes peut être aussi triste que vous paraissez ; car quoique je puisse me vanter d'avoir vu une infinité de belles personnes, je puis dire que je n'en ai jamais vu dont la beauté approche de la vôtre.

— « Cela vous plaît à dire, monsieur, » lui répondit la princesse ; et elle en demeura là. — « La beauté, reprit Riquet à la Houppe, est un si grand avantage, qu'elle doit tenir lieu de tout le reste ; et quand on la possède, je ne vois rien qui puisse vous affliger beaucoup. — J'aimerais mieux, dit la princesse, être aussi laide que

vous, et avoir de l'esprit, que d'avoir de la beauté
comme j'en ai, et être bête autant que je le suis. — Il n'y
a rien, madame, qui marque davantage qu'on a de l'esprit, que de croire n'en pas avoir; et il est de la nature
de ce bien-là, que plus on en a, plus on croit en manquer. — Je ne sais pas cela dit la princesse; mais je sais
que je suis fort bête, et c'est de là que vient le chagrin
qui me tue. — Si ce n'est que cela, madame, qui vous
afflige, je puis aisément mettre fin à votre douleur. —
Et comment ferez-vous? dit la princesse. — J'ai le pouvoir, madame, dit Riquet à la Houppe, de donner de
l'esprit autant qu'on en saurait avoir, à la personne que
je dois aimer le plus; et comme vous êtes, madame,
cette personne, il ne tiendra qu'à vous que vous ayez
autant d'esprit qu'on peut en avoir, pourvu que vous
vouliez bien m'épouser. »

La princesse demeura toute interdite, et ne répondit
rien. » Je vois, reprit Riquet à la Houppe, que cette
proposition vous fait de la peine, et je ne m'en étonne
pas; mais je vous donne un an tout entier pour vous y
résoudre. » La princesse avait si peu d'esprit, et en même
temps si grande envie d'en avoir, qu'elle s'imagina que
la fin de cette année ne viendrait jamais; de sorte qu'elle
accepta la proposition qui lui était faite. Elle n'eut pas
plus tôt promis à Riquet à la Houppe qu'elle l'épouserait
dans un an à pareil jour, qu'elle se sentit tout autre

qu'elle n'était auparavant : elle se trouva une facilité incroyable à dire tout ce qui lui plaisait, et à le dire d'une manière fine, aisée et naturelle. Elle commença, dès ce moment, une conversation galante et soutenue avec Riquet à la Houppe, où elle babilla d'une telle force, que Riquet à la Houppe crut lui avoir donné plus d'esprit qu'il ne s'en était réservé pour lui-même.

Quand elle fut retournée au palais, toute la cour ne savait que penser d'un changement si subit et si extraordinaire; car autant on lui avait ouï dire d'impertinences auparavant, autant lui entendait-on dire de choses bien sensées et infiniment spirituelles. Toute la cour en eut une joie qui ne se peut imaginer; il n'y eut que sa cadette qui n'en fut pas bien aise, parce que, n'ayant plus sur son aînée l'avantage de l'esprit, elle ne paraissait plus auprès d'elle qu'une guenon fort désagréable.

Le roi se conduisait par ses avis; il allait même quelquefois tenir conseil dans son appartement. Le bruit de ce changement s'étant répandu, tous les jeunes princes des royaumes voisins firent leurs efforts pour s'en faire aimer, et presque tous la demandèrent en mariage; mais elle n'en trouvait point qui eût assez d'esprit, et elle les écoutait tous, sans s'engager à pas un d'eux. Cependant il en vint un si puissant, si riche, si spirituel et si bien fait, qu'elle ne put s'empêcher d'avoir de la bonne volonté pour lui. Son père s'en étant aperçu, lui dit qu'il la faisait maîtresse sur le choix d'un époux, et qu'elle n'avait qu'à se déclarer. Comme plus on a d'esprit et plus on a de peine à prendre une ferme résolution sur cette affaire, elle demanda, après avoir remercié son père, qu'il lui donnât du temps pour y penser.

Elle alla par hasard se promener dans le même bois où elle avait trouvé Riquet à la Houppe, pour rêver plus commodément à ce qu'elle avait à faire. Dans le temps qu'elle se promenait, rêvant profondément, elle entendit un bruit sourd sous ses pieds, comme de plusieurs personnes qui vont et viennent et qui agissent. Ayant prêté l'oreille plus attentivement, elle ouït que l'un disait : « Apporte-moi cette marmite; » l'autre : « Donne-moi cette chaudière; » l'autre : Mets du bois dans ce feu. » La terre s'ouvrit dans le même temps, et elle vit sous ses pieds comme une grande cuisine pleine de cuisiniers, de marmitons, et de toutes sortes d'officiers nécessaires pour faire un festin magnifique. Il en sortit une bande de vingt ou trente rôtisseurs, qui allèrent se camper dans une allée du bois, autour d'une table fort longue, et qui tous, la lardoire à la main et la queue de renard sur l'oreille[1], se mirent à travailler en cadence, au son d'une chanson harmonieuse.

[1] Les cuisiniers élégans se coiffaient, dans leur négligé de travail, de la peau de quelque animal, dont ils laissaient pendre la queue. On voit encore, dans certaines provinces, des chasseurs coiffés ainsi.

La princesse, étonnée de ce spectacle, leur demanda pour qui il travaillaient. « C'est, madame, lui répondit le plus apparent de la bande, pour le prince Riquet à la Houppe, dont les noces se feront demain. » La princesse, encore plus surprise qu'elle ne l'avait été, et se ressouvenant tout-à-coup qu'il y avait un an qu'à pareil jour elle avait promis d'épouser le prince Riquet à la Houppe, pensa tomber de son haut. Ce qui faisait qu'elle ne s'en souvenait pas, c'est que, quand elle fit cette promesse, elle était bête, et qu'en prenant le nouvel esprit que le prince lui avait donné, elle avait oublié toutes ses sottises.

Elle n'eut pas fait trente pas en continuant sa promenade, que Riquet à la Houppe se présenta à elle, brave, magnifique, et comme un prince qui va se marier. « Vous me voyez, dit-il, madame, exact à tenir ma parole, et je ne doute point que vous ne veniez ici pour exécuter la vôtre. — Je vous avouerai franchement, répondit la princesse, que je n'ai pas encore pris ma résolution là-dessus, et que je ne crois pas pouvoir jamais la prendre telle que vous la souhaitez. — Vous m'étonnez, madame, lui dit Riquet à la Houppe. — Je le crois, dit la princesse, et assurément si j'avais affaire à un brutal, à un homme sans esprit, je me trouverais bien embarrassée. Une princesse n'a que sa parole, me dirait-il, et il faut que vous m'épousiez, puisque vous me l'avez promis; mais comme celui à qui je parle est l'homme du monde qui a le plus d'esprit, je suis sûre qu'il entendra raison. Vous savez que quand je n'étais qu'une bête, je ne pouvais néanmoins me résoudre à vous épouser, comment voulez-vous qu'ayant l'esprit que vous m'avez donné, qui me rend encore plus difficile en gens que je n'étais, je prenne aujourd'hui une résolution que je n'ai pu prendre dans ce temps-là? Si vous pensiez tout de bon à m'épouser, vous avez eu grand tort de m'ôter ma bêtise et de me faire voir plus clair que je ne voyais.

— « Si un homme sans esprit, répondit Riquet à la Houppe, serait bien reçu, comme vous venez de le dire, à vous reprocher votre manque de parole, pourquoi voulez-vous, madame, que je n'en use pas de même dans une chose où il y va de tout le bonheur de ma vie? Est-il raisonnable que les personnes qui ont de l'esprit soient d'une pire condition que celles qui n'en ont pas? Le pouvez-vous prétendre, vous qui en avez tant, et qui avez tant souhaité d'en avoir? Mais venons au fait, s'il vous plaît. A la réserve de ma laideur, y a-t-il quelque chose en moi qui vous déplaise? Êtes-vous mal contente de ma naissance, de mon esprit, de mon humeur et de mes manières? — Nullement, répondit la princesse ; j'aime en vous tout ce que vous venez de me dire. — Si cela est ainsi, reprit Riquet à la Houppe, je vais être heureux, puisque vous pouvez me rendre le plus aimable des hommes. — Comment cela se peut-il faire? lui dit la princesse.—Cela se fera, repondit Riquet à la Houppe, si vous m'aimez assez pour souhaiter que cela soit; et afin, madame, que vous n'en doutiez pas, sachez que la même fée qui, au jour de ma naissance, me fit le don de pouvoir rendre spirituelle la personne qui me plairait, vous a aussi fait le don de pouvoir rendre beau celui que vous aimerez, et à qui vous voudrez bien faire cette faveur.

— « Si la chose est ainsi, dit la princesse, je souhaite de tout mon cœur que vous deveniez le prince du monde le plus aimable, et je vous en fais le don autant qu'il est en moi. »

La princesse n'eut pas plus tôt prononcé ces paroles, que Riquet à la Houppe parut à ses yeux l'homme du monde le plus beau, le mieux fait et le plus aimable qu'elle eût jamais vu. Quelques-uns assurent que ce ne furent point les charmes de la fée qui opérèrent, mais que l'amour seul fit cette métamorphose. Ils disent que la princesse ayant fait réflexion sur la persévérance de son amant, sur sa discrétion et sur toutes les bonnes qualités de son âme et de son esprit, ne vit plus la difformité de son corps ni la laideur de son visage; que sa bosse ne lui sembla plus que le bon air d'un homme qui fait le gros dos; et qu'au lieu que jusqu'alors elle l'avait vu boiter effroyablement, elle ne lui trouva plus qu'un certain air penché qui la charmait. Ils disent encore que ses yeux, qui étaient louches, ne lui en parurent que plus brillans; que leur déréglement passa dans son esprit pour la marque d'un violent excès d'amour; et qu'enfin son gros nez rouge eut pour elle quelque chose de martial et d'héroïque.

Quoi qu'il en soit, la princesse lui promit sur-le-champ de l'épouser, pourvu qu'il en obtînt le consentement du roi son père. Le roi ayant su que sa fille avait beaucoup d'estime pour Riquet à la Houppe, qu'il connaissait d'ailleurs pour un prince très spirituel et très sage, le reçut avec plaisir pour son gendre. Dès le lendemain, les noces furent faite ainsi que Riquet à la Houppe l'avait prévu, et selon les ordres qu'il en avait donnés long-temps auparavant.

## LE PETIT POUCET.

Il était une fois un bûcheron et une bûcheronne qui avaient sept enfans, tous garçons; l'aîné n'avait que dix ans, et le plus jeune n'en avait que sept. On s'étonnera que le bûcheron ait eu tant d'enfans en si peu de temps; mais c'est que sa femme allait vite en besogne, et n'en faisait pas moins de deux à-la-fois.

Ils étaient fort pauvres, et leurs sept enfans les incom-

# LE PETIT POUCET.

modaient beaucoup, parce qu'aucun d'eux ne pouvait encore gagner sa vie. Ce qui les chagrinait encore, c'est que le plus jeune était fort délicat et ne disait mot, prenant pour bêtise ce qui était une marque de la bonté de son esprit. Il était fort petit; et quand il vint au monde, il n'était guère plus grand que le pouce, ce qui fit qu'on l'appela le petit Poucet.

Ce pauvre enfant était le souffre-douleurs de la maison, on lui donnait toujours tort. Cependant il était le plus fin et le plus avisé de tous ses frères, et s'il parlait peu, il écoutait beaucoup.

Il vint une année très fâcheuse, et la famine fut si grande, que ces pauvres gens résolurent de se défaire de leurs enfans. Un soir que ces enfans étaient couchés, et que le bûcheron était auprès du feu avec sa femme, il lui dit, le cœur serré de douleur : « Tu vois bien que nous ne pouvons plus nourrir nos enfans, je ne saurais les voir mourir de faim devant mes yeux, et je suis résolu de les mener perdre demain au bois, ce qui sera bien aisé : car tandis qu'ils s'amuseront à fagoter, nous n'avons qu'à nous enfuir sans qu'ils nous voient. — Ah ! s'écria la bûcheronne, pourrais-tu bien toi-même mener perdre tes enfans ? » Son mari avait beau lui représenter leur grande pauvreté, elle ne pouvait y consentir : elle était pauvre, mais elle était leur mère.

Cependant, ayant considéré quelle douleur ce lui serait de les voir mourir de faim, elle y consentit, et alla se coucher en pleurant.

Le petit Poucet ouït tout ce qu'ils dirent, car ayant entendu dedans son lit qu'ils parlaient d'affaires, il s'était levé doucement et s'était glissé sous l'escabelle de son père, pour les écouter sans être vu. Il alla se recoucher et ne dormit point du reste de la nuit, songeant à ce qu'il avait à faire. Il se leva de bon matin, et alla au bord d'un ruisseau, où il remplit ses poches de petits cailloux blancs, et ensuite revint à la maison. On partit, et le petit Poucet ne découvrit rien de tout ce qu'il s'avait à ses frères.

Ils allèrent dans une forêt fort épaise, où, à dix pas de distance, on ne se voyait pas l'un l'autre. Le bûcheron se mit à couper du bois, et ses enfans à ramasser des broutilles pour faire des fagots. Le père et la mère, les voyant occupés à travailler, s'éloignèrent d'eux insensiblement, et puis s'enfuirent tout-à-coup par un petit sentier détourné.

Lorsque ces enfans se virent seuls, ils se mirent à crier et à pleurer de toutes leur force. Le petit Poucet les laissait crier, sachant bien par où il reviendrait à la maison, car en marchant il avait laissé tomber le long du chemin les petits cailloux blancs qu'il avait dans ses poches. Ils leur dit donc : «Ne craignez point, mes frères,

¹ Petites branches de bois sec.

mon père et ma mère nous ont laissés ici ; mais je vous ramenerai bien au logis : suivez-moi seulement.

Ils le suivirent, et il les mena jusqu'à leur maison par le même chemin qu'ils étaient venus dans la forêt. Ils n'osèrent d'abord entrer, mais ils se mirent tous contre la porte, pour écouter ce que disaient leur père et leur mère.

Dans le moment que le bûcheron et la bûcheronne arrivèrent chez eux, le seigneur du village leur envoya dix écus, qu'il leur devait il y avait longs-temps, et dont ils n'espéraient plus rien. Cela leur donna la vie, car les pauvres gens mouraient de faim. Le bûcheron envoya sur l'heure sa femme à la boucherie. Comme il y avait long-temps qu'ils n'avaient mangé, elle acheta trois fois plus de viande qu'il n'en n'en fallait pour le souper de deux personnes. Lorsqu'ils furent rassasiés, la bûcheronne dit : «Hélas! où sont maintenant nos pauvres enfans! Ils feraient bonne chère de ce qui nous reste là. Mais aussi, Guillaume, c'est toi qui les as voulu perdre; j'avais bien dit que nous nous en repentirions. Que font-ils maintenant dans cette forêt? Hélas! mon Dieu, les loups les ont peut-être déjà mangés! tu es bien inhumain d'avoir perdu ainsi tes enfans!»

Le bûcheron s'inpatienta à la fin; car elle redit plus de vingt fois qu'il s'en repentirait, et qu'elle l'avait bien dit. Il la menaça de la battre si elle ne se taisait. Ce n'est pas que le bûcheron ne fût peut-être encore plus fâché que sa femme; mais c'est qu'elle lui rompait la tête, et qu'il était de l'humeur de beaucoup d'autres gens qui aiment fort les femmes qui disent bien, mais qui trouvent très importunes celles qui ont toujours bien dit.

La bûcheronne était toute en pleurs : « Hélas ! où sont maintenant mes enfans, mes pauvres enfans ? » Elle le dit une fois si haut, que les enfans, qui étaient à la porte, l'ayant entendue, se mirent à crier tous ensemble « Nous voilà, nous voilà ! » Elle courut vite leur ouvrir la porte, et leur dit en les enbrassant : « Que je suis aise de vous revoir, mes chers enfans ! Vous êtes bien las, vous avez bien faim ; et toi, Pierrot, comme te voilà crotté ! viens que je te débarbouille. » Ce Pierrot était son fils aîné, qu'elle aimait plus que tous les autres, parce qu'il était un peu rousseau, et qu'elle était un peu rousse.

Ils se mirent à table, et mangèrent d'un appétit qui faisait plaisir au père et à la mère, à qui il racontaient la peur qu'ils avaient eue dans la forêt, en parlant presque tous ensemble. Ces bonnes gens étaient ravis de revoir leurs enfans avec eux, et cette joie dura tant que les dix écus durèrent. Mais lorsque l'argent fut dépensé ils retombèrent dans leur premier chagrin, et résolurent de les perdre encore; et, pour ne pas manquer le coup, de le mener bien plus loin que la première fois.

Ils ne purent parler de cela si secrètement qu'ils ne fussent entendus par le petit Poucet, qui fit son compte de sortir d'affaire comme il avait déjà fait; mais quoiqu'ils se fût levé de grand matin pour aller ramasser des petits cailloux, il ne put en venir à bout, car il trouva la porte de la maison fermée à double tour. Il ne savait que faire, lorsque la bûcheronne leur ayant donné à chacun un morceau de pain pour leur déjeuner, il songea qu'il pourrait se servir de son pain au lieu de cailloux, en le jetant par miettes le long des chemins où ils passeraient : il le serra donc dans sa poche.

Le père et la mère les menèrent dans l'endroit de la forêt le plus épais et le plus obscur; et dès qu'ils y furent, ils gagnèrent un faux-fuyant, et les laissèrent là. Le petit Poucet ne s'en chagrina pas beaucoup, parce qu'il croyait retrouver aisément son chemin, par le moyen de son pain qu'il avait semé partout où il avait passé; mais il fut bien surpris lorsqu'il ne put en retrouver une seule miette; les oiseaux étaient venus, qui avaient tout mangé.

Les voilà donc bien affligés; car plus ils s'égaraient, plus ils s'enfonçaient dans la forêt. La nuit vint, et il s'éleva un grand vent qui leur faisait des peurs épouvantables. Ils croyaient n'entendre de tous côtés que des hurlemens de loups qui venaient à eux pour les manger. Ils n'osaient presque se parler, ni tourner la tête. Il survint une grosse pluie qui les perça jusqu'aux os ; ils glissaient à chaque pas, tombaient dans la boue, d'où ils se relevaient tout crottés, ne sachant que faire de leurs mains.

Le petit Poucet grimpa au haut d'un arbre, pour voir s'il ne découvrirait rien : tournant la tête de tous côtés, il vit une petite lueur comme d'une chandelle, mais qui était bien loin par de-là la forêt. Il descendit de l'arbre et lorsqu'il fut à terre il ne vit plus rien : cela le désola. Cependant, ayant marché quelque temps avec ses frères, du côté qu'il avait vu la lumière, il la revit en sortant du bois.

Ils arivèrent enfin à la maison où était cette chandelle, non sans bien des frayeurs : car souvent ils la perdaient de vue; ce qui leur arrivait toutes les fois qu'ils descendaient dans quelques fonds. Ils heurtèrent à la porte, et une bonne femme vint leur ouvrir. Elle leur demanda ce qu'ils voulaient. Le petit Poucet lui dit qu'ils étaient de pauvres enfans qui s'étaient perdus dans la forêt, et qui demandaient à coucher par charité. Cette femme, les voyant tous si jolis, se mit à pleurer, et leur dit : «Hélas! mes pauvres enfans, où êtes-vous venus? Savez-vous bien que c'est ici la maison d'un Ogre qui mange les petits enfans ? — Hélas! madame, lui répondit le petit Poucet qui tremblait de toute sa force aussi bien que ses frères, que ferons-nous? Il est bien sûr que les loups de la forêt ne manqueront pas de nous manger cette nuit, si vous ne voulez pas nous retirer chez vous : et cela étant, nous aimons mieux que ce soit Monsieur qui nous mange ; peut-être qu'il aura pitié de nous, si vous voulez bien l'en prier. »

La femme de l'Ogre, qui crut qu'elle pourrait les cacher à son mari jusqu'au lendemain matin, les laissa entrer, et les mena se chauffer auprès d'un bon feu, car il y avait un mouton tout entier à la broche pour le souper de l'Ogre.

Comme il commençaient à s'échauffer, ils entendirent heurter trois ou quatre grands coups à la porte ; c'était l'Ogre qui revenait, Aussitôt sa femme les fit cacher sous le lit, et alla ouvrir la porte. l'Ogre demanda d'abord si le souper était prêt et si on avait tiré du vin, et aussitôt il se mit à table. Le mouton était encore tout sanglant, mais il ne lui en sembla que meilleur. Il flairait à droite et à guche, disant qu'il sentait la chair fraîche. » Il faut, lui dit sa femme, que ce soit ce veau que je viens d'habiller[1], que vous sentiez. — Je sens la chair fraîche te dis-je encore une fois, reprit l'Ogre en regardant sa femme de travers ; il y a ici quelque chose que je n'entends pas. » En disant ces mots il se leva de table et alla droit au lit.

[1] Terme de cuisine qui signifie préparer les viandes pour les accomoder en ragoût.

« Ah ! dit-il, voilà donc comme tu veux me tromper, maudite femme ! Je ne sais à quoi il tient que je ne te mange aussi : bien t'en prend d'être une vieille bête. Voilà du gibier qui me vient bien à propos, pour traiter trois ogres de mes amis qui doivent me venir voir ces jours-ci. »

Il les tira de dessous le lit l'un après l'autre. Ces pauvres enfans se mirent à genoux, en lui demandant pardon ; mais ils avaient à faire au plus cruel de tous les ogres, qui, bien loin d'avoir de la pitié, les dévorait déjà des yeux, et disait à sa femme que ce seraient là de friands morceaux, lorsqu'elle leur aurait fait une bonne sauce.

Il alla prendre un grand couteau ; et, en s'approchant de ces pauvres enfans, il l'aiguisait sur une longue pierre, qu'il tenait à sa main gauche. Il en avait déjà empoigné un, lorsque sa femme lui dit : « Que voulez-vous faire à l'heure qu'il est ? N'aurez-vous pas assez de temps demain ? — Tais-toi, reprit l'Ogre, ils en seront plus mortifiés[1]. — Mais vous avez encore tant de viande, reprit sa femme : voilà un veau, deux moutons et la moitié d'un cochon. — Tu as raison, dit l'Ogre : donne-leur bien à souper, afin qu'ils ne maigrissent pas, et vas les mener coucher. »

[1] Terme de cuisine pour exprimer que la viande tuée depuis quelque temps est devenue plus tendre.

La bonne femme fut ravie de joie, et leur porta bien à souper; mais ils ne purent manger, tant ils étaient saisis de peur. Pour l'Ogre, il se remit à boire, ravi d'avoir de quoi si bien régaler ses amis. Il but une douzaine de coups de plus qu'à l'ordinaire; ce qui lui donna un peu dans la tête, et l'obligea de s'aller coucher.

L'Ogre avait sept filles, qui n'étaient encore que des enfans. Ces petites ogresses avaient toutes le teint fort beau, parce qu'elles mangeaient de la chair fraîche, comme leur père; mais elles avaient de petits yeux gris et tout ronds, le nez crochu, et une fort grande bouche, avec de longues dents fort aiguës et fort éloignées l'une de l'autre. Elles n'étaient pas encore fort méchantes; mais elles promettaient beaucoup, car elles mordaient déjà les petits enfans pour en sucer le sang.

On les avait fait coucher de bonne heure, et elles étaient toutes sept dans un grand lit, ayant chacune une couronne d'or sur la tête. Il y avait dans la même chambre un autre lit de la même grandeur : ce fut dans ce lit que la femme de l'Ogre mit coucher les sept petits garçons; après quoi elle alla se coucher auprès de son mari.

Le petit Poucet, qui avait remarqué que les filles de l'Ogre avaient des couronnes d'or sur la tête, et qui craignait qu'il ne prît à l'Ogre quelque remords de ne les avoir pas égorgés dès le soir même, se leva vers le milieu de la nuit, et prenant les bonnets de ses frères et le sien, il alla tout doucement les mettre sur la tête des sept filles de l'Ogre, après leur avoir ôté leurs couronnes d'or, qu'il mit sur la tête de ses frères et sur la sienne, afin que l'Ogre les prît pour ses filles, et ses filles pour le garçons qu'il voulait égorger. La chose réussit comme il l'avait pensé; car l'Ogre, s'étant éveillé sur le minuit, eut regret d'avoir différé au lendemain ce qu'il pouvait exécuter la veille. Il se jeta donc brusquement hors du lit, et prenant son grand couteau : «Allons voir, dit-il, comment se portent nos petits drôles; n'en faisons pas à deux fois. »

Il monta donc à tâtons à la chambre de ses filles, et s'approcha du lit où étaient les petits garçons, qui dormaient tous, excepté le petit Poucet, qui eut bien peur lorsqu'il sentit la main de l'Ogre qui lui tatait la tête, comme il avait tâté celles de tous ses frères. l'Ogre, qui sentit les couronnes d'or : «Vraiment dit-il, j'allais faire là un bel ouvrage; je vois bien que je bus trop hier au soir. » Il alla ensuite au lit de ses filles, où ayant senti les petits bonnets des garçons : « Ah! les voilà, dit-il, nos gaillards; travaillons hardiment. » En disant ces mots, il coupa, sans balancer, la gorge à ses sept filles. Fort content de cette expédition, il alla se recoucher auprès de sa femme.

# LE PETIT POUCET.

Aussitôt que le petit Poucet entendit ronfler l'Ogre, il réveilla ses frères, et leur dit de s'habiller promptement et de le suivre. Ils descendirent doucement dans le jardin, et sautèrent par-dessus les murailles. Ils coururent presque toute la nuit, toujours en tremblant, et sans savoir où ils allaient.

L'Ogre s'étant éveillé, dit à sa femme : « Va-t'en là-haut habiller ces petits drôles d'hier soir. » L'Ogresse fut fort étonnée de la bonté de son mari, ne se doutant point de la manière qu'il entendait qu'elle les habillât, et croyant qui lui ordonnait de les aller vêtir. Elle monta en haut, où elle fut bien surprise, lorsqu'elle aperçut ses sept filles égorgées nageant dans leur sang.....

Elle commença par s'évanouir (car c'est le premier expédient que trouvent presque toutes les femmes en pareilles rencontres). L'Ogre craignant que sa femme ne fût trop long-temps à faire la besogne dont il l'avait chargée, monta en haut pour lui aider. Il ne fut pas moins étonné que sa femme, l'orsqu'il vit cet affreux spectacle, « Ah! qu'ai-je fait là? s'écria-t-il. Ils me le paieront, les malheureux, et tout-à-l'heure. »

Il jeta aussitôt une potée d'eau dans le nez de sa femme, et l'ayant fait revenir : Donne-moi vite mes bottes de sept lieues, lui dit-il, afin que j'aille les attraper. » Il se mit en campagne ; et, après avoir couru de tous côtés, enfin il entra dans le chemin où marchaient les pauvres enfans, qui n'étaient plus qu'à cent pas du logis de leur père. Ils virent l'Ogre qui allait de montagne en montagne, et qui traversait des rivières aussi aisément qu'il aurait fait le moindre ruisseau. Le petit Poucet, qui vit un rocher creux proche le lieu où ils étaient, y fit cacher ses frères, et s'y fourra aussi, regardant toujours ce que l'Ogre deviendrait. L'Ogre qui se trouvait fort las du long chemin qu'il avait fait inutilement (car les bottes de sept lieues fatiguent fort leur homme), voulut se reposer; et, par hasard, il alla s'asseoir sur la roche où les petits garçon s'étaient cachés.

Comme il n'en pouvait plus de fatigue, il s'endormit après s'être reposé quelque temps, et vint à ronfler si effroyablement, que les pauvres enfans n'eurent pas moins de peur que quand il tenait son grand couteau pour leur couper la gorge. Le petit Poucet en eut moins de peur, et dit à ses frères de s'enfuir promptement à la maison pendant que l'Ogre dormait bien fort, et qu'ils ne se missent point en peine de lui. Ils crurent son conseil, et gagnèrent vite la maison.

Le petit Poucet s'étant approché de l'Ogre, lui tira doucement ses bottes, et les mit aussitôt. Les bottes étaient fort grandes et fort larges : mais comme elles étaient fées[1], elles avaient le don de s'agrandir et de

[1] Enchantées, ouvrage de féerie. Le mot fée est ici adjectif, comme à propos de la clef de la Barbe-Bleue.

s'apetisser selon la jambe de celui qui les chaussait ; de sorte qu'elles se trouvèrent aussi justes à ses jambes que si elles eussent été faites pour lui.

Il alla droit à la maison de l'Ogre, où il trouva sa femme qui pleurait, auprès de ses filles égorgées. « Votre mari, lui dit le petit Poucet, est en grand danger ; car il a été pris par une troupe de voleurs, qui ont juré de le tuer s'il ne leur donne tout son or et tout son argent. Dans le moment qu'ils lui tenaient le poignard sur la gorge, il m'a aperçu, et m'a prié de vous venir avertir de l'état où il est, et de vous dire de me donner tout ce qu'il a vaillant, sans en rien retenir, parce que autrement ils le tueront sans miséricorde. Comme la chose presse beaucoup, il a voulu que je prisse ses bottes de sept lieues que voilà, pour faire diligence, et aussi afin que vous ne croyez pas que je sois un affronteur. »

La bonne femme, fort effrayée, lui donna aussitôt tout ce qu'elle avait ; car cet Ogre ne laissait pas d'être fort bon mari, quoiqu'il mangeât les petits enfans. Le petit Poucet, étant chargé de toutes les richesses de l'Ogre, s'en revint au logis de son père, où il fut reçu avec bien de la joie.

Il y a bien des gens qui ne demeurent pas d'accord de cette dernière circonstance, et qui prétendent que le petit Poucet n'a jamais fait ce vol à l'Ogre ; qu'à la vérité il n'avait pas fait conscience de lui prendre ses bottes de sept lieues, dont il ne se servait que pour courir après les petits enfans. Ces gens-là assurent le savoir de bonne part, et même pour avoir bu et mangé dans la maison du bûcheron. Ils assurent que lorsque le petit Poucet eut chaussé les bottes de l'Ogre, il s'en alla à la cour, où il s'avait qu'on était fort en peine d'une armée qui était à deux cents lieues de là, et du succès d'une bataille qu'on avait donnée. Il alla disent-ils, trouver le roi, et lui dit que, s'il le souhaitait, il lui rapporterait des nouvelles de l'armée avant la fin du jour. Le roi lui promit une grosse somme d'argent s'il en venait à bout. Le petit Poucet rapporta des nouvelles dès le soir même; et cette première course l'ayant fait connaître, il gagnait tout ce qu'il voulait : car le roi le payait parfaitement pour porter ses ordres à l'armée, et une infinité de dames lui donnaient tout ce qu'il voulait pour avoir des nouvelles de leurs amans, et ce fut là son plus grand gain.

Il se trouvait quelques femmes qui le chargeaient de lettres pour leurs maris; mais elles le payaient si mal, et cela allait à si peu de chose, qu'il ne daignait pas mettre en ligne de compte ce qu'il gagnait de ce côté-là.

Après avoir fait pendant quelque temps le métier de courrier, et y avoir amassé beaucoup de bien, il revint chez son père, où il n'est pas possible d'imaginer la joie qu'on eut de le revoir. Il mit toute sa famille à l'aise. Il acheta des offices de nouvelle création pour son père et pour ses frères; et par là il les établit tous, et fit parfaitement bien sa cour en même temps.

## L'ADROITE PRINCESSE, OU LES AVENTURES DE FINETTE.

**A**u temps des premières croisades, un roi de je ne sais quel royaume de l'Europe, résolut d'aller faire la guerre aux infidèles, dans la Palestine. Avant que d'entreprendre un si long voyage, il mit un si bon ordre aux affaires de son royaume, et il en confia la régence à un ministre si habile, qu'il fut en repos de ce côté-là. Ce qui inquiétait le plus ce prince, c'était le soin de sa famille. Il avait perdu la reine son épouse, depuis assez peu de temps : elle ne lui avait point laissé de fils ; mais il se voyait père de trois jeunes princesses à marier. Ma chronique ne m'a point appris leur véritable nom ; je sais seulement que comme, en ces temps heureux, la simplicité des peuples donnait sans façon des surnoms aux personnes éminentes, suivant leurs bonnes qualités ou leurs défauts, on avait surnommé l'aînée de ces princesses *Nonchalante*, ce qui signifie indolente en style moderne ; la seconde, *Babillarde* ; et la troisième, *Finette* : noms qui avaient tous un juste rapport aux caractères de ces trois sœurs.

Jamais on n'a rien vu de si indolent qu'était Nonchalante. Tous les jours elle n'était pas éveillée à une heure après midi : on la traînait à l'église telle qu'elle sortait de son lit, sa coiffure en désordre, sa robe détachée, point de cinture, et souvent une mule d'une façon et une de l'autre. On corrigeait cette différence durant la journée ; mais on ne pouvait résoudre cette princesse à être jamais autrement qu'en mules : elle trouvait une fatigue insuportable à mettre des souliers. Quand Nonchalante avait dîné, elle se mettait à sa toilette, où elle était jusqu'au soir : elle employait le reste de son temps, jusqu'à minuit, à jouer et à souper ; ensuite on était presque aussi long-temps à la déshabiller qu'on avait été à l'habiller : elle ne pouvait jamais parvenir à aller se coucher qu'au grand jour.

Babillarde menait une autre sorte de vie. Cette princesse était fort vive, et n'employait que peu de temps pour sa personne; mais elle avait une envie de parler si étrange, que, depuis qu'elle était éveillée jusqu'à ce qu'elle fût endormie, la bouche ne lui fermait pas. Elle savait l'histoire des mauvais ménages, des liaisons tendres, des galanteries, non-seulement de toute la cour, mais des plus petits bourgeois. Elle tenait registre de toutes les femmes qui exerçaient certaines rapines dans leur domestique, pour se donner une parure plus éclatante, et était informée précisément de ce que gagnait la suivante de la comtesse une telle, et le maître-d'hôtel du marquis un tel. Pour être instruite de toutes ces petites choses, elle écoutait sa nourrice et sa couturière, avec plus de plaisir qu'elle n'aurait écouté un ambassadeur, et ensuite elle étourdissait de ses belles histoires, depuis le roi son père jusqu'à ses valets-de-pied; car, pourvu qu'elle parlât, elle ne se souciait pas à qui.

La démangeaison de parler produisit encore un autre mauvais effet chez cette princesse. Malgré son grand rang, ses airs trop familliers donnèrent la hardiesse aux blondins de la cour de lui débiter des douceurs. Elle écouta leurs fleurettes sans façon, pour avoir le plaisir de leur répondre; car, à quelque prix que ce fût, il fallait que, du matin au soir, elle écoutât ou caquetât. Babillarde, non plus que Nonchalante, ne s'occupait

jamais ni à penser, ni à faire aucune réflexion, ni à lire;
elle s'embarrassait aussi peu d'aucun soin domestique,
ni des amusemens que produisent l'aiguille et le fuseau.
Enfin ces deux sœurs, dans une éternelle oisiveté, ne
faisaient jamais agir ni leur esprit, ni leurs mains.

La sœur cadette de ces deux princesses était d'un caractère bien différent, Elle agissait incessamment de
l'esprit et de sa personne; elle avait une vivacité surprenante, et elle s'appliquait à en faire un bon usage.
Elle savait parfaitement bien danser, chanter, jouer des
instrumens; réussissait avec une adresse admirable à
tous les petits travaux de la main qui amusent d'ordinaire les personnes de son sexe, mettait l'odre et la
règle dans la maison du roi, et empêchait, par ses soins,
les pilleries des petits officiers; car, dès ce temps-là, ils
se mêlaient de voler les princes.

Ses talens ne se bornaient pas là; elle avait beaucoup
de jugement, et une présence d'esprit si merveilleuse,
qu'elle trouvait sur-le-champ des moyens pour sortir
de toutes sortes d'affaires. Cette jeune princesse avait
découvert, par sa pénétration, un piège dangereux
qu'un ambassadeur de mauvaise foi avait tendu au roi
son père, dans un traité que ce prince était tout prêt
de signer. Pour punir la perfidie de cet ambassadeur et
de son maître, le roi changea l'article du traité; et en
le mettant dans les termes que lui avait inspirés sa fille,

il trompa à son tour le trompeur même. La jeune princesse découvrit encore un tour de fourberie qu'un ministre voulait jouer au roi ; et par le conseil qu'elle donna à son père, il fit retomber l'infidélité de cet homme-là sur lui-même. La princesse donna, dans plusieurs autres occasions, des marques de sa pénétration et de sa finesse d'esprit ; elle en donna tant, que le peuple lui donna le nom de Finette. Le roi l'aimait beaucoup plus que ses autres filles ; et il faisait un si grand fond sur son bon sens, que s'il n'avait point eu d'autre enfant qu'elle, il serait parti sans inquiétude ; mais il se défiait autant de la conduite de ses autres filles, qu'il se reposait sur celle de Finette. Ainsi, pour être sûr des démarches de sa famille, comme il se croyait sûr de celles de ses sujets, il prit les mesures que je vais dire.

Je ne doute pas, mes lecteurs, que vous n'ayez cent fois entendu parler du merveilleux pouvoir des fées. Le roi dont je vous parle, étant ami intime d'une de ces habiles femmes, alla trouver cette amie ; il lui représenta l'inquiétude où il était touchant ses filles. « Ce n'est pas, lui dit ce prince, que les deux aînées dont je m'inquiète aient jamais fait la moindre chose contre leur devoir ; mais elle ont si peu d'esprit, elles sont si imprudentes, et vivent dans une si grande désoccupation, que je crains que, pendant mon absence, elles n'aillent s'embarquer dans quelque folle intrigue pour trouver de qui s'amuser, Pour Finette, je suis sûr de sa vertu ; cependant je la traiterai comme les autres, pour faire tout égal ; c'est pourquoi, sage fée, je vous prie de me faire trois quenouilles de verre pour mes filles, qui soient faites avec un tel art, que chaque quenouille ne manque point de se cassser sitôt que celle à qui elle appartiendra fera quelque chose contre sa gloire. »

Comme cette fée était des plus habiles, elle donna à ce prince trois quenouilles enchantées, et travaillées avec tous les soins nécessaires pour le dessein qu'il avait. Mais il ne fut pas content de cette précaution, il mena les princesses dans une tour fort haute, qui était bâtie dans un lieu bien désert. Le roi dit à ses filles qu'il leur ordonnait de faire leur demeure dans cette tour, pendant tout le temps de son absence, et qu'il leur défendait d'y recevoir aucune personne que ce fût. Il leur ôta tous leurs officiers de l'un et de l'autre sexe ; et après leur avoir fait présent des quenouilles enchantées, dont il leur expliqua les qualités, il embrassa les princesses et ferma les portes de la tour, dont il prit lui-même les clefs ; puis il partit.

Vous allez peut-être croire que ces princesses étaient là en danger de mourir de faim. Point du tout : on avait eu soin d'attacher une poulie à une des fenêtres de la tour, et on y avait mis une corde à laquelle les princesses attachaient un corbillon qu'elles descendaient chaque jour. Dans ce corbillon, on mettait leurs provisions pour la journée, et quand elles l'avaient remonté, elles retiraient avec soin la corde dans la chambre.

Nonchalante et Babillarde menaient dans cette solitude une vie qui les désespérait : elles s'ennuyaient à un point qu'on ne saurait exprimer ; mais il fallait prendre patience ; car on leur avait fait la quenouille si terrible, qu'elles craignaient que la moindre démarche un peu équivoque ne la fît casser.

Pour Finette, elle ne s'ennuyait point du tout ; son fuseau, son aiguille et ses instrumens de musique lui fournissaient des amusemens ; et outre cela, par ordre du ministre qui gouvernait l'État, on mettait dans le corbillon des princesses des lettres qui les informaient de tout ce qui se passait au-dedans et au-dehors du royaume. Le roi l'avait permis ainsi ; le ministre, pour faire sa cour aux princesses, ne manquait pas d'être exact sur cet article. Finette lisait toutes ces nouvelles avec empressement, et s'en divertissait. Pour ses deux sœurs, elles ne daignaient pas y prendre la moindre part ; elles disaient qu'elles étaient trop chagrines pour avoir la force de s'amuser de si peu de chose ; il leur fallait au moins des cartes pour se désennuyer pendant l'absence de leur père.

Elles passaient donc ainsi tristement leur vie, en

murmurant contre leur destin; et je crois qu'elles ne manquèrent pas de dire, *qu'il vaut mieux être né heureux, que d'être né fils de roi.* Elles étaient souvent aux fenêtres de leur tour, pour voir du moins ce qui se passait dans la campagne Un jour, comme Finette était occupée dans sa chambre à quelque joli ouvrage, ses sœurs, qui étaient à la fenêtre, virent au pied de leur tour une pauvre femme vêtue de haillons déchirés, qui leur criait sa misère fort pathétiquement; elle les priait à mains jointes de la laisser entrer dans leur château, leur représentant qu'elle était une malheureuse étrangère qui savait mille sortes de choses, et qu'elle leur rendrait service avec la plus exacte fidélité. D'abord les princesses se souvinrent de l'ordre qu'avait donné le roi leur père, de ne laisser entrer personne dans la tour; mais Nonchalante était si lasse de se servir elle-même, et Babillarde, si ennuyée de n'avoir que ses sœurs à qui parler, que l'envie qu'eut l'une d'être coiffée en détail, et l'empressement qu'eut l'autre d'avoir une personne de plus pour jaser, les engagea à se résoudre de laisser entrer la pauvre étrangère.

«Pensez-vous, dit Babillarde à sa sœur, que la défense du roi s'étende sur des gens comme cette malheureuse? Je crois que nous la pouvons recevoir sans conséquence. — Vous ferez ce qu'il vous plaira, ma sœur,» répondit Nonchalante. Babillarde, qui n'attendait que ce consentement, descendit aussitôt le corbillon; la pauvre femme se mit dedans, et les princesses la montèrent avec le secours de la poulie.

Quand cette femme fut devant leurs yeux, l'horrible malpropreté de ses habits les dégoûta; elles voulurent lui en donner d'autres; mais elle leur dit qu'elle en changerait le lendemain, et que pour l'heure qu'il était elle allait songer à les servir. Comme elle achevait de parler, Finette revint de sa chambre. Cette princesse fut étrangement surprise de voir cette inconnue avec ses sœurs; elles lui dirent pour quelles raisons elles l'avaient fait monter; et Finette qui vit que c'était une chose faite, dissimula le chagrin qu'elle eut de cette imprudence.

Cependant la nouvelle officière des princesses fit cent tours dans le château, sous prétexte de leur service, mais en effet pour observer la disposition du dedans; car, je ne sais si vous ne vous en doutez déjà; mais cette gueuse prétendue était aussi dangereuse dans le château que le fut le comte Ory dans le couvent où il entra, déguisé en abbesse fugitive.

Pour ne pas vous tenir davantage en suspens, je vous dirai que cette créature couverte de haillons était le fils aîné d'un roi puissant, voisin du père des princesses. Ce jeune prince, qui était un des plus artificieux esprits de son temps, gouvernait entièrement le roi son père, et il n'avait pas besoin de beaucoup de finesse pour cela ; car ce roi était d'un caractère si doux et si facile, qu'on lui avait donné le surnom de *Mouli-Benin*[1]. Pour le jeune prince, comme il n'agissait que par artifice et par détours, les peuples l'avaient surnommé *Riche-en-Cautèle*[2], et pour abréger, on disait *Riche-Cautèle*.

Il avait un frère cadet, qui était aussi rempli de belles qualités que son aîné l'était de défauts ; cependant, malgré la différence d'humeurs, on voyait entre ces deux frères une union si parfaite, que tout le monde en était surpris. Outre les bonnes qualités de l'âme qu'avait le prince cadet, la beauté de son visage et la grâce de sa personne étaient si remarquables, qu'elles l'avaient fait nommer *Bel-à-voir*. C'était le prince de Riche-Cautèle qui avait inspiré à l'ambassadeur du roi, son père, ce trait de mauvaise foi que l'adresse de Finette avait fait tomber sur eux. Riche-Cautèle, qui n'aimait déjà guère le roi, père des princesses, avait achevé par là de le prendre en aversion ; ainsi, quand il sut les précautions que ce prince avait prises à l'égard de ses filles, il se fit un pernicieux plaisir de tromper la prudence d'un père si soupçonneux. Riche-Cautèle obtint la permission, du roi son père, d'aller faire un voyage, sous des prétextes qu'il inventa ; et il prit des mesures

[1] Beaucoup bénin.
[2] Riche en fourberie.

qui le firent parvenir à entrer dans la tour des princesses, comme vous avez vu.

En examinant le château, ce prince remarqua qu'il était facile aux princesses de se faire entendre des passans, et il en conclut qu'il devait rester dans son déguisement pendant tout le jour, parce qu'elles pourraient bien, si elles s'en avisaient, appeler du monde et le faire punir de son entreprise téméraire. Il conserva donc, toute la journée, les habits et le personnage de gueuse de profession ; et le soir, lorsque les trois sœurs eurent soupé, Riche-Cautèle jeta les haillons qui le couvraient, et laissa voir des habits de cavalier tout couverts d'or et de pierreries. Les pauvres princesses furent si épouvantées de cette vue, que toutes se mirent à fuir avec précipitation. Finette et Babillarde, qui étaient agiles, eurent bientôt gagné leur chambre ; mais Nonchalante, qui avait à peine l'usage de marcher, fut en un instant atteinte par le prince.

Aussitôt il se jeta à ses pieds, lui déclara qui il était, et lui dit que la réputation de sa beauté et ses portraits l'avaient engagé à quitter une cour délicieuse pour lui venir offrir ses vœux et sa foi. Nonchalante fut d'abord si éperdue, qu'elle ne pouvait répondre au prince qui était toujours à genoux ; mais comme en lui disant mille douceurs et lui faisant mille protestations, il la conjurait avec ardeur de le recevoir pour époux, dès ce moment-là même, sa molessse naturelle ne lui laissant pas la force de disputer, elle dit nonchalamment à Riche-Cautèle qu'elle le croyait sincère, et qu'elle acceptait sa foi. Elle n'observa pas de plus grandes formalités que celles-là dans la conclusion de ce mariage; mais aussi elle en perdit sa quenouille : elle se brisa en mille morceaux.

Cependant Babillarde et Finette étaient dans des inquiétudes étranges : elles avaient gagné séparément leurs chambres, et elles s'y étaient enfermées. Ces chambres étaient assez éloignées l'une de l'autre ; et, comme chacune de ces princesses ignorait entièrement le destin de ses sœurs, elles passèrent la nuit sans fermer l'œil. Le lendemain, le pernicieux prince mena Nonchalante dans un appartement bas qui était au bout du jardin; et là, cette princesse témoigna à Riche-Cautèle l'inquiétude où elle était de ses sœurs, quoiqu'elle n'osât se présenter devant elles, dans la crainte qu'elles ne blâmassent fort son mariage. Le prince lui dit qu'il se chargeait de le leur faire approuver ; et, après quelques discours, il sortit, et enferma Nonchalante sans qu'elle s'en aperçût; ensuite il se mit à chercher les princesses avec soin.

Il fut quelque temps sans pouvoir découvrir dans quelles chambres elles étaient enfermées. Enfin, l'envie qu'avait Babillarde de toujours parler, étant cause que cette princesse parlait toute seule en se plaignant, le prince s'approcha de la porte de sa chambre, et la vit par le trou de la serrure. Riche-Cautèle lui parla au travers de la porte, et lui dit, comme il avait dit à sa sœur, que c'était pour lui offrir son cœur et sa foi qu'il avait fait l'entreprise d'entrer dans la tour. Il louait avec exagération sa beauté et son esprit; et Babillarde, qui était très persuadée qu'elle possédait un mérite extrême, fut assez folle pour croire ce que le prince lui disait : elle lui répondit un flux de paroles, qui n'étaient pas trop désobligeantes. Il fallait que cette princesse eût une étrange fureur de parler, pour s'en acquitter comme elle faisait dans ces momens : car elle était dans un abattement terrible, outre qu'elle n'avait rien mangé de la journée, par la raison qu'il n'y avait rien dans sa chambre propre à manger. Comme elle était d'une paresse extrême, et qu'elle ne songeait jamais à rien qu'à toujours parler, elle n'avait pas la moindre prévoyance : quand elle avait besoin de quelque chose, elle avait recours à Finette; et cette aimable princesse, qui était aussi laborieuse et prévoyante que ses sœurs l'étaient peu, avait toujours dans sa chambre une infinité de massepains, de pâtes, et de confitures sèches et liquides qu'elle avait faites elle-même. Babillarde donc, qui n'avait pas le même avantage, se sentant pressée par la faim et par les tendres protestations que lui faisait le prince, au travers de la porte, l'ouvrit enfin à ce séducteur; et quand elle eut ouvert, il fit encore parfaitement le comédien auprès d'elle : il avait bien étudié son rôle.

Ensuite ils sortirent tous deux de cette chambre, et s'en allèrent à l'office du château, où ils trouvèrent toutes sortes de rafraîchissemens ; car le corbillon en fournissait toujours les princesses d'avance. Babillarde continuait d'abord à être en peine de ce qu'étaient devenues ses sœurs ; mais elle s'alla mettre dans l'esprit sur je ne sais quel fondement, qu'elles étaient sans doute toutes deux enfermées dans la chambre de Finette, où elles ne manquaient de rien. Riche-Cautèle fit tous ses efforts pour la confirmer dans cette pensée, et lui dit qu'ils iraient trouver ces princesses vers le soir : elle ne fut pas de cet avis ; elle répondit qu'il fallait les aller chercher quand ils auraient mangé.

Enfin, le prince et la princesse mangèrent ensemble de fort bon accord ; et après qu'ils eurent achevé, Riche-Cautèle demanda à aller voir le bel appartement du château : il donna la main à la princesse, qui le mena dans ce lieu ; et, quand il fut, il recommença à exagérer la tendresse qu'il avait pour elle, et les avantages qu'elle trouverait en l'épousant. Il lui dit, comme il avait dit à Nonchalante, qu'elle devait accepter sa foi au moment même, parce que, si elle allait trouver ses sœurs avant que de l'avoir reçu pour époux, elles ne manqueraient pas de s'y opposer, puisque étant sans contredit le plus puissant prince voisin, il paraissait plus vraisemblablement un parti pour l'aînée que pour elle; qu'ainsi cette princesse ne consentirait jamais à une union qu'il souhaitait avec toute l'ardeur imaginable. Babillarde, après bien des discours qui ne signifiaient rien, fut aussi extravagante que l'avait été sa sœur; elle accepta le prince pour époux, et ne se souvint des effets de sa quenouille de verre, qu'après que cette quenouille se fut cassée en cent pièces.

Vers le soir, Babillarde retourna dans sa chambre avec le prince; et la première chose que vit cette princesse, ce fut sa quenouille de verre en morceaux. Elle se troubla à ce spectacle: le prince lui demanda le sujet de son trouble. Comme la rage de parler la rendait incapable de rien taire, elle dit sottement à Riche-Cautèle le mystère des quenouilles; et ce prince eut une joie de scélérat, de ce que le père des princesses serait par là entièrement convaincu de la mauvaise conduite de ses filles.

Cependant, Babillarde n'était plus en humeur d'aller chercher ses sœurs: elle craignait, avec raison, qu'elles ne pussent approuver sa conduite; mais le prince s'offrit de les aller trouver, et dit qu'il ne manquerait pas de moyens pour les persuader de l'approuver. Après cette assurance, la princesse, qui n'avait point dormi la nuit, s'assoupit; et pendant qu'elle dormait, Riche-Cautèle l'enferma à la clef, comme il avait fait Nonchalante.

N'est-il pas vrai, mes lecteurs que ce Riche-Cautèle était un grand scélérat, et ces deux princesses de lâches et imprudentes personnes? Je suis fort en colère contre tous ces gens-là, et je ne doute pas que vous n'y soyez beaucoup aussi ; mais ne vous inquiétez point, ils seront tous traités comme ils le méritent. Il n'y aura que la sage et courageuse Finette qui triomphera.

Quand ce prince perfide eut enfermé Babillarde, il alla dans toutes les chambres du château les une après les autres; et, comme il les trouva toutes ouvertes, il conclut qu'une seule qu'il voyait fermée par-dedans, était assurément celle où s'était retirée Finette. Comme il avait composé une harangue-circulaire, il s'en alla débiter à la porte de Finette les mêmes choses qu'il avait dites à ses sœurs. Mais cette princesse, qui n'était pas une dupe comme ses aînées, l'écouta assez long-temps sans lui répondre. Enfin, voyant qu'il était éclairci qu'elle était dans cette chambre, elle lui dit, que s'il était vrai qu'il eût une tendresse aussi forte et aussi sincère pour elle qu'il voulait le lui persauder, elle le priait de descendre dans le jardin, et d'en fermer la porte sur lui; et qu'après elle lui parlerait tant qu'il voudrait par la fenêtre de sa chambre, qui donnait sur le jardin.

Riche-Cautèle ne voulut point accepter ce parti ; et, comme la princesse s'opiniâtrait toujours à ne point vouloir ouvrir, ce méchant prince, outré d'impatience, alla quérir une bûche et enfonça la porte. Il trouva Finette armée d'un gros marteau, qu'on avait laissé par hasard dans une garde-robe qui était proche de sa chambre. L'émotion animait le teint de cette princesse; et, quoique ses yeux fussent pleins de colère, elle parut à Riche-Cautèle d'une beauté à enchanter. Il voulut se jeter à ses pieds; mais elle lui dit fièrement, en se reculant : «Prince, si vous approchez de moi, je vous fendrai la tête avec ce marteau.—Quoi! belle princesse, s'écria Riche-Cautèle de son ton hypocrite, l'amour qu'on a pour vous s'attire une si cruelle haine? » Il se mit à lui prôner de nouveau, mais d'un bout de la chambre à l'autre, l'ardeur violente que lui avait inspirée la réputation de sa beauté et de son esprit merveilleux. Il ajouta qu'il ne s'était déguisé que pour venir lui offrir avec respect son cœur et sa main, et lui dit qu'elle devait pardonner à la violence de sa passion la hardiesse qu'il avait eue d'enfoncer sa porte. Il finit en lui voulant persuader, comme il l'avait fait à ses sœurs, qu'il était de son intérêt de le recevoir pour époux au plus vite. Il dit encore à Finette qu'il ne savait pas où s'étaient retirées les princesses, ses sœurs, parce qu'il ne s'était pas mis en peine de les chercher, n'ayant songé qu'à elle. L'adroite princesse, feignant de se radoucir, lui dit qu'il fallait chercher ses sœurs, et qu'après on prendrait des mesures tous ensemble; mais Riche-Cautèle lui répondit qu'il ne pouvait se résoudre à aller trouver les princesses, qu'elle n'eût consenti à l'épouser, parce que ses sœurs ne manqueraient pas de s'y opposer, à cause de leur droit d'aînesse.

Finette, qui se défiait, avec raison, de ce prince perfide, sentit redoubler ses soupçons par cette réponse : elle trembla de ce qui pouvait être arrivé à ses sœurs, et se résolut de les venger du même coup qui lui ferait éviter un malheur pareil à celui qu'elle jugeait qu'elles avaient eu. Cette jeune princesse dit donc à Riche-Cautèle qu'elle consentait sans peine à l'épouser; mais qu'elle était persuadée que les mariages qui se faisaient le soir étaient toujours malheureux; qu'ainsi elle le priait de remettre la cérémonie de se donner une foi réciproque au lendemain matin : elle ajouta qu'elle l'assurait de n'avertir les princesses de rien, et lui dit qu'elle le priait de la laisser un peu de temps seule pour penser au ciel : qu'ensuite elle le mènerait dans une chambre où il trouverait un fort bon lit, et qu'après elle reviendrait s'enfermer chez elle jusqu'au lendemain.

Riche-Cautèle, qui n'était pas un fort courageux personnage, et qui voyait toujours Finette armée du gros marteau dont elle badinait comme on fait d'un éventail; Riche-Cautèle, dis-je, consentit à ce que souhaitait la princesse, et se retira pour la laisser quelque temps méditer. Il ne fut pas plus tôt éloigné, que Finette courut faire un lit sur le trou d'un égout qui était dans une chambre du château. Cette chambre était aussi propre qu'une autre; mais on jetait dans le trou de cet égout, qui était fort spacieux, toutes les ordures du château. Finette mit sur ce trou deux bâtons croisés très faibles; puis elle fit bien proprement un lit par-dessus, et s'en retourna aussitôt dans sa chambre. Un moment après, Riche-Cautèle y revint, et la princesse le conduisit où elle venait de faire le lit, et se retira.

Le prince, sans se déshabiller, se jeta sur le lit avec précipitation, et sa pesanteur ayant fait tout d'un coup rompre les petits bâtons, il tomba au fond de l'égout, sans pouvoir se retenir, en se faisant vingt bosses à la tête, et en se fracassant de tous côtés. La chute du prince fit un grand bruit dans le tuyau : d'ailleurs il n'était pas éloigné de la chambre de Finette; elle sut aussitôt que son artifice avait eu tout le succès qu'elle s'était promis, et elle en resentit une joie secrète qui lui fut extrêmement agréable. On ne peut pas décrire le plaisir qu'elle eut de l'entendre barboter dans l'égout. Il méritait bien cette punition, et la princesse avait raison d'en être satisfaite. Mais sa joie ne l'occupait pas si fort qu'elle ne pensât pas à ses sœurs. Son premier soin fut de les chercher. Il lui fut facile de trouver Babillarde. Riche-Cautèle, après avoir enfermé cette princesse à

double tour, avait laissé la clef à sa chambre. Finette
entra dans cette chambre avec empressement, et le bruit
qu'elle fit éveilla sa sœur en sursaut. Elle fut bien confuse en la voyant. Finette lui raconta de quelle manière
elle s'était défaite du prince fourbe qui était venu pour
les outrager. Babillarde fut frappée de cette nouvelle
comme d'un coup de foudre; car, malgré son caquet,
elle était si peu éclairée, qu'elle avait cru ridiculement
tout ce que Riche-Cautèle lui avait dit. Il y a encore des
dupes comme celle-là au monde.

Cette princesse, dissimulant l'excès de sa douleur,
sortit de sa chambre pour aller avec Finette chercher
Nonchalante. Elles parcoururent toutes les chambres du
château sans trouver leur sœur; enfin Finette s'avisa
qu'elle pouvait bien être dans l'appartement du jardin :
elles l'y trouvèrent en effet, demi morte de désespoir et
de faiblesse, car elle n'avait pris aucune nourriture de
la journée. Les princesses lui donnèrent tous les secours
nécessaires; ensuite elles firent ensemble des éclaircissemens qui mirent Nonchalante et Babillarde dans une
douleur mortelle : puis toutes trois s'en allèrent reposer.

Cependant Riche-Cautèle passa la nuit fort mal à son
aise; et quand le jour fut venu, il ne fut guère mieux.
Ce prince se trouvait dans des cavernes dont il ne pouvait pas voir toute l'horreur, parce que le jour n'y donnait jamais. Néanmoins, à force de se tourmenter, il

trouva l'issue de l'égout qui donnait dans une rivière assez éloignée du château. Il trouva moyen de se faire entendre à des gens qui pêchaient dans cette rivière, dont il fut tiré dans un état qui fit compassion à ces bonnes gens. Il se fit transporter à la cour du roi son père, pour se faire guérir à loisir; et la disgrâce qui lui était arrivée lui fit prendre une si forte haine contre Finette, qu'il songea moins à se guérir qu'à se venger d'elle.

Cette princesse passait des momens bien tristes : la gloire lui était mille fois plus chère que la vie; et la honteuse faiblesse de ses sœurs la mettait dans un désespoir dont elle avait peine à se rendre maîtresse. Cependant la mauvaise santé de ces deux princesses, qui était causée par les suites de leurs mariages indignes, mit encore la constance de Finette à l'épreuve. Riche-Cautèle, qui était déjà un habile fourbe, rappela tout son esprit depuis son aventure pour devenir fourbissime. L'égout ni les contusions ne lui donnaient pas tant de chagrin que le dépit d'avoir trouvé quelqu'un plus fin que lui. Il se douta des suites des deux mariages : et, pour tenter les deux princesses malades, il fit porter, sous les fenêtres de leur château, de grandes caisses remplies d'arbres tout chargés de beaux fruits. Nonchalante et Babillarde, qui étaient souvent aux fenêtres, ne manquèrent pas de voir ces fruits : aussitôt il leur prit une envie violente d'en manger ; et elles persécutèrent Finette de descendre dans le corbillon pour en aller cueillir. La complaisance de cette princesse fut assez grande pour vouloir bien contenter ses sœurs : elle descendit, et leur rapporta de ces beaux fruits, qu'elles mangèrent avec la dernière avidité.

Le lendemain, il parut des fruits d'une autre espèce. Nouvelle envie des princesses; nouvelle complaisance de Finette; mais les officiers de Riche-Cautèle, cachés, et qui avaient manqué leur coup la première fois, ne le manquèrent pas celle-ci : ils se saisirent de Finette, et l'emmenèrent, aux yeux de ses sœurs, qui s'arrachaient les cheveux de désespoir.

Les satellites de Riche-Cautèle firent si bien, qu'ils menèrent Finette dans une maison de campagne où était le prince pour achever de se remettre en santé. Comme il était transporté de fureur contre cette princesse, il lui dit cent choses brutales, à quoi elle répondit toujours avec une fermeté et une grandeur d'âme digne d'une héroïne comme elle était. Enfin, après l'avoir gardée quelques jours prisonnière, il la fit conduire au sommet d'une montagne extrêmement haute, et il y arriva lui-même un moment après elle. Dans ce lieu, il lui annonça qu'on l'allait faire mourir d'une manière qui le vengerait des tours qu'elle lui avait faits. Ensuite ce perfide prince montra barbarement à Finette un tonneau tout hérissé par dedans de canifs, de rasoirs et de clous à crochets, et lui dit que, pour la punir comme elle méritait, on allait la jeter dans ce tonneau, puis le rouler du haut de la montagne en bas.

Quoique Finette ne fût pas Romaine, elle ne fut pas plus effrayée du supplice qu'on lui préparait, que Régulus l'avait été autrefois à la vue d'un destin pareil. Cette jeune princesse conserva toute sa fermeté et même toute sa présence d'esprit. Riche-Cautèle, au lieu d'admirer son caractère héroïque, en prit une nouvelle rage contre elle, et songea à hâter sa mort. Dans cette vue, il se baissa vers l'entrée du tonneau qui devait être l'instrument de sa vengeance, pour examiner s'il était bien fourni de ses armes meurtrières. Finette, qui vit son persécuteur attentif à regarder, ne perdit point de temps; elle le jeta dans le tonneau, et elle le fit rouler du haut de la montagne en bas, sans donner au prince le temps de se reconnaître. Après ce coup elle prit la fuite; et les officiers du prince, qui avaient vu avec une extrême douleur la manière cruelle dont leur maître voulait traiter cette aimable princesse, n'eurent garde de courir après elle pour l'arrêter. D'ailleurs, ils étaient si effrayés de ce qui venait d'arriver à Riche-Cautèle, qu'ils ne purent songer à autre chose qu'à tâcher d'arrêter le tonneau qui roulait avec violence; mais leurs soins furent inutiles : il roula jusqu'au bas de la montagne, et ils en tirèrent leur prince couvert de mille plaies.

L'accident de Riche-Cautèle mit au désespoir le roi Moult-Benin et le prince Bel-à-Voir. Pour les peuples de leurs États, ils n'en furent point touchés. Riche-Cautèle en était très haï, et même l'on s'étonnait de ce que le jeune prince, qui avait des sentimens si nobles et si généreux, pût tant aimer cet indigne aîné. Mais tel était le bon naturel de Bel-à-Voir, qu'il s'attachait fortement à tous ceux de son sang; et Riche-Cautèle avait toujours eu l'adresse de lui témoigner tant d'amitié, que ce généreux prince n'aurait jamais pu se pardonner de n'y pas répondre avec vivacité. Bel-à-Voir eut donc une douleur violente des blessures de son frère, et il mit tout en usage pour tâcher de les guérir promptement : cependant, malgré les soins empressés que tout le monde en prit, rien ne soulageait Riche-Cautèle ; au contraire, ses plaies semblaient s'envenimer de plus en plus et le faire souffrir long-temps.

Finette, après s'être dégagée de l'effroyable danger qu'elle avait couru, avait encore regagné heureusement le château où elle avait laissé ses sœurs, et n'y fut pas long-temps sans être livrée à de nouveaux chagrins. Les deux princesses mirent au monde chacune un fils, dont Finette se trouva fort embarrassée. Cependant le courage de cette princesse ne s'abattit point : l'envie qu'elle eut de cacher la honte de ses sœurs la fit résoudre à s'exposer encore une fois quoiqu'elle en vît bien le péril. Elle prit, pour faire réussir le dessein qu'elle avait, toutes les mesures que la prudence peut inspirer : elle se déguisa en homme, enferma les enfans de ses sœurs dans des boîtes, et elle y fit de petits trous, vis-à-vis la bouche de ces enfans, pour leur laisser la respiration: elle prit un cheval, emporta ses boîtes et quelques autres; et, dans cet équipage, elle arriva à la ville capitale du roi Moult-Benin, où était Riche-Cautèle.

Qand Finette fut dans cette ville, elle apprit que la manière magnifique dont le prince Bel-à-Voir récompensait les remèdes qu'on donnait à son frère avait attiré à la cour tous les charlatans de l'Europe; car, dès ce temps-là, il y avait quantité d'aventuriers sans emploi, sans talent, qui se donnaient pour des hommes admirables, qui avaient reçu des dons du ciel pour guérir toutes sortes de maux. Ces gens, dont la seule science était de fourber hardiment, trouvaient toujours beaucoup de croyance parmi les peuples. Ils savaient leur en imposer par leur extérieur extraordinaire et par les noms bizarres qu'ils prenaient. Ces sortes de médecins ne restent jamais dans le lieu de leur naissance; et la prérogative de venir de loin souvent leur tient lieu de mérite chez le vulgaire.

L'ingénieuse princesse, bien informée de tout cela,

se donna un nom étranger pour ce royaume-là : ce nom était Sanatio; puis elle fit annoncer de tous côtés que le chevalier Sanatio était arrivé avec des secrets merveilleux pour guérir toutes sortes de blessures les plus dangereuses et les plus envenimées. Aussitôt Bel-à-Voir envoya querir le prérendu chevalier. Finette vint, fit le médecin empirique le mieux du monde, débita cinq ou six mots de l'art d'un air cavalier : rien n'y manquait. Cette princesse fut surprise de la bonne mine et des manières agréables de Bel-à-Voir; et, après avoir raisonné quelque temps avec ce prince au sujet des blessures de Riche-Cautèle, elle dit qu'elle allait querir une bouteille d'une eau incomparable, et que cependant elle laissait deux boîtes qu'elle avait apportées, qui contenaient des onguens excellens propres au prince blessé.

Là-dessus, le prétendu médecin sortit; il ne revenait point : l'on s'impatientait beaucoup de le voir tant tarder. Enfin, comme on allait envoyer le presser de revenir, on entendit des cris de petits enfans dans la chambre de Riche-Cautèle. Cela surprit tout le monde; car il ne paraissait point d'enfants. Quelqu'un prêta l'oreille, et on découvrit que ces cris venaient des boîtes de l'empirique.

C'étaient en effet les neveux de Finette. Cette princesse leur avait fait prendre beaucoup de nouriture avant que de venir au palais; mais comme il y avait déjà long-temps, ils en souhaitaient de nouvelle, et ils expliquaient leurs besoins en chantant sur un ton dolent. On ouvrit les boîtes, et l'on fut fort surpris d'y voir bien effectivement deux marmots qu'on trouva fort jolis. Riche-Cautèle se douta aussitôt que c'était encore un nouveau tour de Finette : il en conçut une fureur qu'on ne peut pas dire, et ses maux en augmentèrent à un tel point, qu'on vit bien qu'il fallait qu'il en mourût.

Bel-à-Voir en fut pénétré de douleur ; et Riche-Cautèle, perfide jusqu'à son dernier moment, songea à abuser de la tendresse de son frère. « Vous m'avez toujours aimé, prince, lui dit-il, et vous pleurez ma perte. Je n'ai plus besoin des preuves de votre amitié par rapport à la vie. Je meurs ; mais si je vous ai été véritablement cher, promettez-moi de m'accorder la prière que je vais vous faire. »

Bel-à-Voir, qui, dans l'état où il voyait son frère, se sentait incapable de lui rien refuser, lui promit, avec les plus terribles sermens, de lui accorder tout ce qu'il lui demanderait. Aussitôt que Riche-Cautèle eut entendu ces sermens, il dit à son frère en l'embrassant : « Je meurs consolé, prince, puisque je serai vengé ; car la prière que j'ai à vous faire, c'est de demander Finette en mariage aussitôt que je serai mort. Vous obtiendrez, sans doute, cette maligne princesse, et dès qu'elle sera en votre pouvoir, vous lui plongerez un poignard dans le sein. » Bel-à-voir frémit d'horreur à ces mots : il se repentit de l'imprudence de ses sermens ; mais il n'était plus temps de se dédire, et il ne voulut rien témoigner de son repentir à son frère, qui expira peu de temps après. Le roi Moult-Benin en eut une sensible douleur. Pour son peuple, loin de regretter Riche-Cautèle, il fut ravi que sa mort assurât la succession du royaume à Bel-à-Voir, dont le mérite était chéri de tout le monde.

Finette, qui était encore une fois heureusement retournée avec ses sœurs, apprit bientôt la mort de Riche-Cautèle ; et peu de temps après on annonça aux trois princesses le retour du roi leur père. Ce prince vint avec empressement dans leur tour, et son premier soin fut de demander à voir les quenouilles de verre. Nonchalante alla querir la quenouille de Finette, la montra au roi ; puis ayant fait une profonde révérence, elle reporta la quenouille où elle l'avait prise. Babillarde fit le même manège ; et Finette à son tour apporta sa quenouille ; mais le roi, qui était soupçonneux, voulut voir les trois quenouilles à-la-fois. Il n'y eut que Finette qui put montrer la sienne ; et le roi entra dans une telle fureur contre ses deux filles aînées, qu'il les envoya à l'heure même à la fée qui lui avait donné les quenouilles, en la priant de les garder toute leur vie auprès d'elle, et de les punir comme elles méritaient.

Pour commencer la punition des princesses, la fée les

mena dans une galerie de son château enchanté, où elle avait fait peindre l'histoire d'un nombre infini de femmes illustres qui s'étaint rendues célèbres par leur vertus et par leur vie laborieuse. Par un effet merveilleux de l'art de la féerie, toutes ces figures avaient du mouvement, et étaient en action depuis le matin jusqu'au soir. On voyait de tous côtés des trophées et des devises à la gloire de ces femmes vertueuses; et ce ne fut pas une légère mortification pour les deux sœurs de comparer le triomphe de ces héroïnes avec la situation méprisable où leur malheureuse imprudence les avait réduites. Pour comble de chagrin, la fée leur dit avec gravité, que si elles s'étaient aussi bien occupées que celles dont elles voyaient les tableaux, elles ne seraient pas tombées dans les indignes égaremens où elles s'étaient perdues; mais que l'oisiveté était *la mère de tout vice* et la source de tous leurs malheurs.

La fée ajouta que, pour les empêcher de retomber jamais dans des malheurs pareils, et pour leur faire réparer le temps qu'elles avaient perdu, elle allait les occuper d'une bonne manière. En effet, elle obligea les princesses de s'employer aux travaux les plus grossiers et les plus vils; et, sans égard pour leur teint, elle les envoyait cueillir des pois dans ses jardins et en arracher les mauvaises herbes. Nonchalante ne put résister au désespoir qu'elle eut de mener une vie si peu conforme à ses inclinations : elle mourut de chagrin et de fatigue. Babillarde, qui trouva moyen, quelque temps après, de s'échapper la nuit du château de la fée, se cassa la tête contre un arbre, et mourut de cette blessure entre les mains des paysans.

Le bon naturel de Finette lui fit ressentir une douleur bien vive du destin de ses sœurs, et, au milieu de ses chagrins, elle apprit que le prince Bel-à-Voir l'avait fait demander en mariage au roi, son père, qui l'avait accordée sans l'en avertir; car, dès ce temps-là, l'inclination des parties était la moindre chose que l'on considérait dans les mariages. Finette trembla à cette nouvelle; elle craignait, avec raison, que la haine que Riche-Cautèle avait pour elle n'eût passé dans le cœur d'un frère dont il était si chéri; et elle appréhenda que ce jeune prince ne voulût l'épouser pour la sacrifier à son frère. Pleine de cette inquiétude, la princesse alla consulter la sage fée, qui l'estimait autant qu'elle avait méprisé Nonchalante et Babillarde.

La fée ne voulut rien révéler à Finette; elle lui dit seulement : « Princesse, vous êtes sage et prudente; vous n'avez pris jusqu'ici des mesures si justes pour votre conduite, qu'en vous mettant toujours dans l'esprit que *la défiance est mère de la sûreté*. Continuez de vous souvenir vivement de l'importance de cette maxime, et vous parviendrez à être heureuse sans le secours de mon art. » Finette n'ayant pu tirer d'autres éclaircissemens de la fée, s'en retourna au palais dans une extrême agitation.

Quelques jours après, cette princesse fut épousée par un ambassadeur, au nom du prince Bel-à-Voir; et on l'emmena trouver son époux dans un équipage magnifique. On lui fit des entrées de même dans les deux premières villes frontières du roi Moult-Benin; et dans la troisième elle trouva le prince Bel-à-Voir qui était venu au-devant d'elle par l'ordre de son père. Tout le monde était surpris de voir la tristesse de ce jeune prince aux approches d'un mariage qu'il avait témoigné souhaiter : le roi même lui en faisait la guerre, et l'avait envoyé, malgré lui, au-devant de la princesse.

Quand Bel-à-Voir la vit, il fut frappé de ses charmes, et lui en fit compliment, mais d'une manière si confuse, que les deux cours, qui savaient combien ce prince était spirituel et galant, crurent qu'il en était si vivement touché, qu'à force d'être amoureux, il perdait sa présence d'esprit. Toute la ville retentissait de cris de joie, et l'on n'entendait de tous côtés que des concerts et des feux d'artifice. Enfin, après un souper magnifique, on songea à mener les deux époux dans leur appartement.

Finette, qui se souvenait toujours de la maxime que la fée lui avait renouvelée dans l'esprit, avait son dessein en tête. Cette princesse avait gagné une de ses femmes qui avait la clef du cabinet de l'appartement qu'on lui destinait; et elle avait donné ordre à cette femme de porter dans ce cabinet de la paille, une vessie, du sang de mouton, et les boyaux de quelques-uns des animaux qu'on avait mangés au souper. La princesse passa dans ce cabinet sous quelque prétexte, et composa une figure de paille, dans laquelle elle mit les boyaux et la vessie pleine de sang. Ensuite, elle ajusta cette figure en déshabillé de femme et un bonnet de nuit. Lorsque Finette eut achevé cette belle marionnette, et alla rejoindre la compagnie, et peu de temps après on conduisit la princesse et son époux dans leur appartement. Quand on eut donné à la toilette le temps qu'il lui fallait donner, la dame d'honneur emporta les flambeaux et se retira. Aussitôt Finette jeta la femme de paille dans le lit, et se cacha dans un des coins de la chambre.

Le prince, après avoir soupiré deux ou trois fois tout haut, prit son épée, et le passa au travers du corps de la prétendue Finette. Au même moment il sentit le sang ruisseler de tous côtés, et trouva la femme de paille sans mouvement. « Qu'ai-je fait? s'écria Bel-à-Voir. Quoi! après tant de cruelles agitations; quoi! après avoir tant balancé si je garderais mes sermens aux dépens d'un crime, j'ai ôté la vie à une charmante princesse que j'étais né pour aimer! Ses charmes m'ont ravi dès le moment que je l'ai vue; cependant je n'ai pas eu la force de m'affranchir d'un serment qu'un frère possédé de fureur avait exigé de moi par une indigne surprise! Ah! ciel! peut-on songer à vouloir punir une femme d'avoir trop de vertu? Eh bien! Riche-Cautèle, j'ai satisfait ton injuste vengeance; mais je vais venger Finette à son tour par ma mort. Oui, belle princesse, il faut que la même épée.....»

A ces mots, Finette entendit que le prince qui, dans son transport, avait laissé tomber son épée, la cherchait pour se la passer au travers du corps : elle ne voulut pas qu'il fît une telle sottise; ainsi elle lui cria : « Prince, je ne suis pas morte. Votre bon cœur m'a fait deviner votre repentir; et, par une tromperie innocente, je vous ai épargné un crime. »

Là-dessus Finette raconta à Bel-à-Voir la prévoyance qu'elle avait eue touchant la femme de paille. Le prince, transporté de joie d'apprendre que la princesse vivait, admira la prudence qu'elle avait eu en toutes sortes d'occasions, et lui eut une obligation infinie de lui avoir épargné un crime auquel il ne pouvait penser sans horreur; et il ne comprenait pas comment il avait eu la faiblesse de ne pas voir la nullité des malheureux sermens qu'on avait exigés de lui par artifice.

Cependant, si Finette n'eût pas toujours été bien persuadée que *défiance est mère de sûreté,* elle eût été tuée, et sa mort eût été cause de celle de Bel-à-Voir; et puis après on aurait raisonné à loisir sur la bizarrerie des sentimens de ce prince. Vive la prudence et la présence d'esprit! elles préservèrent ces deux époux de malheurs bien funestes, pour les réserver à un destin le plus doux du monde. Ils eurent toujours l'un pour l'autre une tendresse extrême, et passèrent une longue suite de beaux jours dans une gloire et dans une félicité qu'on aurait peine à bien décrire.

## PEAU-D'ANE.

Il était une fois un roi si grand, si aimé de ses peuples, si respecté de tous ses voisins et de ses alliés, qu'on pouvait dire qu'il était le plus heureux de tous les monarques. Son bonheur était encore confirmé par le choix qu'il avait fait d'une princesse aussi belle que vertueuse; et ces heureux époux vivaient dans une union parfaite. De leur chaste hymen était née une fille, douée de tant de grâces et de charmes, qu'ils ne regrettaient point de n'avoir pas une plus ample lignée.

La magnificence, le goût et l'abondance régnaient dans son palais; les ministres étaient sages et habiles; les courtisans vertueux et attachés; les domestiques fidèles et laborieux; les écuries vastes et remplies des plus beaux chevaux du monde, couverts de riches caparaçons : mais ce qui étonnait les étrangers qui venaient admirer ces belles écuries, c'est qu'au lieu le plus apparent, un maître âne étalait de grandes et longues oreilles. Ce n'était pas par fantaisie, mais avec raison, que le roi lui avait donné cette place particulière et distinguée. Les vertus de ce rare animal méritaient cette distinction, puisque la nature l'avait formé si extraordinaire, que sa litière, au lieu d'être malpropre, était couverte, tous les matins, avec profusion, de beaux écus au soleil[1] et de louis d'or de toute espèce, qu'on allait recueillir à son réveil.

Or, comme les vicissitudes de la vie s'étendent aussi bien sur les rois que sur les sujets, et que toujours les biens sont mêlés de quelques maux, le ciel permit que la reine fût tout-à-coup attaquée d'une âpre maladie, pour laquelle, malgré la science et l'habileté des médecins, on ne put trouver aucun secours. La désolation

[1] On frappa des écus au soleil sous Louis XIV, qui avait pris le soleil pour emblême.

fut générale. Le roi sensible et amoureux, malgré le proverbe fameux qui dit que l'hymen est le tombeau de l'amour, s'affligeait sans modération, faisait des vœux ardens à tous les temples de son royaume, offrait sa vie pour celle d'une épouse si chère; mais les dieux et les fées étaient invoqués en vain. La reine, sentant sa dernière heure approcher, dit à son époux qui fondait en larmes : « Trouvez bon, avant que je meure, que j'exige une chose de vous : c'est que s'il vous prenait envie de vous remarier....... » A ces mots, le roi fit des cris pitoyables, prit les mains de sa femme, les baigna de pleurs; et l'assurant qu'il était superflu de lui parler d'un second hyménée : « Non, non, dit-il enfin, ma chère reine, parlez-moi plutôt de vous suivre. — L'État, reprit la reine avec une fermeté qui augmentait les regrets de ce prince, l'État doit exiger des successeurs, et comme je ne vous ai donné qu'une fille, vous presser d'avoir des fils qui vous ressemblent : mais je vous demande instamment, par tout l'amour que vous avez eu pour moi, de ne céder à l'empressement de vos peuples que lorsque vous aurez trouvé une princesse plus belle et mieux faite que moi; j'en veux votre serment et alors je mourrai contente. »

On présume que la reine, qui ne manquait pas d'amour-propre, avait exigé ce serment, ne croyant pas qu'il fût au monde personne qui pût l'égaler, pensant bien que c'était s'assurer que le roi ne se remarierait jamais. Enfin elle mourut. Jamais mari ne fit tant de vacarme; pleurer, sangloter jour et nuit, menus droits du veuvage, furent son unique occupation.

Les grandes douleurs ne durent pas. D'ailleurs les grands de l'État s'assemblèrent, et vinrent en corps prier le roi de se remarier. Cette première proposition lui parut dure, et lui fit répandre de nouvelles larmes. Il allégua le serment qu'il avait fait à la reine, défiant tous ses conseillers de pouvoir trouver une princesse plus belle et mieux faite que feue sa femme, pensant que cela était impossible. Mais le conseil traita de babiole une telle promesse, et dit qu'il importait peu de la beauté, pourvue qu'une reine fut vertueuse et point stérile : que l'état demandait des princes pour son repos et sa tranquillité; qu'à la vérité l'infante avait toutes les qualités requises pour faire une grande reine, mais qu'il fallait lui choisir un étranger pour époux; et qu'alors, ou cet étranger l'emmènerait chez lui, ou que s'il régnait avec elle, ses enfans ne seraient plus réputés du même sang; et que n'y ayant point de prince de son nom, les peuples voisins pourraient leur susciter des guerres qui entraîneraient la ruine du royaume. Le roi, frappé de ces considérations, promit qu'il songerait à les contenter.

Effectivement, il chercha parmi les princesses à

marier, qui serait celle qui pourrait lui convenir. Chaque jour on lui apportait des portraits charmans; mais aucun n'avait les grâces de la feue reine : ainsi il ne se déterminait point. Malheureusement, il s'avisa de trouver que l'infante, sa fille, était non-seulement belle et bien faite à ravir, mais qu'elle surpassait encore de beaucoup la reine sa mère en esprit et en agrémens. Sa jeunesse, l'agréable fraîcheur de son beau teint enflamma le roi d'un feu si violent, qu'il ne put le cacher à l'infante, et lui dit qu'il avait résolu de l'épouser, puisqu'elle seule pouvait le dégager de son serment.

La jeune princesse, remplie de vertu et de pudeur, pensa s'évanouir à cette horrible proposition. Elle se jeta aux pieds du roi son père, et le conjura, avec toute la force qu'elle put trouver dans son esprit, de ne la pas contraindre à commettre un tel crime.

Le roi, qui s'était mis en tête ce bizarre projet, avait consulté un vieux druide[1] pour mettre la conscience de la princesse en repos. Ce druide, moins religieux qu'ambitieux, sacrifia, à l'honneur d'être confident d'un grand roi, l'intérêt de l'innocence et de la vertu, et s'insinua avec tant d'adresse dans l'esprit du roi, lui adoucit tellement le crime qu'il allait commettre, qu'il lui persuada même que c'était une œuvre pie que d'épouser sa

---

[1] prêtre des anciens Gaulois.

fille. Ce prince, flatté par les discours de ce scélérat, l'embrassa, et revint d'avec lui plus entêté que jamais dans son projet : il fit donc ordonner à l'infante de se préparer à lui obéir.

La jeune princesse, outrée d'une vive douleur, n'imagina rien autre chose que d'aller trouver la fée des Lilas, sa marraine. Pour cet effet, elle partit la même nuit dans un joli cabriolet attelé d'un gros mouton qui savait tous les chemins. Elle y arriva heureusement. La fée, qui aimait l'infante, lui dit qu'elle savait tout ce qu'elle venait de lui dire, mais qu'elle n'eût aucun souci, rien ne pouvant lui nuire si elle exécutait fidèlement ce qu'elle allait lui prescrire : « car, ma chère enfant, lui dit-elle, ce serait une grande faute que d'épouser votre père; mais, sans le contredire, vous pouvez l'éviter : dites-lui que, pour remplir une fantaisie que vous avez, il faut qu'il vous donne une robe de la couleur du temps; jamais, avec tout son amour et son pouvoir, il ne pourra y parvenir. »

La princesse remercia bien sa marraine; et dès le lendemain matin elle dit au roi son père ce que la fée lui avait conseillé, et protesta qu'on ne tirerait d'elle aucun aveu qu'elle n'eût une robe couleur du temps. Le roi ravi de l'espérance qu'elle lui donnait, assembla les plus fameux ouvriers, et leur commanda cette robe, sous la condition que s'ils ne pouvaient réussir, il les ferait tous prendre. Il n'eut pas le chagrin d'en venir à cette extrémité; dès le second jour ils apportèrent la robe si désirée. L'empyrée n'est pas d'un plus beau bleu, lorsqu'il est ceint de nuages d'or, que cette belle robe lorsqu'elle fut étalée. L'infante en fut toute contristée, et ne savait comment se tirer d'embarras. Le roi pressait la conclusion. Il fallut recourir encore à la marraine, qui, étonnée de ce que son secret n'avait pas réussi, lui dit d'essayer d'en demander une de la couleur de la lune. Le roi, qui ne pouvait lui rien refuser, envoya chercher les plus habiles ouvrières, et leur commanda si expressément une robe couleur de la lune, qu'entre ordonner et l'apporter il n'y eut pas vingt-quatre heures.....

L'infante, plus charmée de cette superbe robe que des soins du roi son père, s'affligea immodérément lorsqu'elle fut avec ses femmes et sa nourrice. La fée des Lilas, qui savait tout, vint au secours de l'affligée princesse, et lui dit : « Ou je me trompe fort, ou je crois que si vous demandez une robe couleur du soleil, ou nous viendrons à bout de dégoûter le roi votre père, car jamais on ne pourra parvenir à faire une pareille robe, ou nous gagnerons au moins du temps. »

L'infante en convint, demanda la robe; et l'amoureux roi donna, sans regret, tous les diamans et les rubis de sa couronne pour aider à ce superbe ouvrage, avec ordre de ne rien épargner pour rendre cette robe égale au soleil. Aussi, dès qu'elle parut, tous ceux qui la virent déployée furent obligés de fermer les yeux, tant ils furent éblouis. C'est de ce temps que datent les lunettes vertes et les verres noirs. Que devint l'infante à cette vue ? Jamais on n'avait rien vu de si beau et de si artistement ouvré. Elle était confondue ; et, sous prétexte d'avoir mal aux yeux, elle se retira dans sa chambre, où la fée l'attendait, plus honteuse qu'on ne peut dire. Ce fut bien pis, car en voyant la robe du solleil elle devint rouge de colère. « Oh ! pour le coup, ma fille, dit-elle à l'infante, nous allons mettre l'indigne amour de votre père à une terrible épreuve. Je le crois bien entêté de ce mariage qu'il croit si prochain ; mais je pense qu'il sera un peu étourdi de la demande que je vous conseille de lui faire ; c'est la peau de cet âne qu'il aime si passionément, et qui fournit à toutes ses dépenses avec tant de profusion : allez, et ne manquez pas de lui dire que vous désirez cette peau. »

L'infante, ravie de trouver encore un moyen d'éluder un mariage qu'elle détestait, et qui pensait en même temps que son père ne pourrait jamais se résoudre à sacrifier son âne, vint le trouver, et lui exposer son désir pour la peau de ce bel animal. Quoique le roi fût étonné de cette fantaisie, il ne balança pas à la satisfaire. Le pauvre âne fut sacrifié, et la peau galamment apportée à l'infante, qui, ne voyant plus aucun moyen d'éluder son malheur, s'allait désespérer lorsque sa marraine accourut. « Que faites-vous, ma fille? dit-elle voyant la princesse déchirant ses cheveux et meurtrissant ses belles joues; voici le moment le plus heureux de votre vie. Enveloppez-vous de cette peau, sortez de ce palais, et allez tant que la terre pourra vous porter : lorsqu'on sacrifie tout à la vertu, les dieux savent en récompenser. Allez, j'aurai soin que votre toilette vous suive partout; en quelque lieu que vous vous arrêtiez, votre cassette, où seront vos habits et vos bijoux, suivra vos pas sous terre; et voici ma baguette que je vous donne : en frappant la terre, quand vous aurez besoin de cette cassette, elle paraîtra à vos yeux : mais hâtez-vous de partir, et ne tardez pas. »

L'infante embrassa mille fois sa marraine, la pria de ne pas l'abandonner, s'affubla de cette vilaine peau, après s'être barbouillée de suie de cheminée, et sortit de ce riche palais sans être reconnue de personne.

L'absence de l'infante causa une grande rumeur. Le roi, au désespoir, qui avait fait préparer une fête magnifique, était inconsolable. Il fit partir plus de cent gendarmes et plus de mille mousquetaires pour aller à la quête de sa fille; mais la fée, qui la protégeait, la rendait invisible aux plus habiles recherches : ainsi il fallut bien s'en consoler.

Pendant ce temps, l'infante cheminait. Elle alla bien

loin, bien loin, encore plus loin, et cherchait partout une place; mais quoique par charité on lui donnât à manger; on la trouvait si crasseuse que personne n'en voulait. Cependant, elle entra dans une belle ville, à la porte de laquelle était une métairie, dont la fermière avait besoin d'une souillon pour laver les torchons, nettoyer les dindons et l'auge des cochons. Cette femme, voyant cette voyageuse si malpropre, lui proposa d'entrer chez elle; ce que l'infante accepta de grand cœur, tant elle était lasse d'avoir tant marché. On la mit dans un coin reculé de la cuisine, où elle fut, les premiers jours, en butte aux plaisanteries grossières de la valetaille, tant sa peau d'âne la rendait sale et dégoûtante. Enfin on s'y accoutuma; d'ailleurs elle était si soigneuse de remplir ses devoirs, que la fermière la prit sous sa protection. Elle conduisait les moutons, les faisait parquer au temps où il le fallait; elle menait les dindons paître avec une telle intelligence, qu'il semblait qu'elle n'eût jamais fait autre chose : aussi tout fructifiait sous ses belles mains.

Un jour, qu'assise près d'une claire fontaine, où elle déplorait souvent sa triste condition, elle s'avisa de s'y mirer; l'effroyable peau d'âne, qui faisait sa coiffure et son habillement, l'épouvanta. Honteuse de cet ajustement, elle se décrassa le visage et les mains, qui devinrent plus blanches que l'ivoire, et son beau teint reprit sa fraîcheur naturelle. La joie de se trouver si belle lui donna envie de s'y baigner, ce qu'elle exécuta ; mais il lui fallut remettre son indigne peau, pour retourner à la métairie. Heureusement le lendemain était un jour de fête ; ainsi elle eut le loisir de tirer sa cassette, d'arranger sa toilette, de poudrer ses beaux cheveux, et de mettre sa belle robe couleur du temps. Sa chambre était si petite, que la queue de cette belle robe ne pouvait pas s'étendre. La belle princesse se mira et s'admira elle-même avec raison, si bien qu'elle résolut, pour se désennuyer, de mettre tour-à-tour ses belles robes, les fêtes et les dimanches ; ce qu'elle exécuta poctuellement. Elle mêlait des fleurs et des diamans dans ses beaux cheveux, avec un art admirable ; et souvent elle soupirait de n'avoir pour témoins de sa beauté, que ses moutons et ses dindons, qui l'aimaient autant avec son horrible peau d'âne, dont on lui avait donné le nom dans cette ferme.

Un jour de fête, que Peau-d'Ane avait mis la robe couleur du soleil, le fils du roi, à qui cette ferme appartenait, vint y descendre pour se reposer, en revenant de la chasse. Ce prince était jeune, beau et admirablement bien fait, l'amour de son père et de la reine sa mère, adoré des peuples. On offrit à ce jeune prince une collation champêtre, qu'il accepta ; puis il se mit à parcourir les basses-cours et tous leurs racoins. En courant ainsi de lieu en lieu, il entra dans une sombre allée, au bout de laquelle il vit une porte fermée. La curiosité lui fit mettre l'œil à la serrure; mais que devint-il en apercevant la princesse si belle et si richement vêtue, qu'à son air noble et modeste il la prit pour une divinité? L'impétuosité du sentiment qu'il éprouva dans ce moment l'aurait porté à enfoncer la porte, sans le respect que lui inspira cette ravissante personne.

Il sortit avec peine de cette allée sombre et obscure. mais ce fut pour s'informer qui était la personne qui demeurait dans cette petite chambre. On lui répondit que c'était une souillon, qu'on nommait Peau-d'Ane, à cause de la peau dont elle s'habillait; et qu'elle était si sale et si crasseuse, que personne ne la regardait, ni ne lui parlait; et qu'on ne l'avait prise que par pitié, pour garder les moutons et les dindons.

Le prince, peu satisfait de cet éclaircissement, vit bien que ces gens grossiers n'en savaient pas davantage, et qu'il était inutile de les questionner. Il revint au palais du roi son père, plus amoureux qu'on ne peut dire, ayant continuellement devant les yeux la belle image de cette divinité qu'il avait vue par le trou de la serrure. Il se repentit de n'avoir pas heurté à la porte, et se promit bien de n'y pas manquer une autre fois. Mais l'agitation de son sang, causée par l'ardeur de son amour, lui donna, dans la même nuit, une fièvre si terrible, que bientôt il fut réduit à l'extrémité. La reine sa mère, qui n'avait que lui d'enfant se désespérait de ce que tous les remèdes étaient inutiles. Elle promettait en vain les plus grandes récompenses aux médecins ; ils y employaient tout leur art, mais rien ne guérissait le prince.

Enfin ils devinèrent qu'un mortel chagrin causait tout ce ravage ; ils en avertirent la reine, qui, toute pleine de tendresse pour son fils, vint le conjurer de dire la cause de son mal ; et que, quand il s'agirait de lui céder la couronne, le roi son père descendrait de son trône sans regret, pour l'y faire monter ; que s'il desirait quelque princesse, quand même on serait en guerre avec le roi son père, et qu'on eût de justes sujets pour s'en plaindre, on sacrifierait tout pour obtenir ce qu'il desirait ; mais qu'elle le conjurait de ne pas se laisser mourir, puisque de sa vie dépendait la leur.

La reine n'acheva pas ce touchant discours sans mouiller le visage du prince d'un torrent de larmes. « Madame, lui dit enfin le prince avec une voix très faible, je ne suis pas assez dénaturé pour desirer la couronne de mon père ; plaise au ciel qu'il vive de longues années, et qu'il veuille bien que je sois long-temps le plus fidèle et le plus respectueux de ses sujets ! Quant aux princesses que vous m'offrez, je n'ai point encore pensé à me marier ; et vous pensez bien que, soumis comme je suis à vos volontés, je vous obéirai toujours, quoi qu'il m'en coûte. — Ah! mon fils, reprit la reine, rien ne nous coûtera pour te sauver la vie; mais, mon cher fils, sauve la mienne et celle du roi ton père, en me déclarant ce que tu désires, et sois bien assuré qu'il te sera accordé. — Eh bien! madame, dit-il, puisqu'il faut vous déclarer ma pensée, je vais vous obéir; je me ferais un crime de mettre en danger deux êtres qui me sont si chers. Oui, ma mère, je désire que Peau-d'Ane me fasse un gâteau, et que, dès qu'il sera fait, on me l'apporte. »

La reine, étonnée de ce nom bizarre, demanda qui était cette Peau-d'Ane? « C'est, madame, reprit un de ses officiers qui, par hasard, avait vu cette fille, c'est la plus vilaine bête après le loup; une peau noire, une crasseuse, qui loge dans votre métairie et qui garde vos dindons. — N'importe, dit la reine : mon fils, au retour de la chasse, a peut-être mangé de sa pâtisserie; c'est une fantaisie de malade : en un mot, je veux que Peau-d'Ane (puisque Peau-d'Ane y a) lui fasse promptement un gâteau. »

On courut à la métairie, et l'on fit venir Peau-d'Ane, pour lui ordonner de faire de son mieux un gâteau pour le prince.

Quelques auteurs ont assuré que, au moment que ce prince avait mis l'œil à la serrure, Peau-d'Ane l'avait aperçu : et puis, que regardant par sa petite fenêtre, elle avait vu ce prince si jeune, si beau et si bien fait, que l'idée lui en était restée, et que souvent ce souvenir lui avait coûté quelques soupirs. Quoi qu'il en soit, Peau-d'Ane l'ayant vu, ou en ayant beaucoup entendu parler avec éloge, ravie de pouvoir trouver un moyen d'être connue, s'enferma dans sa chambre, jeta sa vilaine peau, se décrassa le visage et les mains, se coiffa de ses blonds cheveux, mit un beau corset d'argent brillant, un jupon pareil, et se mit à faire le gâteau tant désiré : elle prit de la plus pure farine, des œufs et du beurre bien frais. En travaillant, soit de dessein ou autrement, une bague qu'elle avait au doigt tomba dans la pâte, s'y mêla ; et dès que le gâteau fut cuit, s'affublant de son horrible peau, elle donna le gâteau à l'officier, à qui elle demanda des nouvelles du prince ; mais cet homme, ne daignant pas lui répondre, courut chez le prince lui porter ce gâteau.

Le prince le prit avidement des mains de cet homme, et le mangea avec une telle vivacité, que les médecins, qui étaient présens, ne manquèrent pas de dire que cette fureur n'était pas un bon signe : effectivement, le prince pensa s'étrangler, par la bague qu'il trouva dans un des morceaux du gâteau ; mais il la tira adroitement de sa bouche : et son ardeur à dévorer ce gâteau se ralentit, en examinant cette fine émeraude, montée sur un jonc d'or, dont le cercle était si étroit, qu'il jugea ne

pouvoir servir qu'au plus joli petit doigt du monde.
Il baisa mille fois cette bague, la mit sous son chevet, et l'en tirait à tout moment, quand il croyait n'être vu de personne. Le tourment qu'il se donna, pour imaginer comment il pourrait voir celle à qui cette bague pouvait aller, et n'osant croire, s'il demandait Peau-d'Ane qui avait fait ce gâteau qu'il avait demandé, qu'on lui accordât de la faire venir; n'osant non plus dire ce qu'il avait vu par le trou de la serrure, de crainte qu'on se moquât de lui, et qu'on le prît pour un visionnaire; toutes ces idées le tourmentant à-la-fois, la fièvre le reprit fortement, et les médecins, ne sachant plus que faire, déclarèrent à la reine que le prince était malade d'amour.

La reine accourut chez son fils, avec le roi, qui se désolait : «Mon fils, mon cher fils, s'écria le monarque affligé, nomme-nous celle que tu veux; nous jurons que nous te la donnerons, fût-elle la plus vile des esclaves, « La reine, en l'embrassant, lui confirma le serment du roi. Le prince, attendri par les larmes et les caresses des auteurs de ses jours : «Mon père et ma mère, leur dit-il, je n'ai point dessein de faire une alliance qui vous déplaise; et, pour preuve de cette vérité, dit-il en tirant l'émeraude de dessous son chevet, c'est que j'épouserai la personne à qui cette bague ira, telle qu'elle soit; et il n'y a pas apparence que celle qui aura ce joli doigt soit une rustaude, ou une paysanne. »

Le roi et la reine prirent la bague, l'examinèrent curieusement, et jugèrent, ainsi que le prince, que cette bague ne pouvait aller qu'à quelque fille de bonne maison. Alors le roi ayant embrassé son fils, en le conjurant de guérir, sortit, fit sonner les tambours, les fifres et les trompettes par toute la ville, et crier par ses hérauts, que l'on n'avait qu'à venir au palais, essayer une bague, et que celle à qui elle irait juste épouserait l'héritier du trône.

Les princesses d'abord arrivèrent, puis les duchesses, les marquises et les baronnes, mais elles eurent beau toutes s'amenuiser [1] les doigts, aucune ne put mettre la bague. Il en fallut venir aux grisettes, qui, toutes jolies qu'elles étaient, avaient toutes les doigts trop gros. Le prince, qui se portait mieux, faisait lui-même l'essai. Efin, on en vint aux filles de chambre, elles ne réussirent pas mieux. Il n'y avait plus personne qui n'eût essayé cette bague sans succès, lorsque le prince demanda les cuisinières, les marmitonnes, les gardeuses de moutons : on amena tout cela ; mais leurs gros doigts rouges et courts ne purent seulement aller par-delà l'ongle.

« A-t-on fait venir cette Peau-d'Ane, qui m'a fait un gâteau ces jours derniers, » dit le prince? Chacun se

---

[1] Se les rendre menus.

prit à rire, et lui dit que non, tant elle était sale et crasseuse. Qu'on l'aille chercher tout-à-l'heure, dit le roi; il ne sera pas dit que j'aie excepté quelqu'un. » On courut en riant et se moquant, chercher la dindonnière.

L'infante, qui avait entendu les tambours et le cri des hérauts d'armes, s'était bien doutée que sa bague faisait ce tintamare : elle aimait le prince; et, comme le véritable amour est craintif et n'a point de vanité, elle était dans la crainte continuelle que quelque dame n'eût le doigt aussi menu que le sien. Elle eut donc une grande joie quand on vint la chercher, et qu'on heurta à sa porte. Depuis qu'elle avait su qu'on cherchait un doigt propre à mettre sa bague, je ne sais quel espoir l'avait portée à se coiffer plus soigneusement, et à mettre son beau corps d'argent, avec le jupon plein de falbalas de dentelles d'argent, semé d'émeraudes. Sitôt qu'elle entendit qu'on heurtait à la porte, et qu'on l'appelait pour aller chez le prince, elle remit promptement sa peau d'âne, ouvrit la porte; et ces gens, en se moquant d'elle, lui dirent que le roi la demandait pour lui faire épouser son fils : puis, avec de longs éclats de rire, ils la menèrent chez le prince, qui lui-même, étonné de l'accoutrement de cette fille, n'osa croire que ce fût elle qu'il avait vue si pompeuse et si belle. Triste et confondu de s'être si lourdement trompé : « Est-ce vous, lui dit-il, qui logez au fond de cette allée obscure, dans la troisième basse-cour de la métairie?— Oui, seigneur, répondit-elle. — Montrez-moi votre main, » dit-il en tremblant et poussant un profond soupir......

Dame! qui fut bien surpris? Ce furent le roi et la reine, ainsi que tous les chambellans et les grands de la cour, lorsque de dessous cette peau noire et crasseuse sortit une petite main délicate, blanche et couleur de rose, où la bague s'ajusta sans peine au plus joli petit doigt du monde; et par un petit mouvement que l'infante se donna, la peau tomba, et elle parut d'une beauté si ravissante, que le prince, tout faible qu'il était, se mit à ses genoux, et les serra avec une ardeur qui la fit rougir; mais on ne s'en aperçut presque pas, parce que le roi et la reine vinrent l'embrasser de toute leur force, et lui demander si elle voulait bien épouser leur fils. La princesse, confuse de tant de caresses et de l'amour que lui marquait ce beau jeune prince, allait cependant les en remercier, lorsque le plafond s'ouvrit, et que la fée des Lilas, descendant dans un char fait de branches et de fleurs de son nom, conta, avec une grâce infinie, l'histoire de l'infante.

Le roi et la reine, charmés de voir que Peau-d'Ane était une grande princesse, redoublèrent leurs caresses; mais le prince fut encore plus sensible à la vertu de la princesse, et son amour s'accrut par cette connaissance.

L'impatiance du prince, pour épouser la princesse,

fut telle, qu'à peine donna-t-il le temps de faire les préparatifs convenables pour cet auguste hyménée. Le roi et la reine, qui étaient affolés de leur belle-fille, lui faisaient mille caresses, et la tenaient incessamment dans leurs bras; elle avait déclaré qu'elle ne pouvait épouser le prince sans le consentement du roi son père : aussi fut-il le premier à qui on envoya une invitation, sans lui dire qu'elle était l'épousée; la fée des Lilas qui présidait à tout, comme de raison, l'avait exigé, à cause des conséquences. Il vint des rois de tous les pays; les uns en chaise à porteur, d'autres en cabriolet; de plus éloignés, montés sur des éléphans, sur des tigres, sur des aigles; mais le plus magnifique et le plus puissant fut le père de l'infante, qui heureusement avait oublié son amour déréglé, et avait épousé une reine veuve, fort belle, dont il n'avait point eu d'enfant. L'infante courut au-devant de lui; il la reconnut aussitôt, et l'embrassa avec une grande tendresse, avant qu'elle eût le temps de se jeter à ses genoux. Le roi et la reine lui présentèrent leur fils, qu'il combla d'amitiés. Les noces se firent avec toute la pompe imaginable. Les jeunes époux, peu sensibles à ces magnificences, ne virent et ne regardèrent qu'eux.

Le roi, père du prince, fit couronner son fils ce même jour, et, lui baisant la main, le plaça sur son trône; malgré la résistance d'un fils si bien né, il lui fallut obéir. Les fêtes de cet illustre mariage durèrent près de trois mois; mais l'amour des deux époux durerait encore, tant il s'aimaient, s'ils n'étaient pas morts cent ans après.

**LES SOUHAITS RIDICULES.**

S i vous étiez moins raisonnable,
Je me garderais bien de venir vous conter
La folle et peu galante fable
Que je m'en vais vous débiter.
Une aune de boudin en fournit la matière:
Une aune de boudin, ma chère?

Quelle pitié! C'est une horreur,
S'écriait une précieuse,
Qui, toujours tendre et sérieuse
Ne veut ouïr parler que d'affaires de cœur,
Mais vous qui, mieux qu'âme qui vive,
Savez charmer en racontant,
Et dont l'expression est toujours si naïve,
Que l'on croit voir ce qu'on entend;
Qui savez que c'est la manière
Dont quelque chose est inventé,
Qui, beaucoup plus que la matière,
De tout récit fait la beauté;
Vous aimerez ma fable et sa moralité,
J'en ai, j'ose le dire, une assurance entière.

---

Il était une fois un pauvre bûcheron
Qui, las de sa pénible vie,
Avait, disait-il, grande envie
De s'aller reposer aux bords de l'Achéron,
Représentant, dans sa douleur profonde,
Que, depuis qu'il était au monde,
Le ciel cruel n'avait jamais
Voulu remplir de un seul ses souhaits.

## LES SOUHAITS RIDICULES.

Un jour que, dans le bois, il se mit à se plaindre,
A lui, la foudre en main, Jupiter apparut ;
    On aurait peine à bien dépeindre
    La peur que le bonhomme en eut.
Je ne veux rien, dit-il en se jetant par terre,
    Point de souhaits, point de tonnerre,
    Seigneur ; demeurons but à but.
    Cesse d'avoir aucune crainte ;
Je viens, dit Jupiter, touché de ta complainte,
    Y mettre fin, et pour jamais.
    Écoute donc. Je te promets,
Moi, qui du monde entier suis le souverain maître,
D'exaucer pleinement les trois premiers souhaits
Que tu voudras former sur quoi que ce puisse être :
    Vois ce qui peut te rendre heureux,
    Vois ce qui peut te satisfaire ;
Et comme ton bonheur dépend tout de tes vœux,
  Songez-y bien avant que de les faire.

A ces mots, Jupiter dans les cieux remonta ;
Et le gai bûcheron, embrassant sa falourde,
Pour retourner chez lui, sur son dos la jeta.
Cette charge jamais lui parut moins lourde.
  Il ne faut pas, disait-il en trottant,
  Dans tout ceci rien faire à la légère,
    Il faut, le cas est important,

Prendre l'avis de notre ménagère.
Çà, dit-il, en entrant sous son toit de fougère,
Faisons, Fanchon, grand feu, grand'chère,
Nous sommes riches à jamais,
Et nous n'avons qu'à faire des souhaits.
Là-dessus, tout au long, le fait il lui raconte.
A ce récit, l'épouse, vive et prompte,
Forma, dans son esprit, mille vastes projets;
Mais, considérant l'importance
De s'y conduire avec prudence :
Blaise, mon cher ami, dit-elle à son époux,
Ne gâtons rien par notre impatience;
Examinons bien, entre nous,
Ce qu'il faut faire en pareille occurrence,
Remettons à demain notre premier souhait,
Et consultons notre chevet.

Je l'entends bien ainsi, dit le bonhomme Blaise;
Mais, va tirer du vin derrière ces fagots.
A son retour, il but; et, goûtant à son aise,
Près d'un grand feu, la douceur du repos,
Il dit, en s'appuyant sur le dos de sa chaise :
Pendant que nous avons une si bonne braise,
Qu'une aune de boudin viendrait bien à propos!

A peine acheva-t-il de prononcer ces mots,

## LES SOUHAITS RIDICULES.

Que sa femme aperçut, grandement étonnée,
    Un boudin fort long, qui, partant
    D'un des coins de la cheminée,
    S'approchait d'elle en serpentant.
    Elle fit un cri dans l'instant ;
    Mais, jugeant que cette aventure
    Avait pour cause le souhait
    Que, par bêtise toute pure,
    Son homme imprudent avait fait,
    Il n'est point de pouille et d'injure
    Que, de dépit et de courroux,
    Elle ne dit au pauvre époux.
Quand on peut, disait-elle, obtenir un empire,
    De l'or, des perles, des rubis,
    Des diamans, de beaux habits,
Est-ce alors du boudin qu'il faut que l'on desire ?

Eh bien ! j'ai tort, dit-il ; j'ai mal placé mon choix,
    J'ai commis une faute énorme,
    Je ferai mieux une autre fois.
  Bon, bon, dit-elle, attendez-moi sous l'orme.
Pour faire un tel souhait, il faut être bien bœuf !

L'époux, plus d'une fois emporté de colère,
Pensa faire tout bas le souhait d'être veuf ;
Et peut-être, entre nous, ne pouvait-il mieux faire.

Les hommes, disait-il, pour souffrir sont bien nés !
Peste soit du boudin, et du boudin encore !
  Plût à Dieu, maudite pécore,
  Qu'il te pendit au bout du nez !

La prière aussitôt du ciel fut écoutée ;
Et dès que le mari la parole lâcha,
  Au nez de l'épouse iritée
  L'aune de boudin s'attacha.
Ce prodige imprévu, grandement le fâcha.
Fanchon était jolie ; elle avait bonne grâce.
Et pour dire, sans fard, la vérité du fait,
  Cet ornement en cette place
  Ne faisait pas un bon effet ;
Si ce n'est qu'en pendant sur le bas du visage,
  Il l'empêchait de parler aisément ;
  Pour un époux, merveilleux avantage,
Et si grand, qu'il pensa, dans cet heureux moment,
  Ne souhaiter rien davantage !

  Je pourrais bien, disait-il à part soi,
   Après un malheur si funeste,
   Avec le souhait qui me reste,
  Tout d'un plein saut me faire roi.
Rien n'égale, il est vrai, la grandeur souveraine ;
  Mais encore faut-il songer

Comment serait faite la reine ;
Et dans quelle douleur ce serait la plonger,
  De l'aller placer sur un trône
  Avec un nez plus long qu'une aune.
  Il faut l'écouter sur cela,
 Et qu'elle-même elle soit la maîtresse
 De devenir une grande princesse,
 En conservant l'horrible nez qu'elle a,
  Ou de demeurer bûcheronne
Avec un nez comme une autre personne,
Et tel qu'elle l'avait avant ce malheur-là.

  La chose bien examinée,
Quoiqu'elle sût d'un sceptre et la force et l'effet,
  Et que, quand on est couronnée,
  On a toujours le nez bien fait ;
Comme au désir de plaire il n'est rien qui ne cède,
  Elle aima mieux garder son bavolet,
   Que d'être reine et d'être laide.

Ainsi le bûcheron ne changea point d'état,
  Ne devint point grand potentat,
  D'écus ne remplit point sa bourse ;
Trop heureux d'employer son souhait qui restait,
   (Faible bonheur, pauvre ressource !)
A remettre sa femme en l'état qu'elle était.

Bien est donc vrai, qu'aux hommes misérables,
Aveugles, imprudens, inquiets, variables,
Pas n'appartient de faire des souhaits;
Et que peu d'entre eux sont capables
De bien user des dons que le ciel leur a faits.

# CONTES DE FÉES

DE

MADAME LEPRINCE DE BEAUMONT.

## LE PRINCE CHÉRI.

Il y avait une fois un roi qui était si honnête homme, que ses sujets l'appelaient le *Roi Bon*. Un jour qu'il était à la chasse, un petit lapin blanc, que les chiens allaient tuer, se jeta dans ses bras. Le roi caressa ce petit lapin, et dit : puisqu'il s'est mis sous ma protection, je ne veux pas qu'on lui fasse du mal. Il porta ce petit lapin dans son palais, et lui fit donner une jolie petite maison, et de bonnes herbes à manger. La nuit quand il fut seul dans sa chambre, vit paraître une belle dame : elle n'avait point d'habit d'or et d'argent, mais sa robe était blanche comme la neige, et au lieu de coiffure, elle avait une couronne de roses blanches sur sa tête. Le bon roi fut bien étonné de voir cette dame; car sa porte était fermée, et il ne savait pas comment elle était entrée. Elle lui dit : «Je suis la fée Candide; je passais dans le bois, pendant que vous chassiez, et j'ai voulu savoir si vous étiez bon comme tout le monde le dit. Pour cela, j'ai pris la figure d'un petit lapin blanc, et je me suis sauvée dans vos bras : car je sais que ceux qui ont de la pitié pour les bêtes en ont encore plus pour les hommes; et, si vous m'aviez refusé votre secours, j'aurais cru que vous étiez méchant. Je viens vous remercier du bien que vous m'avez fait, et vous assurer que je serai toujours de vos amies. Vous n'avez qu'à me demander tout ce que vous voudrez, je vous promets de vous l'accorder.

—Madame, dit le bon roi, puisque vous êtes une fée, vous devez savoir tout ce que je souhaite. Je n'ai qu'un fils que j'aime beaucoup, et pour cela on l'a nommé le prince Chéri ; si vous avez quelque bonté pour moi, devenez l'amie de mon fils. —De bon cœur, lui dit la fée; je puis rendre votre fils le plus beau prince du monde, ou le plus riche, ou le plus puissant; choisissez ce que vous voudrez pour lui. —Je ne désire rien de tout cela pour mon fils, répondit le bon roi, mais je vous serai bien obligé, si vous voulez le rendre le meilleur de tous les princes. Que lui servirait-il d'être beau, riche, d'avoir tous les royaumes du monde, s'il était méchant ? Vous savez bien qu'il serait malheureux, et qu'il n'y a que la vertu qui puisse le rendre content. — Vous avez bien raison lui dit Candide ; mais il n'est pas en mon pouvoir de rendre le prince Chéri honnête homme malgré lui, il faut qu'il travaille lui-même à devenir vertueux. Tout ce que je puis vous promettre, c'est de lui donner de bons conseils, de le reprendre de ses fautes, et de le punir, s'il ne veut pas se corriger et se punir lui-même. »

Le bon roi fut fort content de cette promesse, et il mourut quelque temps après. Le prince Chéri pleura beaucoup son père, car il l'aimait de tout son cœur, et il aurait donné tout ses royaumes, son or et son argent, pour le sauver, si ces choses étaient capables de changer l'ordre du destin. Deux jours après la mort du bon roi, Chéri étant couché, Candide lui apparut. « J'ai promis à votre père, lui dit-elle, d'être de vos amies, et pour tenir ma parole je viens vous faire un présent. » En même temps, elle mit au doigt de Chéri une petite bague d'or, et lui dit : « Gardez bien cette bague, elle est plus précieuse que les diamans : toutes les fois que vous ferez une mauvaise action, elle vous piquera le doigt ; mais si, malgré sa piqûre, vous continuez cette mauvaise action, vous perdrez mon amitié, et je deviendrai votre ennemie. En finissant ces paroles, Candide disparut, et laissa Chéri fort étonné. Il fut quelque temps si sage, que la bague ne le piquait point du tout ; et cela le rendait si content, qu'on ajouta au nom de *Chéri* qu'il portait celui d'*Heureux*. Quelque temps après il fut à la chasse, et il ne prit rien, ce qui le mit de mauvaise humeur : il lui sembla alors que sa bague lui pressait un peu le doigt ; mais, comme elle ne le piquait pas, il n'y fit pas beaucoup d'attention. En rentrant dans sa chambre, sa petite chienne, Bibi, vint à lui en sautant, pour le caresser ; il lui dit : « Retire-toi, je ne suis plus d'humeur de recevoir tes caresses. » La pauvre petite chienne, qui ne l'entendait pas, le tirait par son habit, pour l'obliger au moins à la regarder : cela impatienta Chéri, qui lui donna un grand coup de pied. Dans le moment, la bague le piqua, comme si c'eût été une épingle ; il fut bien étonné, et s'assit tout honteux dans un coin de sa chambre. Il disait en lui-même : « Je crois que la fée se moque de moi ; quel grand mal ai-je fait, pour donner un coup de pied à un animal qui m'importune ? A quoi me sert d'être maître d'un grand empire, puisque je n'ai pas la liberté de battre mon chien.

—Je ne me moque pas de vous, dit une voix qui répondait à la pensée de Chéri ; vous avez fait trois fautes au lieu d'une. Vous avez été de mauvaise humeur, parce que vous n'aimez pas à être contredit, et que vous croyez que les bêtes et les hommes sont faits pour vous obéir. Vous vous êtes mis en colère, ce qui est fort mal; et puis, vous avez été cruel à un pauvre animal qui ne méritait pas d'être maltraité. Je sais que vous êtes beaucoup au-dessus d'un chien ; mais si c'était une chose raisonnable et permise que les grands pussent maltraiter tout ce qui est au-dessous d'eux, je pourrais en ce moment vous battre, vous tuer, puisque une fée est plus qu'un homme. L'avantage d'être maître d'un grand empire, ne consise pas à pouvoir faire le mal qu'on veut, mais tout le bien qu'on peut. » Chéri avoua sa faute, et promit de se corriger ; mais il ne tint pas parole. Il avait été élevé par une sotte nourrice, qui l'avait gâté quand il était petit; s'il voulait avoir une chose, il n'avait qu'à pleurer, se dépiter, frapper du pied, cette femme lui donnait tout ce qu'il demandait ; et cela l'avait rendu opiniâtre. Elle lui disait aussi, depuis le matin jusqu'au soir, qu'il serait roi un jour, et que les roi étaient fort heureux, parce que tous les hommes devaient leur obéir, les respecter, et qu'on ne pouvait pas les empêcher de faire ce qu'ils voulaient. Quand Chéri avait été grand garçon raisonnable, il avait bien connu qu'il n'y avait rien de si vilain que d'être fier, orgueilleux, opiniâtre. Il avait fait quelques efforts pour se corriger ; mais il avait pris la mauvaise habitude de tous ces défauts ; et une mauvaise habitude est bien difficile à détruire. Ce n'est pas qu'il eût naturellement le cœur méchant. Il pleurait de dépit quand il avait fait une faute, et il disait : « Je suis bien malheureux d'avoir à combattre tous les jours contre ma colère et mon orgueil ; si on m'avait corrigé quand j'étais jeune, je n'aurais pas tant de peine aujourd'hui. » Sa bague le piquait bien souvent ; quelquefois il s'arrêtait tout court ; d'autres fois il continuait ; et ce qu'il y avait de singulier, c'est qu'elle ne le piquait qu'un peu pour une légère faute ; mais quand il était méchant, le sang sortait de son doigt. A la fin, cela l'impatienta, et voulant être mauvais tout à son aise il jeta sa bague. Il se crut le plus heureux de tous les hommes, quand il se vit débarrassé de ses piqûres ; il s'abandonna à toutes les sottises qui lui venaient dans l'esprit, en sorte qu'il devint très méchant, et que personne ne pouvait plus le souffrir.

Un jour que Chéri était à la promenade, il vit une fille qui était si belle, qu'il résolut de l'épouser. Elle se nommait Zélie, et elle était aussi sage que belle. Chéri crut que Zélie se croirait fort heureuse de devenir une grande reine ; mais cette fille lui dit avec beaucoup de liberté : « Sire, je ne suis qu'une bergère, je n'ai point de fortune, mais malgré cela, je ne vous épouserai jamais.

— Est-ce que je vous déplais ? lui demanda Chéri, un peu

ému. — Non, mon prince, lui répondit Zélie. Je vous trouve tel que vous êtes, c'est-à-dire fort beau ; mais que me serviraient votre beauté, vos richesses, les beaux habits, les carosses magnifiques, que vous me donneriez, si les mauvaises actions que je vous verrais faire chaque jour me forçaient à vous mépriser et à vous haïr ? » Chéri se mit en colère contre Zélie, et commanda à ses officiers de la conduire de force dans son palais. Il fut occupé toute la journée du mépris que cette fille lui avait montré ; mais comme il l'aimait, il ne pouvait se résoudre à la maltraiter. Parmis les favoris de Chéri, il y avait son frère de lait, auquel il avait donné toute sa confiance : cet homme, qui avait les inclinations aussi basses que sa naissance, flattait les passions de son maître, et lui donnait de fort mauvais conseils. Comme il vit Chéri fort triste, il lui demanda le sujet de son chagrin : le prince lui ayant répondu qu'il ne pouvait souffrir le mépris de Zélie, et qu'il était résolu de se corriger de ses défauts, puisqu'il fallait être vertueux pour lui plaire, ce méchant homme lui dit : « Vous êtes bien bon de vouloir vous gêner pour une petite fille ; si j'étais à votre place, ajouta-t-il, je la forcerais bien à m'obéir. Souvenez-vous que vous êtes roi, et qu'il serait honteux de vous soumettre aux volontés d'une bergère qui serait trop heureuse d'être reçue parmi vos esclaves. Faites-la jeuner au pain et à l'eau ; mettez-la dans une prison ; et si elle continue à ne vouloir pas vous épouser, faites-la mourir dans les tourmens, pour apprendre aux autres à céder à vos volontés. Vous serez déshonoré, si l'on sait qu'une simple fille vous résiste, et tous vos sujets oublieront qu'ils ne sont au monde que pour vous servir. —Mais, dit Chéri, ne serai-je pas déshonoré si je fais mourir une innocente ; car enfin Zélie n'est coupable d'aucun crime.—On n'est point innocent quand on refuse d'exécuter vos volontés, reprit le confident ; mais je suppose que vous commettiez une injustice, il vaut bien mieux qu'on vous accuse que d'apprendre qu'il est quelquefois permis de vous manquer de respect et de vous contredire. » Le courtisan prenait Chéri par son faible ; et la crainte de voir diminuer son autorité fit tant d'impression sur le roi, qu'il étouffa le bon mouvement qui lui avait donné envie de se corriger. Il résolut d'aller le soir même dans la chambre de la bergère, et de la maltraiter, si elle continuait de refuser de l'épouser. Le frère de lait de Chéri, qui craignait encore quelque bon mouvement, rassembla trois jeunes seigneurs aussi méchans que lui, pour faire la débauche avec le roi : ils soupèrent ensemble, et il eurent soin d'achever de troubler la raison de ce pauvre prince, en le faisant boire beaucoup.

Pendant le souper, ils excitèrent sa colère contre Zélie, et lui firent tant de honte de la faiblesse qu'il avait eue pour elle, qu'il se leva comme un furieux, en jurant qu'il allait la fait obéir, ou qu'il la ferait vendre le lendemain comme une esclave.

Chéri, étant entré dans la chambre où était cette fille, fut bien surpris de ne pas la trouver, car il avait la clef dans sa poche ; il était dans une colère épouvantable, et jurait de se venger sur tous ceux qu'il soupçonnerait d'avoir aidé Zélie à s'échapper. Ses confidens, l'entendant parler ainsi, résolurent de profiter de sa colère pour perdre un seigneur qui avait été gouverneur de Chéri. Cet honnête homme avait pris quelquefois la liberté d'avertir le roi de ses défauts ; car il l'aimait comme si c'eût été son fils. D'abord Chéri le remercia ; ensuite il s'impatienta d'être contredit, et puis il pensa que c'était par esprit de contradiction que son gouverneur lui trouvait des défauts pendant que tout le monde lui donnait des louanges. Il lui commanda donc de se retirer de la cour ; mais, malgré cet ordre, il disait de temps en temps que c'était un honnête homme ; qu'il ne l'aimait plus, mais qu'il l'estimait malgré lui-même. Les confidens craignaient toujours qu'il ne prît fantaisie au roi de rappeler son gouverneur, et ils crurent avoir trouvé une occasion favorable pour l'éloigner. Ils firent entendre au roi que Suliman (c'était le nom de ce digne homme) s'était vanté de rendre la liberté à Zélie ; trois hommes corrompus par des présens dirent qu'ils avaient ouï dire ce discours à Suliman ; et le prince, transporté de colère, commanda à son frère de lait d'envoyer des soldats pour lui amener son gouverneur enchaîné comme un criminel. Après avoir donné ses ordres, Chéri se retira dans sa chambre; mais à peine y fut-il entré que la terre trembla; il fit un grand coup de tonnerre, et Candide parut à ses yeux. « J'avais promis à votre père, lui dit-elle d'un ton sévère, de vous donner des conseils et de vous punir si vous refusiez de les suivre; vous les avez méprisés ces conseils; vous n'avez conservé que la figure d'homme, et vos crimes vous ont changé en un monstre, l'horreur du ciel et de la terre. Il est temps que j'achève de satisfaire à ma promesse, en vous punissant. Je vous condamne à devenir semblable aux bêtes dont vous avez pris les inclinations. Vous vous êtes rendu semblable au lion, par la colère; au loup par la gourmandise; au serpent, en déchirant celui qui avait été votre second père; au taureau, par votre brutalité. Portez dans votre nouvelle figure le caractère de tous ces animaux. » A peine la fée avait-elle achevé ces paroles, que Chéri se vit avec horreur tel qu'elle l'avait souhaité. Il avait la tête d'un lion, les cornes d'un taureau, les pied d'un loup, et la queue d'une vipère. En même temps, il se trouva dans une grande forêt, sur le bord d'une fontaine, où il vit son horrible figure, et il entendit une voix qui lui dit : « Regarde attentivement l'état où tu t'es réduit par tes crimes. Ton âme est devenue mille fois plus affreuse que ton corps. » Chéri reconnut la voix de Candide, et, dans sa fureur, il se retourna pour s'élancer sur elle et la dévorer, s'il lui eût été possible ; mais il ne vit personne, et la même voix lui dit : « Je me moque de ta faiblesse et de ta rage ; je vais confondre ton orgueil, en te mettant sous la puissance de tes propres sujets.

Chéri crut qu'en s'éloignant de cette fontaine il trouverait du remède à ses maux, puisqu'il n'aurait point devant ses yeux sa laideur et sa difformité : il s'avançait donc dans le bois : mais à peine y eut-il fait quelques pas, qu'il tomba dans un trou qu'on avait fait pour prendre les ours ; en même temps des chasseurs qui étaient cachés sur des arbres descendirent, et l'ayant enchaîné, le conduisirent dans la ville capitale de son royaume. Pendant le chemin, au lieu de reconnaître qu'il s'était attiré ce châtiment par sa faute, il maudissait la fée, mordait ses chaînes et s'abandonnait à la rage. Lorsqu'il approcha de la ville où on le conduisit, il vit de grandes réjouissances, et les chasseurs ayant demandé ce qui était arrivé de nouveau, on leur dit que le prince Chéri, qui ne se plaisait qu'à tourmenter son peuple, avait été écrasé dans sa chambre par un coup de tonnerre, car on le croyait ainsi. » Les dieux, ajoutait-on, n'ont pu supporter l'excès de ses méchancetés, ils en ont délivré la terre. Quatre seigneurs, complices de ses crimes, croyaient en profiter et partager son empire entre eux ; mais le peuple, qui savait que c'étaient leurs mauvais conseils qui avaient gâté le roi, les a mis en pièces, et a été offrir la couronne à Suliman, que le méchant Chéri voulait faire mourir Ce digne seigneur vient d'être couronné, et nous célébrons ce jour comme celui de la délivrance du royaume; car il est vertueux, et va ramener parmi nous la paix et l'abondance. Chéri soupirait de rage en écoutant ce discours; mais ce fut bien pis, lorsqu'il arriva dans la grande place qui était devant son palais; il vit Suliman sur un trône superbe, et tout le peuple qui lui souhaitait une longue vie, pour réparer tout les maux qu'avait faits son prédécesseur. Suliman fit signe de la main pour demander le silence, et il dit au peuple : « J'ai accepté la couronne que vous m'avez offerte, mais c'est pour la conserver au prince Chéri; il n'est point mort comme vous le croyez, une fée l'a révélé; et peut-être qu'un jour vous le reverrez vertueux comme il était dans ses premières années. Hélas! continua-t-il en versant des larmes, les flatteurs l'avaient séduit; je connaissais son cœur; il était fait pour la vertu : et, sans les discours empoisonnés de ceux qui l'approchaient, il eût été votre père à tous; détestez ses vices, mais plaignez-le, et prions tous ensemble les dieux qu'il nous le rendent : pour moi, je m'estimerais trop heureux d'arroser ce trône de mon sang, si je pouvais l'y voir remonter avec des dispositons propres à le lui faire remplir dignement. »

Les paroles de Suliman allèrent jusq'au cœur de Chéri. Il connut alors combien l'attachement et la fidélité de cet homme avaient été sincères, et il se reprocha ses crimes pour la première fois. A peine eut-il écouté ce bon mouvement, qu'il sentit calmer la rage dont il était animé; il réfléchit sur tous les crimes de sa vie, et trouva qu'il n'était pas puni aussi rigoureusement qu'il l'avait mérité. Il cessa donc de se débattre dans sa cage de fer, où il était enchaîné, et devint doux comme un mouton. On le conduisit dans une grande maison où l'on gardait tous les monstres et les bêtes féroces, et on l'attacha avec les autres.

Chéri prit alors la résolution de commencer à réparer ses fautes en se montrant bien obéissant à l'homme qui le gardait. Cet homme était un brutal; et, quoique le monstre fût fort doux, quand il était de mauvaise humeur, il le battait sans rime ni raison. Un jour que cet homme s'était endormi, un tigre qui avait rompu sa chaîne, se jeta sur lui pour le dévorer; d'abord Chéri sentit un mouvement de joie, de voir qu'il allait être délivré de son persécuteur; mais aussitôt il condamna ce mouvement, et souhaita d'être libre. « Je rendrais, dit-il, le bien pour le mal, en sauvant la vie de ce malheureux. » A peine eut-il formé ce souhait, qu'il vit sa cage de fer ouverte : il s'élança aux côtés de cet homme qui s'était réveillé, et qui se défendait contre le tigre. Le gardien se crut perdu lorsqu'il vit le monstre ; mais sa crainte fut bientôt changée en joie ; ce monstre bienfaisant se jeta sur le tigre, l'étrangla, et se coucha ensuite aux pieds de celui qu'il venait de sauver. Cette homme, pénétré de reconnaissance, voulut se baisser pour caresser le monstre qui lui avait rendu un si grand service : mais il entendit une voix qui lui disait : *Une bonne action ne demeure jamais sans récompense ;* et, en même temps, il ne vit plus qu'un joli chien à ses pieds. Chéri, charmé de sa métamorphose, fit mille caresses à son gardien, qui le mit entre ses bras, et le porta au roi, auquel il raconta cette merveille. La reine voulut avoir le chien ; et Chéri se fût trouvé heureux dans sa nouvelle condition, s'il eût pu oublier qu'il était homme et roi. La reine l'accablait de caresses ; mais, dans la peur qu'elle avait qu'il ne devînt plus grand qu'il n'était, elle consulta ses médecins, qui lui dirent qu'il ne fallait le nourrir que de pain, et ne lui en donner qu'une certaine quantité. Le pauvre Chéri mourait de faim la moitié de la journée, mais il fallait prendre patience.

Un jour qu'on venait de lui donner son petit pain pour déjeuner, il lui prit fantaisie d'aller le manger dans le jardin du palais ; il le prit dans sa gueule, et marcha vers un canal qu'il connaissait, et qui était un peu éloigné ; mais il ne trouva plus ce canal, et vit à la place une grande maison dont les dehors brillaient d'or et de pier-

reries. Il y voyait entrer une grande quantité d'hommes
et de femme magnifiquement habillés ; on chantait, on
dansait dans cette maison, on y faisait bonne chère ;
mais tous ceux qui en sortaient étaient pâles, maigres,
couverts de plaies, et presque tout nus ; car leurs habits
étaient déchirés par lambeaux. Quelques-uns tombaient
morts en sortant, sans avoir la force de se traîner plus
loin d'autres s'éloignaient avec beaucoup de peine ; d'autres restaient couchés contre terre ; mourant de faim, ils
demandaient un morceau de pain à ceux qui entraient
dans cette maison ; mais ceux-ci ne les regardaient seulement pas. Chéri s'approcha d'une jeune fille qui tâchait
d'arracher des herbes pour les manger. Touché de compassion, le prince dit en lui-même : « J'ai bon appétit,
mais je ne mourrai pas de faim jusqu'au temps de mon
dîner ; si je sacrifiais mon déjeuner à cette pauvre créature, peut-être lui sauverais-je la vie. Il résolut de suivre
ce bon mouvement, et mit son pain dans la main de
cette fille, qui le porta à sa bouche avec avidité. Elle
parut bientôt entièrement remise ; et Chéri, ravi de joie
de l'avoir secourue si à propos, pensait à retourner au
palais, lorsqu'il entendit de grands cris : c'était Zélie entre les mains de quatre hommes qui l'entraînaient vers
cette belle maison où ils la forcèrent d'entrer. Chéri re-
gretta alors sa figure de monstre, qui lui aurait donné
les moyens de secourir Zélie ; mais, faible chien, il ne

put qu'aboyer contre ses ravisseurs, et s'efforça de les suivre. On le chassa à coups de pieds, et il résolut de ne point quitter ce lieu, pour savoir ce que deviendrait Zélie.

Il se reprochait les malheurs de cette belle fille, « Hélas! disait-il en lui-même, je suis irrité contre ceux qui l'enlèvent, n'ai-je pas commis le même crime? et si la justice des dieux n'avait prévenu mon attentat, ne l'aurais-je pas traitée avec autant d'indignité? »

Les réflexions de Chéri furent interrompues par un bruit qui se faisait au-dessus de sa tête. Il vit qu'on ouvrait une fenêtre, et sa joie fut extrême lorsqu'il aperçut Zélie qui jetait par cette fenêtre un plat de viandes si bien apprêtées, qu'elles donnaient appétit à voir. On referma la fenêtre aussitôt, et Chéri, qui n'avait pas mangé de toute la journée, crut qu'il devait profiter de l'occasion. Il allait donc manger de ces viandes, lorsque la jeune fille à laquelle il avait donné son pain jeta un cri, et l'ayant pris dans ses bras : « Pauvre petit animal; lui dit-elle, ne touche point à ces viandes; cette maison est le palais de la volupté, tout ce qui en sort est empoisonné. »

En même temps, Chéri entendit une voix qui disait : «Tu vois qu'une bonne action ne demeure point sans récompense; » et aussitôt il fut changé en un beau petit pigeon blanc. Il se souvint que cette couleur était celle de Candide, commença à espérer qu'elle pourrait enfin lui rendre ses bonnes grâces. Il voulut d'abord s'approcher de Zélie, et, s'étant élevé en l'air, il vola tout autour de la maison, et vit avec joie qu'il y avait une fenêtre ouverte ; mais il eut beau parcourir toute la maison, il n'y trouva point Zélie, et, désespéré de sa perte, il résolut de ne point s'arrêter qu'il ne l'eût rencontrée.

Il vola pendant plusieurs jours, et étant entré dans un désert, il vit une caverne de laquelle il s'approcha : quelle fut sa joie ! Zélie y était assise à côté d'un vénérable ermite, et prenait avec lui un frugal repas.

Chéri, transporté, vola sur l'épaule de cette charmante bergère, et exprimait par ses caresses le plaisir qu'il avait de la voir.

Zélie, charmée de la douceur de ce petit animal, le flattait doucement avec la main ; et quoiqu'elle crût qu'il ne pouvait l'entendre, elle lui dit qu'elle acceptait le don qu'il lui faisait de lui-même, et qu'elle l'aimerait toujours.

« Qu'avez-vous fait, Zélie ? lui dit l'ermite, vous venez d'engager votre foi. — Oui, charmante bergère, lui dit Chéri, qui reprit à ce moment sa forme naturelle, la fin de ma métamorphse était attachée au consentement que vous donneriez à notre union. Vous m'avez promis de m'aimer toujours, confirmez mon bonheur, ou je vais conjurer la fée Candide, ma protectrice, de me rendre la figure sous laquelle j'ai eu le bonheur de vous plaire.

—«Vous n'avez point à craindre son inconstance, lui dit Candide, qui, quittant la forme de l'ermite sous laquelle elle s'était cachée, parut à leurs yeux telle qu'elle était en effet. Zélie vous aima aussitôt qu'elle vous vit ; mais vos vices la contraignirent à vous cacher le penchant que vous lui aviez inspiré. Le changement de votre cœur lui donne la liberté de se livrer à toute sa tendresse. Vous allez vivre heureux, puisque votre union sera fondée sur la vertu.»

Chéri et Zélie s'étaient jetés aux pieds de Candide. Le prince ne pouvait se lasser de la remercier de ses bontés, et Zélie, enchantée d'apprendre que le prince détestait ses égaremens, lui confirmait l'aveu de sa tendresse.

«Levez-vous, mes enfans, leur dit la fée, je vais vous transporter dans votre palais, pour rendre à Chéri, une couronnne de laquelle ses vices l'avaient rendu indigne.»

A peine eut-elle cessé de parler, qu'ils se trouvèrent dans la chambre de Suliman, qui, charmé de revoir son cher maître devenu vertueux, lui abandonna le trône et resta le plus fidèle de ses sujets.

Chéri régna long-temps avec Zélie, et on dit qu'il

s'appliqua tellement à ses devoirs, que la bague qu'il avait reprise ne le piqua pas une seule fois jusqu'au sang.

## LA BELLE ET LA BÊTE.

Il y avait une fois un marchand qui était extrêmement riche; il avait six enfans, trois garçons et trois filles, et, comme ce marchand était un homme d'esprit, il n'épargna rien pour l'éducation de ses enfans, et leur donna toutes sortes de maîtres. Ses filles étaient très belles; mais la cadette surtout se faisait admirer, et on ne l'appelait, quand elle était petite, que la *Belle-enfant;* en sorte que le nom lui en resta, ce qui donna beaucoup de jalousie à ses sœurs. Cette cadette, qui était plus belle que ses sœurs, était aussi meilleure qu'elles. Les deux aînées avaient beaucoup d'orgueil, parce qu'elles étaient riches; elles faisaient les dames, et ne voulaient pas recevoir les visites des autres filles de marchands; il leur fallait des gens de qualité pour leur compagnie; elles allaient tous les jours au bal, à la comédie, à la promenade, et se moquaient de leur cadette, qui employait la plus grande partie de son temps à lire de bons livres. Comme on savait que ces filles étaient fort riches, plusieurs gros marchands les demandèrent en mariage, mais les deux aînées répondirent qu'elles ne se marieraient jamais, à moins qu'elles ne trouvassent un duc, ou tout au moins un comte. La Belle (car je vous ai dit que c'était le nom de la plus jeune), la Belle, dis-je, remercia bien honnêtement ceux qui voulaient l'épouser; mais elle leur dit qu'elle était trop jeune, et qu'elle souhaitait de tenir compagnie à son père pendant quelques années. Tout d'un coup le marchand perdit son bien, et il ne lui resta qu'une petite maison de campagne bien loin de la ville. Il dit en pleurant à ses enfans qu'il fallait aller dans cette maison, et qu'en travaillant comme des paysans, ils y pourraient vivre. Les deux filles aînées répondirent qu'elles ne voulaient pas quitter la ville; et qu'elles avaient plusieurs amans qui seraient trop heureux de les épouser, quoiqu'elles n'eussent plus de fortune : les bonnes demoiselles se trompaient, leurs amans ne voulurent plus les regarder quand elles furent pauvres. Comme personne ne les aimait à cause de leur fierté, on disait : « Elles ne méritent pas qu'on les plaigne, nous sommes bien aises de voir leur orgueil abaissé ; qu'elles aillent faire les dames en gardant les moutons ; » mais en même temps tout le monde disait : « Pour la Belle, nous sommes bien fâchés de son malheur, c'est une si bonne fille ! elle parlait aux pauvres gens avec tant de bonté ; elle était si douce, si honnête ! » Il y eut même plusieurs gentilshommes qui voulurent l'épouser, quoiqu'elle n'eût pas un sou, mais elle leur dit qu'elle ne pouvait se résoudre à abandonner son pauvre père dans son malheur, et qu'elle le suivrait à la campagne pour le consoler et lui aider à travailler. La pauvre Belle avait été bien affligée d'abord de perdre sa fortune, mais elle s'était dit à elle-même : « Quand je pleurerai beaucoup, mes larmes ne me rendront pas mon bien, il faut tâcher d'être heureuse sans fortune. » Quand ils furent arrivés à leur maison de campagne, le marchand et ses trois fils s'occupèrent à labourer la terre. La Belle se levait à quatre heures du matin, et se dépêchait de nettoyer la maison et d'apprêter à dîner pour la famille. Elle eut d'abord beaucoup de peine, car elle n'était pas accoutumée à travailler comme une servante ; mais, au bout de deux mois, elle devint plus forte, et la fatigue lui donna une santé parfaite. Quand elle avait fait son ouvrage, elle lisait, elle jouait du clavecin, ou bien elle chantait en filant. Ses deux sœurs, au contraire, s'ennuyaient à la mort; elles se levaient à dix heures du matin, se promenaient toute la journée, et s'amusaient à regretter leurs beaux habits et les compagnies. « Voyez notre cadette, disaient-elles entre elles, elle a l'âme si basse et si stupide, qu'elle est contente de sa malheureuse situation. » Le bon marchand ne pensait pas comme ses filles; il savait que la Belle était plus propre que ses sœurs à briller dans les compagnies; il admirait la vertu de cette jeune fille, et surtout sa patience, car ses sœurs, non contentes de lui laisser faire tout l'ouvrage de la maison, l'insultaient à tout moment.

Il y avait un an que cette famille vivait dans la solitude, lorsque le marchand reçut une lettre par laquelle on lui marquait qu'un vaisseau, sur lequel il avait des marchandises, venait d'arriver heureusement. Cette nouvelle faillit tourner la tête à ses deux aînées, qui pensaient qu'à la fin elles pourraient quitter cette campagne où elles s'ennuyaient tant; et quand elles virent leur père prêt à partir, elles le prièrent de leur apporter des robes, des palatines, des coiffures et toutes sortes de bagatelles. La Belle ne lui demandait rien, car elle pensait que tout l'argent des marchandises ne suffirait pas pour acheter ce que ses sœurs souhaitaient. « Tu ne me pries pas de t'acheter quelque chose, lui dit son père.—Puisque vous avez la bonté de penser à moi, lui dit-elle, je vous prie de m'apporter une rose, car il n'en vient point ici; » ce n'est pas que la Belle se souciât d'une rose, mais elle ne voulait pas condamner, par son exemple, la conduite de ses sœurs, qui auraient dit que c'était pour se distinguer qu'elle ne demandait rien. Le bon homme partit; mais quand il fut arrivé, on lui fit un procès pour ses marchandises, et, après avoir eu beaucoup de peine, il revint aussi pauvre qu'il était auparavant. Il n'avait plus que trente milles pour arriver à sa maison, et il se réjouissait déjà du plaisir de voir ses enfans; mais, comme il fallait passer un grand bois avant de trouver sa maison, il se perdit; il neigeait horriblement; le vent était si grand qu'il le jeta deux fois à bas de son cheval. La nuit étant venue, il pensa qu'il mourrait de faim et de froid, ou qu'il serait mangé des loups qu'il entendait hurler autour de lui. Tout d'un coup, en regardant au bout d'une longue allée d'arbres, il vit une grande lumière, mais qui paraissait bien éloignée. Il marcha de ce côté-là et vit que cette lumière sortait d'un grand palais qui était tout illuminé. Le marchand remercia Dieu du secours qu'il lui envoyait, et se hâta d'arriver à ce château mais il fut bien surpris ne ne trouver personne dans les cours. Son cheval, qui le suivait, voyant une écurie ouverte, entra dedans, et ayant trouvé du foin et de l'avoine, le pauvre animal, qui mourait de faim, se jeta dessus avec beaucoup d'avidité. Le marchand l'attacha dans l'écurie et marcha vers la maison, où il ne trouva personne ; mais étant entré dans une grande salle, il y trouva un bon feu et une table chargée de viandes, où il n'y avait qu'un couvert. Comme la pluie et la neige l'avaient mouillé jusqu'aux os, il s'approcha du feu pour se sécher, et disait en lui-même : «Le maître de la maison ou ses domestique me pardonneront la liberté que j'ai prise, et sans doute ils viendront bientôt.» Il attendit pendant un temps considérable ; mais onze heures ayant sonné sans qu'il vît personne, il ne put résiter à la faim, et prit un poulet qu'il mangea en deux bouchées et en tremblant ; il but aussi quelques coups de vin, et, devenu plus hardi, il sortit de la salle et traversa plusieurs grands appartemens magnifiquement meublés. A la fin il trouva une chambre où il y avait un bon lit, et comme il était minuit passé, et qu'il était las, il prit le parti de fermer sa porte et de se coucher.

Il était dix heures du matin quand il s'éveilla le lendemain, et il fut bien surpris de trouver un habit fort propre à la place du sien, qui était tout gâté. «Assurément, dit-il en lui-même, ce palais appartient à quelque bonne fée qui a eu pitié de ma situation. Il regarda par la fenêtre et ne vit plus de neige, mais des berceaux de fleurs qui enchantaient la vue. Il rentra dans la grande salle où il avait soupé la veille, et vit une petite table où il y avait du chocolat. « Je vous remercie, madame la fée, dit-il tout haut, d'avoir eu la bonté de penser à mon déjeuner. » Le bon homme, après avoir pris son chocolat, sortit pour aller chercher son cheval, et comme il passait sous un berceau de roses, il se souvint que la Belle lui en avait demandé, et cueillit une branche où il y en avait plusieurs. En même temps il entendit un grand bruit, et vit venir à lui une bête si horrible, qu'il fut tout prêt de s'évanouir. « Vous êtes bien ingrat lui dit la Bête d'une voix terrible ; je vous ai sauvé la vie en vous recevant dans mon château, et pour ma peine vous me volez mes roses, que j'aime mieux que toute choses au monde : il faut mourir pour réparer cette faute ; je ne vous donne qu'un quart d'heure pour demander pardon à Dieu. » Le marchand se jeta à genoux, et dit à la Bête en joignant les mains : «Monseigneur, pardonnez-moi, je ne croyais pas vous offenser en cueillant une rose pour une de mes filles qui m'en avait demandé. — Je ne m'appelle point monseigneur, répondit le monstre, mais la Bête ; je n'aime point les complimens, moi, je veux qu'on dise ce qu'on pense ; ainsi ne croyez pas me toucher par vos flatteries ; mais vous m'avez dit que vous aviez des filles, je veux vous pardonner, à condition qu'une de vos filles vienne volontairement pour mourir à votre place ; ne me raisonnez pas, partez ; et si vos filles refusent de mourir pour vous, jurez que vous reviendrez dans trois mois. » Le bon homme n'avait pas le dessein de sacrifier une de ses filles à ce vilain monstre, mais il dit en lui-même : « Du moins j'aurai le plaisir de l'embrasser encore une fois. Il jura donc de revenir, et la Bête lui dit qu'il pourrait partir quand il voudrait ; «mais, ajouta-t-elle, je ne veux pas que tu t'en ailles les mains vides : retourne dans la chambre où tu as couché, tu trouveras un grand coffre vide, tu peux y mettre tout ce qu'il te plaira, je le ferai porter chez toi. » En même temps la Bête se retira, et le bon homme dit en lui-même : « S'il faut que je meure, j'aurai la consolation de laisser du pain à mes pauvres enfans ? »

Il retourna dans la chambre où il avait couché, et y ayant trouvé une grande quantité de pièces d'or il remplit le grand coffre dont la Bête lui avait parlé, le ferma, et ayant repris son cheval qu'il retrouva dans l'écurie, il sortit de ce palais avec une tristesse égale à la joie qu'il auvait lorsqu'il y était entré. Son cheval prit de lui-même une des routes de la forêt, et en peu d'heures le bon homme arriva dans sa petite maison. Ses enfans se rassemblèrent autour de lui, mais au lieu d'être sensible à leurs caresses, le marchand se mit à pleurer en les regardant. Il tenait à la main la branche de roses qu'il apportait à la Belle ; il la lui donna et lui dit : « La Belle, prenez ces roses, elles coûteront bien cher à votre malheureux père. » et tout de suite il raconta à sa famille la funeste aventure qui lui était arrivée. A ce récit, ses deux aînées jetèrent de grands cris, et dirent des injures à la Belle, qui ne pleurait point. « Voyez ce que produit l'orgueil de cette petite créature, disaient-elles ; que ne demandait-elle des ajustemens comme nous ; mais non, mademoiselle voulait se distinguer, elle va causer la mort de notre père, et elle ne pleure pas. — Cela serait fort inutile, reprit la Belle : pourquoi pleurais-je la mort de mon père ? Il ne périra point. Puisque le monstre veut bien accepter une de ses filles, je veux me livrer à toute sa furie, et je me trouve fort heureuse, puisqu'en mourant j'aurai la joie de sauver mon père et de lui prouver ma tendresse. — Non, ma sœur, vous ne mourez pas; lui dirent ses trois frères, nous irons trouver ce monstre, et nous périrons sous ses coups, si nous ne pouvons le tuer. — Ne l'espérez pas, mes enfans leur dit le marchand, la puissance de cette bête est si grande, qu'il ne me reste aucune espérance de la faire périr. Je suis charmé du bon cœur de la Belle, mais je ne veux pas l'exposer à la mort. Je suis vieux, il ne me reste que peu de temps à vivre, ainsi je ne perdrai que quelques années de vie, que je ne regrette qu'à cause de vous, mes chers enfans.—Je vous assure, mon père, lui dit la Belle, que vous n'irez pas à ce palais sans moi ; vous ne pouvez m'empêcher de vous suivre. Quoique je sois jeune, je ne suis pas fort attachée à la vie, et j'aime mieux être dévorée par ce monstre que de mourir du chagrin que me donnerait votre perte. » On eut beau dire, la Belle voulut absolument partir pour le beau palais, et ses sœurs en étaient charmées, parce que les vertus de cette cadette leur avaient inspiré beaucoup de jalousie. Le marchand était si occupé de la douleur de perdre sa fille, qu'il ne pensait pas au coffre qu'il avait rempli d'or ; mais aussitôt qu'il se fut enfermé dans sa chambre pour se coucher, il fut bien étonné de le trouver à la ruelle de son lit. Il résolut de ne point dire à ses enfans qu'il était devenu si riche, parce que ses fille auraient voulut retourner à la ville, et qu'il était résolu de mourir dans cette campagne ; mais il confia ce secret à la Belle, qui lui apprit qu'il était venu quelques gentilshommes pendant son absence ; qu'il y en avait deux qui aimaient ses sœurs. Elle pria son père de les marier ; car elle était si bonne qu'elle les aimait et leur pardonnait de tout son cœur le mal qu'elles lui avaient fait. Ces deux méchantes filles se frottèrent les yeux avec un ognon pour pleurer lorsque la Belle partit avec son père ; mais ses frères pleuraient tout de bon, aussi bien que le marchand : il n'y avait que la Belle qui ne pleurait point parce qu'elle ne voulait pas augmenter leur douleur. Le cheval prit la route du palais, et sur le soir, ils l'aperçurent illuminé comme la première fois. Le cheval fut tout seul à l'écurie, et le bon homme entra avec sa fille dans la grande salle, où ils trouvèrent une table magnifiquement servie avec deux couverts. Le marchand n'avait pas le cœur de manger ; mais la Belle, s'efforçant de paraître tranquille, se mit à la table et le servit ; puis elle disait en elle-même : « La Bête veux m'engraisser avant de me manger, puisqu'elle me fait faire si bonne chère. » Quand ils eurent soupé, ils entendirent un grand bruit, et le marchand dit adieu à sa pauvre fille en pleurant ; car il pensait que c'était la Bête. La Belle ne put s'empêcher de frémir en voyant cette horrible figure ; mais elle se rassura de son mieux ; et le monstre lui ayant demandé si c'était de bon cœur qu'elle était venue, elle lui dit en tremblant que oui. « Vous êtes bien bonne, lui dit la Bête, et je vous suis bien obligé. Bon homme, partez demain matin, et ne vous avisez jamais de revenir ici. Adieu la Belle. —Adieu la Bête. répondit-elle, et tout de suite le monstre se retira. —Ah! ma fille, dit le marchand, en embrassant la Belle, je suis à demi mort de frayeur. Croyez-moi, laissez-moi ici. —Non, mon père, lui dit la Belle avec fermeté, vous partirez demain matin, et vous m'abandonnerez au secours du ciel; peut-être aura-t-il pitié de moi. Ils furent se coucher et croyaient ne pas dormir de toute la nuit; mais à peine furent-ils dans leurs lits que leurs yeux se fermèrent. Pendant son sommeil, la Belle vit une dame qui lui dit : « Je suis contente de votre bon cœur, la Belle; la bonne action que vous faites, en donnant votre vie pour sauver celle de votre père, ne demeurera point sans récompense. » La Belle, s'éveillant, raconta ce songe à son père, et quoiqu'il le consolât un peu, cela ne l'empêcha pas de jeter de grands cris, quand il fallut se séparer de sa chère fille.

Lorsqu'il fut parti, la Belle s'assit dans la grande salle, et se mit à pleurer aussi; mais comme elle avait beaucoup de courage, elle se recommanda à Dieu, et résolut de ne se point chagriner, pour le peu de temps qu'elle avait à vivre; car elle croyait fermement que la Bête la mangerait le soir. Elle résolut de se promener en attendant, et de visiter ce beau château. Elle ne pouvait s'empêcher d'en admirer la beauté. Mais elle fut bien surprise de trouver une porte sur la quelle il y avait écrit : *Appartement de la Belle*. Elle ouvrit cette porte avec précipitation; elle fut éblouie de la magnificence qui y régnait; mais ce qui frappa le plus sa vue, fut une grande bibliothèque, un clavecin et plusieurs livres de musique. « On ne veut pas que je m'ennuie, dit-elle tout bas; » elle pensa ensuite : « Si je n'avais qu'un jour à demeurer ici; on ne m'aurait pas fait une telle provision. Cette pensée ranima son courage. Elle ouvrit la bibliothèque, et vit un livre où il y avait écrit en lettres d'or : *Souhaitez, commandez : vous êtes ici la reine et la maîtresse.* « Hélas! dit-elle en soupirant, je ne souhaite rien que de voir mon pauvre père, et de savoir ce qu'il fait à présent : » elle avait dit cela en elle-même. Quelle fut sa surprise, en jetant les yeux sur un grand miroir, d'y voir sa maison où son père arrivait avec un visage extrêmement triste! Ses sœurs venaient au-devant de lui; et, malgré les grimaces qu'elles faisaient pour paraître affligées, la joie qu'elles avaient de la perte de leur sœur paraissait sur leur visage. Un moment après, tout cela disparut, et la Belle ne put s'empêcher de penser que la Bête était bien complaisante, et qu'elle n'avait rien à craindre. A midi, elle trouva la table mise, et pendant son dîner, elle entendit un excellent concert, quoiqu'elle ne vît personne. Le soir, comme elle allait se mettre à table, elle entendit le bruit que faisait la Bête, et ne put s'empêcher de frémir, « La Belle, lui dit ce monstre, voulez-vous bien que je vous voie souper? — Vous êtes le maître, répondit la Belle en tremblant. — Non, reprit la Bête; il n'y a ici de maîtresse que vous. Vous n'avez qu'à me dire de m'en aller si je vous ennuie; je sortirai tout de suite. Dites-moi, n'est-ce pas que vous me trouvez bien laid?—Cela est vrai, dit la Belle, car je ne sais pas mentir ; mais je crois que vous êtes fort bon. — Vous avez raison, dit le monstre ; mais outre que je suis laid, je n'ai point d'esprit : je sais bien que je ne suis qu'une bête. — On n'est pas bête, reprit la Belle, quand on croit n'avoir point d'esprit. Un sot n'a jamais su cela. — Mangez donc, la Belle, lui dit le monstre, et tâchez de ne point vous ennuyer dans votre maison ; car tout ceci est à vous, et j'aurais du chagrin, si vous n'étiez pas contente. — Vous avez bien de la bonté, dit la Belle. Je vous avoue que je suis contente de votre cœur ; quand j'y pense, vous ne me paraissez plus si laid. — Oh ! dame, oui, répondit la Bête, j'ai le cœur bon, mais je suis un monstre. — Il y a bien des hommes qui sont plus monstres que vous, dit la Belle, et je vous aime mieux avec votre figure, que ceux qui, avec la figure d'homme, cachent un cœur faux, corrompu, ingrat. — Si j'avais de l'esprit, reprit la Bête, je vous ferais un grand compliment pour vous remercier ; mais je suis un stupide, et tout ce que je puis vous dire, c'est que je vous suis bien obligé. »

La Belle soupa de bon appétit. Elle n'avait presque plus peur du monstre, mais elle manqua mourir de frayeur, lorsqu'il lui dit : « La Belle, voulez-vous être ma femme. » Elle fut quelque temps sans répondre : elle avait peur d'exciter la colère du monstre en le refusant ; elle lui dit pourtant en tremblant : « Non, la Bête ». Dans le moment ce pauvre monstre voulut soupirer, et il fit un sifflement si épouvantable, que tout le palais en retentit ; mais la Belle fut bientôt rassurée, car la Bête lui ayant dit tristement, « adieu donc la Belle, » sortit de la chambre, en se retournant de temps en temps pour la regarder encore. Belle se voyant seule, sentit une grande compassion pour cette pauvre Bête. « Hélas disait-elle, c'est bien dommage qu'elle soit si laide, elle est si bonne ! »

Belle passa trois mois dans ce palais avec assez de tranquillité. Tous les soirs, la Bête lui rendait visite, l'entretenait pendant le souper avec assez de bon sens, mais jamais avec ce qu'on appelle esprit dans le monde. Chaque jour, Belle découvrait de nouvelles bontés dans ce monstre ; l'habitude de le voir l'avait accoutumée à sa laideur, et loin de craindre le moment de sa visite, elle regardait souvent à sa montre pour voir s'il était bientôt neuf heures ; car la Bête ne manquait jamais de venir à cette heure-là. Il n'y avait qu'une chose qui faisait de la peine à la Belle, c'est que le monstre, avant de se coucher, lui demandait toujours si elle voulait être sa femme, et paraissait pénétré de douleur lorsqu'elle lui disait que non. Elle lui dit un jour : « Vous me chagrinez, la Bête ; je voudrais pouvoir vous épouser, mais je suis trop sincère pour vous faire croire que cela arrivera jamais : je serai toujours votre amie, tâchez de vous contenter de cela. — Il le faut bien, reprit la Bête ;

je me rends justice ; je sais que je suis bien horrible ; mais je vous aime beaucoup ; cependant, je suis trop heureux de ce que vous voulez bien rester ici ; promettez-moi que vous ne me quitterez jamais. » La Belle rougit à ces paroles ; elle avait vu, dans son miroir, que son père était malade du chagrin de l'avoir perdue, et elle souhaitait de le revoir. « Je pourrais bien vous promettre de ne vous jamais quitter tout-à-fait ; mais j'ai tant d'envie de voir mon père, que je mourrai de douleur si vous me refusez ce plaisir. — J'aime mieux mourir moi-même, dit le monstre, que de vous donner du chagrin ; je vous enverrai chez votre père, vous y resterez, et votre pauvre Bête en mourra de douleur. — Non, lui dit la Belle en pleurant, je vous aime trop pour vouloir causer votre mort. Je vous promets de revenir dans huit jours ; vous m'avez fait voir que mes sœurs sont mariées, et que mes frères sont partis pour l'armée ; mon père est tout seul, souffrez que je reste chez lui une semaine. — Vous y serez demain au matin, dit la Bête ; mais souvenez-vous de votre promesse ; vous n'aurez qu'à mettre votre bague sur une table en vous couchant, quand vous voudrez revenir. Adieu la Belle. » La Bête soupira selon sa coutume, en disant ces mots, et la Belle se coucha toute triste de l'avoir affligée. Quand elle se réveilla. le matin, elle se trouva dans la maison de son père, et, ayant sonné une clochette qui était à côté de son lit, elle vit venir la servante, qui fit un grand cri en la voyant. Le bon homme accourut à ce cri, et manqua de mourir de joie en revoyant sa chère fille, et ils se tinrent embrassés plus d'un quart d'heure. La Belle, après les premiers transports, pensa qu'elle n'avait point d'habits pour se lever ; mais la servante lui dit qu'elle venait de trouver dans la chambre voisine un grand coffre plein de robes d'or, garnies de diamans. Belle remercia la bonne Bête de ses attentions : elle prit la moins riche de ces robes, et dit à la servante de serrer les autres, dont elle voulait faire présent à ses sœurs ; mais à peine eut-elle prononcé ces paroles, que le coffre disparut. Son père lui dit que la Bête voulait qu'elle gardât tout cela pour elle, et aussitôt les robes et le coffre revinrent à la même place. La Belle s'habilla, et, pendant ce temps, on fut avertir ses sœurs qui accoururent avec leurs maris. Elles étaient toutes deux fort malheureuses. L'aînée avait épousé un jeune gentilhomme beau comme l'Amour ; mais il était si amoureux de sa propre figure, qu'il n'était occupé que de cela depuis le matin jusqu'au soir, et méprisait la beauté de sa femme. La seconde avait épousé un homme qui avait beaucoup d'esprit, mais il ne s'en servait que pour faire enrager tout le monde, à commencer par sa femme. Les sœurs de la Belle manquèrent mourir de douleur quand elles la virent habillée comme une princesse, et plus belle que le jour. Elle eut beau les caresser, rien ne put étouffer leur jalousie, qui augmenta beaucoup quand elle leur eut conté combien elle était heureuse. Ces deux jalouses descendirent dans le jardin, pour y pleurer tout à leur aise; et elles se disaient : «Pourquoi cette petite créature est-elle plus heureuse que nous? Ne sommes-nous pas plus aimables qu'elle?—Ma sœur, dit l'aînée, il me vient une pensée, tâchons de l'arrêter ici plus de huit jours; sa sotte Bête se mettra en colère de ce qu'elle lui aura manqué de parole, et peut-être qu'elle la dévorera.—Vous avez raison, ma sœur, repondit l'autre. Pour cela il lui faut faire de grandes caresses.» Et, ayant pris cette résolution, elles remontèrent, et firent tant d'amitiés à leur sœur, que la Belle en pleura de joie. Quand les huit jours furent passés, les deux sœurs s'arrachèrent les cheveux, et firent tant les affligées de son départ, qu'elle promit de rester encore huit jours.

Cependant Belle se reprochait le chagrin qu'elle allait donner à sa pauvre Bête, qu'elle aimait de tout son cœur; et elle s'ennuyait de ne la plus voir. La dixième nuit qu'elle passa chez son père, elle rêva qu'elle était dans le jardin du palais, et qu'elle voyait la Bête couchée sur l'herbe, et prête à mourir, qui lui reprochait son ingratitude. La Belle se réveilla en sursaut, et versa des larmes. «Ne suis-je pas bien méchante dit-elle, de donner du chagrin à une bête qui a pour moi tant de complaisance! est-ce sa faute si elle est si laide, et si elle a peu d'esprit? Elle est bonne, cela vaut mieux que tout le reste. Pourquoi n'ai-je pas voulu l'épouser? Je serais plus heureuse avec elle, que mes sœurs avec leurs maris. Ce n'est ni la beauté ni l'esprit d'un mari qui rendent une femme contente, c'est la bonté du caractère, la vertu, la complaisance, et la Bête a toutes ces bonnes qualités. Je n'ai point d'amour pour elle, mais j'ai de l'estime, de l'amitié et de la reconnaissance. Allons, il ne faut pas la rendre malheureuse ; je me reprocherais toute ma vie mon ingratitude. » A ces mots, Belle se lève, met sa bague sur la table, et revient se coucher. A peine fut-elle dans son lit, qu'elle s'endormit ; et quand elle se réveilla le matin, elle vit avec joie qu'elle était dans le palais de la Bête. Elle s'habilla magnifiquement pour lui plaire, et s'ennuya à mourir toute la journée, en attendant neuf heures du soir ; mais l'horloge eut beau sonner la Bête ne parut point. La Belle alors craignit d'avoir causé sa mort. Elle courut tout le palais en jetant de grands cris; elle était au désespoir. Après avoir cherché partout, elle se souvint de son rêve, et courut dans le jardin vers le canal, où elle l'avait vue en dormant. Elle trouva la pauvre Bête étendue, sans connaissance, et elle crut qu'elle était morte. Elle se jeta sur son corps sans avoir horreur de sa figure, et, sentant que son cœur battait encore, elle prit de l'eau dans canal, et lui en

jeta sur la tête. La Bête ouvrit les yeux, et dit à la Belle :
« Vous avez oublié votre promesse, le chagrin de vous
avoir perdue m'a fait résoudre à me laisser mourir de
faim ; mais je meurs contente, puisque j'ai le plaisir de
vous revoir encore une fois. — Non, ma chère Bête, vous
ne mourrez point, lui dit la Belle ; vous vivrez pour devenir mon époux ; dès ce moment je vous donne ma
main, et je jure que je ne serai qu'à vous. Hélas ! je
croyais n'avoir que de l'amitié pour vous, mais la douleur que je sens me fait voir que je ne pourrais vivre
sans vous voir. » A peine la Belle eut-elle prononcé ces
paroles, qu'elle vit le château brillant de lumière ; les
feux d'artifices, la musique, tout lui annonçait une fête;
mais toutes ces beautés n'arrêtèrent point sa vue : elle
se retourna vers sa chère Bête, dont le danger la faisait
frémir. Quelle fut sa surprise? la Bête avait disparu, et
elle ne vit plus à ses pieds qu'un prince plus beau que
l'Amour, qui la remerciait d'avoir fini son enchantement.
Quoique ce prince méritât toute son attention, elle ne
put s'empêcher de lui demander où était la Bête. « Vous
la voyez à vos pieds, lui dit le prince. Une méchante
fée m'avait condamné à rester sous cette figure jusqu'à
ce qu'une belle fille consentît à m'épouser, et elle m'avait défendu de faire paraître mon esprit. Ainsi il n'y
avait que vous dans le monde assez bonne pour vous
laisser toucher à la bonté de mon caractère ; et en vous

offrant ma couronne, je ne puis puis m'acquitter des obligations que je vous ai. » La Belle, agréablement surprise, donna la main à ce beau prince pour le relever. Ils allèrent ensemble au château; et la Belle manqua mourir de joie, en trouvant dans la grande salle, son père et toute sa famille, que la belle dame qui lui était apparue en songe avait transportés au château. « Belle, lui dit cette dame, qui était une grande fée, venez recevoir la récompense de votre bon choix : vous avez préféré la vertu à la beauté et à l'esprit, vous méritez de trouver toutes ces qualités réunies en une même personne. Vous allez devenir une grande reine : j'espère que le trône ne détruira pas vos vertus. Pour vous, mesdemoiselles, dit la fée aux deux sœur de Belle, je connais votre cœur, et toute la malice qu'il renferme. Devenez deux statues, mais conservez toute votre raison sous la pierre qui vous enveloppera. Vous demeurerez à la porte du palais de votre sœurs, et je ne vous impose point d'autre peine que d'être témoins de son bonheur. Vous ne pourrez revenir dans votre premier état, qu'au moment où vous reconnaîtrez vos fautes; mais j'ai bien peur que vous ne restiez toujours statues. On se corrige de l'orgueil, de la colère, de la gourmandise et de la paresse, mais c'est une espèce de miracle que la conversion d'un cœur méchant et envieux. » Dans le moment, la fée donna un coup de baguette qui transporta tous ceux qui étaient dans cette salle dans le royaume du prince. Ses sujets le virent avec joie, et il épousa la Belle, qui vécut avec lui fort long-temps, et dans un bonheur parfait, parce qu'il était fondé sur la vertu.

**LE PRINCE CHARMANT.**

Il y avait une fois un prince qui n'avait que seize ans lorsqu'il perdit son père. D'abord il fut un peu triste ; et puis le plaisir d'être roi le consola bientôt. Ce prince, qui se nommait *Charmant*, n'avait pas un mauvais cœur, mais il avait été élevé en prince, c'est-à-dire, à faire sa volonté ; et cette mauvaise habitude l'aurait sans doute rendu méchant par la suite. Il commençait déjà à se fâcher, quand on lui faisait voir qu'il s'était trompé. Il négligeait les affaires pour se livrer à ses plaisirs ; surtout il aimait si passionnément la chasse, qu'il y passait presque toutes les journées. Il avait été gâté comme le sont presque toujours les princes. Pourtant il avait un bon gouverneur ; il l'aimait beaucoup étant jeune ; mais lorsqu'il fut devenu roi, il pensa que ce gouverneur était trop vertueux. « Je n'oserai j'amais suivre mes fantaisies devant lui, disait-il en lui-même. Il dit qu'un prince doit donner tout son temps aux affaires de son royaume, et je n'aime que mes plaisirs. Quand même il ne me dirait rien, il serait triste, et je reconnaîtrais à son visage qu'il serait mécontent de moi : il faut l'éloigner, car il me gênerait. » Le lendemain, Charmant assembla son conseil, donna de grandes louanges à son gouverneur, et dit que, pour le récompenser du soin qu'il avait eu de lui, il lui donnait le gouvernement d'une province qui était fort éloignée de la cour. Quand son gouverneur fut parti, il se plongea dans les délices et surtout à la chasse, qu'il aimait avec fureur. Un jour que Charmant était dans une grande forêt, il vit passer une biche blanche comme la neige ; elle avait un collier d'or au cou, et lorsqu'elle fut proche du prince, elle le regarda fixement et ensuite elle s'éloigna. « Je ne veux pas qu'on la tue, s'écria Charmant. » Il commanda donc à ses gens de rester là avec ses chiens, et il suivit la biche. Il semblait qu'elle l'attendait; mais, lorsqu'il était près d'elle, elle s'éloignait en sautant en gambadant. Il avait tant envie de la prendre, qu'en la suivant, il fit beaucoup de chemin sans y penser. La nuit vint, et il perdit la biche de vue. Le voilà bien embarrassé, car il ne savait où il était. Tout d'un coup il entendit des instrumens, mais ils parraissaient être bien loin. Il suivit ce bruit agréable, et arriva enfin à un grand château, où l'on donnait ce beau concert. Le portier lui demanda ce qu'il voulait, et le prince lui raconta son aventure. « Soyez le bien-venu, lui dit cet homme, on vous attend pour souper; car la biche blanche appartient à ma maîtresse; et toutes les fois qu'elle la fait sortir c'est pour lui amener compagnie. » En même temps le portier siffla, et plusieurs domestiques parurent avec des flambeaux, et conduisirent le prince dans un appartement bien éclairé. Les meubles de cet appartement n'étaient pas magnifiques, mais tout était propre et si bien arrangé, que cela faisait plaisir à voir. Aussitôt il vit paraître la maîtresse de la maison. Le prince fut ébloui de sa beauté, et, s'étant jeté à ses pieds, il ne pouvait parler, tant il était occupé à la regarder. « Levez-vous, mon prince, lui dit-elle en lui donnant la main; je suis charmée de l'admiration que je vous cause : vous me paraissez si aimable, que je souhaite de tout mon cœur que vous soyez celui qui doit me tirer de ma solitude. Je m'appelle *Vraie-Gloire*, et je suis immortelle. Je vis dans ce château depuis le commencement du monde en attendant un mari. Un grand nombre de rois sont venus me voir ; mais quoiqu'ils m'eussent juré une fidélité éternelle, ils ont manqué à leur parole, et m'ont abandonnée pour la plus cruelle de mes ennemies. »

— «Ah! belle princesse, dit Charmant, peut-on vous oublier quand on vous a vue une fois? Je jure de n'aimer jamais que vous : et, dès ce moment, je vous choisis pour ma reine. — Et moi je vous accepte pour mon roi, lui dit Vraie-Gloire; mais il ne m'est pas permis de vous épouser encore. Je vais vous faire voir un autre prince qui est dans mon palais, et qui prétend aussi m'épouser. Si j'étais la maîtresse, je vous donnerais la préférence ; mais cela ne dépend pas de moi. Il faut que vous me quittiez pendant trois ans, et celui des deux qui me sera le plus fidèle pendant ce temps aura la préférence.

Charmant fut fort affligé de ces paroles ; mais il le fut bien davantage quand il vit le prince dont Vraie-Gloire lui avait parlé. Il était si beau, il avait tant d'esprit, qu'il craignit que Vraie-Gloire ne l'aimât plus que lui.

Il se nommait *Absolu*, et il possédait un grand royaume.

Ils soupèrent tous les deux avec Vraie-Gloire, et furent bien tristes quand il fallut la quitter le matin.

Elle leur dit qu'elle les attendait dans trois ans, et ils sortirent ensemble du palais. A peine avaient-ils marché deux cents pas dans la forêt, qu'ils virent un palais bien plus magnifique que celui de Vraie-Gloire : l'or, l'argent, le marbre, les diamans éblouissaient les yeux; les jardins en étaient superbes, et la curoisité les engagea à y entrer. Ils furent bien surpris d'y trouver leur princesse, mais elle avait changé d'habits, sa robe était toute garnie de diamans, ses cheveux en étaient ornés, au lieu que la veille, sa parure n'était qu'une robe blanche garnie de fleurs. « Je vous montrai hier ma maison de campagne, leur dit-elle. Elle me plaisait autrefois; mais puisque j'ai deux princes pour amans, je ne la trouve plus digne de moi. Je l'ai abandonnée pour toujours, et je vous attendrai dans ce palais, car les princes doivent aimer la magnificence. L'or et les pierreries ne sont faits que pour eux; et quand leurs sujets les voient si magnifiques, ils les respectent davantage. » En même temps elle fit passer ses deux amans dans une grande salle. « Je vais vous montrer, leur dit-elle, les portraits de plusieurs princes qui ont été mes favoris. En voilà un qu'on nommait Alexandre, que j'aurais épousé, mais il est mort trop jeune. Ce prince, avec un fort petit nombre de troupes, ravagea toute l'Asie et s'en rendit maître. Il m'aimait à la folie, et risqua plusieurs fois sa vie pour me plaire. Voyez cet autre : on le nommait Pyrrhus. Le desir de devenir mon époux l'a engagé à quitter son royaume pour en acquérir d'autres ; il courut toute sa vie, et fut tué malheureusement d'une tuile qu'une femme lui jeta sur la tête. Cet autre se nommait Jules-César : pour mériter mon cœur, il a fait pendant dix ans la guerre dans les Gaules ; il a vaincu Pompée et soumis les Romains. Il eût été mon époux ; mais ayant, contre mon conseil, pardonné à ses ennemis, ils lui donnèrent vingt-deux coups de poignard. »

La princesse leur montra encore un grand nombre de portraits ; et leur ayant donné un superbe déjeuner, qui fut servi dans des plats d'or, elle leur dit de continuer leur voyage. Quand ils furent sortis du palais, Absolu dit à Charmant : « Avouez que la princesse était mille fois plus aimable aujourd'hui avec ses beaux habits qu'elle n'était hier, et qu'elle avait aussi beaucoup plus d'esprit. — Je ne sais, répondit Charmant ; elle avait du fard aujourd'hui, elle m'a paru changée à cause de ses beaux habits : mais assurément elle me plaisait davantage sous son habit de bergère. » Les deux princes se séparèrent et s'en retournèrent dans leurs royaumes, bien résolus de faire tout ce qu'ils pourraient pour plaire à leur maîtresse.

Quand Charmant fut dans son palais, il se ressouvint qu'étant petit, son gouverneur lui avait souvent parlé de

Vraie-Gloire, et il dit en lui-même : « Puisqu'il connaît la princesse, je veux le faire revenir à ma cour; il m'apprendra ce que je dois faire pour lui plaire. » Il envoya donc un courrier pour le chercher; et aussitôt que son gouverneur, qu'on nommait *Sincère*, fut arrivé, il le fit venir dans son cabinet, et lui raconta ce qui lui était arrivé. Le bon Sincère, pleurant de joie, dit au roi : « Ah! mon prince, que je suis content d'être revenu; sans moi vous auriez perdu votre princesse. Il faut que je vous apprenne qu'elle a une sœur, qu'on nomme *Fausse-Gloire*; cette méchante créature n'est pas si belle que Vraie-Gloire, mais elle se farde pour cacher ses défauts. Elle attend tous les princes qui sortent de chez Vraie-Gloire, et comme elle ressemble à sa sœur, elle les trompe. Ils croient travailler pour Vraie-Gloire, et ils la perdent en suivant les conseils de sa sœur. Vous avez vu que tous les amans de Fausse-Gloire périssent misérablement. Le prince Absolu, qui va suivre leur exemple, ne vivra que jusqu'à trente ans; mais si vous vous conduisez par mes conseils, je vous promets qu'à la fin vous serez l'époux de votre princesse. Elle doit être mariée au plus grand roi du monde : travaillez à le devenir.

— « Mon cher Sincère, répondit Charmant, tu sais que cela n'est pas possible, Quelque grand que soit mon royaume, mes sujets sont si ignorans, si grossiers, que je ne pourrai jamais les engager à faire la guerre. Or, pour devenir le plus grand roi du monde, ne faut-il pas gagner un grand nombre de batailles et prendre beaucoup de villes?—Ah! mon prince, répartit Sincère, vous avez déjà oublié les leçons que je vous ai données. Quand vous n'auriez pour tout bien qu'une seule ville et deux ou trois cents sujets, et que vous ne feriez jamais la guerre, vous pourriez devenir le plus grand roi du monde : il ne faut pour cela qu'être le plus juste et le plus vertueux; c'est là le moyen d'acquérir la princesse Vraie-Gloire. Ceux qui prennent les royaumes de leurs voisins, qui, pour bâtir de beaux châteaux, acheter de beaux habits et beaucoup de diamans, foulent leurs peuples, sont trompés, et ne trouveront que la princesse Fausse-Gloire, qui alors n'aura plus son fard, et leur paraîtra dans toute sa difformité. Vous dites que vos sujets sont grossiers et ignorans; il faut les instruire. Faites la guerre à l'ignorance et aux crimes ; combattez vos passions, et vous serez un grand roi et un conquérant au-dessus de César, de Pyrrhus, d'Alexandre et de tous les héros dont Fausse-Gloire vous a montré les portraits. »

Charmant résolut de suivre les conseils de son gouverneur. Pour cela, il pria un de ses parens de commander dans son royaume pendant son absence, et partit avec son gouverneur pour voyager dans tout le monde, et s'instruire par lui-même de tout ce qu'il fallait faire pour rendre ses sujets heureux.

Quand il trouvait dans un royaume un homme sage ou habile, il lui disait : «Voulez-vous venir avec moi, je vous donnerai beaucoup d'or.» Quand il fut bien instruit, et qu'il eut un grand nombre de gens habiles, il retourna dans son royaume, et les chargea d'instruire ses sujets, qui étaient très pauvres et très ignorans. Il fit bâtir de grandes villes et quantité de vaisseaux ; il faisait apprendre à travailler aux jeunes gens, nourrissait les pauvres malades et les vieillards, rendait lui-même la justice à ses peuples, en sorte qu'il les rendit honnêtes gens et heureux. Il passa deux ans dans ce travail, et au bout de ce temps, il dit à Sincère : «Croyez-vous que je sois bientôt digne de Vraie-Gloire?—Il vous reste encore un grand ouvrage à faire, lui dit son gouverneur. Vous avez vaincu les vices de vos sujets, votre paresse, votre amour pour les plaisirs, mais vous êtes encore l'esclave de votre colère ; c'est le dernier ennemi qu'il faut combattre.

Charmant eut beaucoup de peine à se corriger de ce dernier défaut, mais il était si amoureux de sa princesse, qu'il fit les plus grands efforts pour devenir doux et patient. Il y réussit, et les trois ans étant passés, il se rendit dans la forêt où il avait vu la biche blanche. Il n'avait pas mené avec lui un grand équipage, le seul

Sincère l'accompagnait. Il rencontra bientôt Absolu dans un char superbe. Il avait fait peindre sur ce char les batailles qu'il avait gagnées, les villes qu'il avait prises ; et il faisait marcher devant lui plusieurs princes, qu'il avait faits prisonniers et qui étaient enchaînés comme des esclaves. Lorsqu'il aperçut Charmant, il se moqua de lui et de la conduite qu'il avait tenue. Dans le même moment ils virent les palais des deux sœurs, qui n'étaient pas fort éloignés l'un de l'autre. Charmant prit le chemin du premier, et Absolu en fut charmé, parce que celle qu'il prenait pour sa princesse, lui avait dit qu'elle n'y retournerait jamais. Mais à peine eut-il quitté Charmant, que la princesse Vraie-Gloire, mille fois plus belle, mais toujours aussi simplement vêtue que la première fois qu'il l'avait vue, vint au-devant de lui. « Venez, mon prince, dit-elle ; grâce à votre ami Sincère, qui vous a appris à me distinguer de ma sœur, vous êtes digne d'être mon époux. »

Dans le même temps, Vraie-Gloire commanda aux Vertus, qui sont ses sujettes de faire une fête pour célébrer son mariage avec Charmant ; et pendant qu'il s'occupait du bonheur qu'il allait avoir d'être l'époux de cette princesse, Absolu arriva chez Fausse-Gloire, qui le reçut parfaitement bien, et lui offrit de l'épouser sur-le-champ. Il y consentit ; mais à peine fut-elle sa femme, qu'il s'aperçut en la regardant de près, qu'elle était vieille et ridée, quoiqu'elle n'eût pas oublié de mettre baucoup de blanc et de rouge pour cacher ses rides.

Pendant qu'elle lui parlait, un fil d'or qui attachait ses fausses dents se rompit, et ces dents tombèrent à terre.

Le prince Absolu était si fort en colère d'avoir été trompé, qu'il se jeta sur elle pour la battre; mais, comme il l'avait prise par de beaux cheveux noirs qui étaient fort longs, il fut tout étonné qu'ils lui restassent dans la main; car Fausse-Gloire portait une perruque; et comme elle resta nu-tête, il vit qu'elle n'avait qu'une douzaine de cheveux, et encore ils étaient tout blancs.

Absolu laissa cette méchante et laide créature, et courut au palais de Vraie-Gloire, qui venait d'épouser Charmant; et la douleur qu'il eut d'avoir perdu cette princesse fut si grande, qu'il en mourut.

Charmant plaignit son malheur, et vécut long-temps avec Vraie-Gloire. Il en eut plusieurs filles, mais une seule ressemblait parfaitement à sa mère.

Il la mit dans le château champêtre, en attendant qu'elle pût trouver un époux; et pour empêcher la méchante tante de lui débaucher ses amans, il écrivit sa propre histoire, afin d'apprendre aux princes qui voudraient épouser sa fille, que le seul moyen de posséder

Vraie-Gloire était de travailler à se rendre vertueux et utiles à leurs sujets, et que, pour réussir dans ce dessein, ils avaient besoin d'un ami sincère.

## LA VEUVE ET SES DEUX FILLES.

Il y avait une veuve assez bonne femme qui avait deux filles, toutes deux fort aimables; l'aînée se nommait *Blanche*, la seconde *Vermeille*. On leur avait donné ces noms, parce qu'elles avaient l'une, le plus beau teint du monde, et la seconde, des joues et des lèvres vermeilles comme du corail. Un jour la bonne femme étant près de sa porte, à filer, vit une pauvre vieille qui avait bien de la peine à se traîner avec son bâton. « Vous êtes bien fatiguée, dit la bonne femme à la vieille; asseyez-vous un moment pour vous reposer; » et aussitôt elle dit à ses filles de donner une chaise à cette femme. Elles se levèrent toutes les deux; mais Vermeille courut plus fort que sa sœur, et apporta la chaise. « Voulez-vous boire un coup? dit la bonne femme à la vieille. De tout mon cœur, répondit-elle : il me semble même que je mangerais bien un morceau ; si vous pouviez me donner quelque chose pour me ragoûter. Je vous donnerai tout ce qui est en mon pouvoir, dit la bonne femme; mais comme je suis pauvre, ce ne sera pas grand'chose. » En même temps elle dit à ses filles de servir la bonne vieille, qui se mit à table; et la bonne femme commanda à l'aînée d'aller cueillir quelques prunes sur un prunier qu'elle avait planté elle-même, et qu'elle aimait beaucoup. Blanche, au lieu d'obéir de bonne grâce à sa mère, murmura contre cet ordre, et dit en elle-même : « Ce n'est pas pour cette vieille gourmande que j'ai eu tant de soin de mon prunier. » Elle n'osa pourtant pas refuser quelques prunes, mais elle les donna de mauvaise grâce et à contre-cœur. « Et vous, Vermeille, dit la bonne femme à la seconde de ses filles, vous n'avez pas de fruit à donner à cette bonne dame, car vos raisins ne sont pas mûrs. Il est vrai, dit Vermeille, mais j'entends ma poule qui chante, elle vient de pondre un œuf, et si madame veut l'avaler tout chaud, je le lui offre de tout mon cœur. » En même temps, sans attendre la réponse de la vieille, elle courut chercher son œuf ; mais dans le moment qu'elle le présentait à cette femme, elle disparut, et l'on vit à sa place une belle dame, qui dit à la mère : Je vais récompenser vos deux filles selon leur mérite L'aînée deviendra une grande reine, et la seconde, une fermière. » Et en même temps, ayant frappé la maison de son bâton, elle disparut, et l'on vit dans la place une jolie ferme. « Voilà votre partage, dit-elle à Vermeille. Je sais que je vous donne à chacune ce que vous aimez le mieux. » la fée s'éloigna en disant ces paroles ; et la mère aussi bien que les deux filles restèrent fort étonnées. Elles entrèrent dans la ferme, et furent charmées de la propreté des meubles. Les chaises n'étaient que de bois ; mais elles étaient si propres, qu'on s'y voyait comme dans un miroir. Les lits étaient de toile blanche comme la neige. Il y avait dans les étables vingt moutons, autant de brebis, quatre bœufs, quatre vaches ; et dans la cour toutes sortes d'animaux, comme des poules, des canards, des pigeons et autres. Il y avait aussi un joli jardin rempli de fleurs et de fruits. Blanche voyait sans jalousie le don qu'on avait fait à sa sœur, et elle n'était occupée que du plaisir qu'elle aurait à être reine. Tout d'un coup elle entendit passer des chasseurs, et, étant allée sur la porte pour les voir, elle parut si belle aux yeux du roi, qu'il résolut de l'épouser. Blanche étant devenue reine, dit à sa sœur Vermeille : «Je ne veux pas que vous soyez fermière; venez avec moi, ma sœur, je vous ferai épouser un grand seigneur.—Je vous suis bien obligée, ma sœur, répondit Vermeille; je suis accoutumée à la campagne, et je veux y rester.» La reine Blanche partit donc; et elle était si contente, qu'elle passa plusieurs nuits sans dormir. Les premiers mois, elle fut si occupée de ses beaux habits, des bals, des comédies, qu'elle ne pensait à autre chose. Mais bientôt elle s'accoutuma à tout cela, et rien ne la divertissait plus ; au contraire, elle eut de grands chagrins : toutes les dames de la cour lui rendaient de grands respects, quand elles étaient devant elle, mais elle savait qu'elles ne l'aimaient pas, et qu'elles disaient : « Voyez cette petite paysanne, comme elle fait la grande dame ! le roi a le cœur bien bas, d'avoir pris une telle femme.» Ce discours fit faire des réflexions au roi. Il pensa qu'il avait eut tort d'épouser Blanche et comme son amour pour elle était passé, il eut un grand nombre de maîtresses. Quand on vit que le roi n'amait plus sa femme, on commença à ne lui rendre aucun devoir. Elle était très malheureuse, car elle n'avait pas une seule bonne amie à qui elle pût conter ses chagrins. Elle voyait que c'était la mode à la cour de trahir ses amis par intérêt, de faire bonne mine à ceux que l'on haïssait, et de mentir à tout moment. Il fallait être sérieuse, parce qu'on lui disait qu'une reine doit avoir un air grave et majestueux. Elle eut plusieurs enfans, et pendant tout ce temps elle avait un médecin auprès d'elle, qui examinait tout ce qu'elle mangeait et lui ôtait toutes les choses qu'elle aimait. On ne mettait point de sel dans ses bouillons; on lui défendait de se promener quand elle en avait envie; en un mot, elle était contredite depuis le matin jusqu'au soir. On donna des gouvernantes à ses enfans, qui les élevaient tout de travers, sans qu'elle eût la liberté d'y trouver à redire. La pauvre Blanche se mourait de chagrin, et elle devint si maigre, qu'elle faisait pitié à tout le monde. Elle n'avait pas vu sa sœur depuis trois ans qu'elle était reine, parce qu'elle pensait qu'une personne de son rang serait déshonorée d'aller rendre visite à une fermière; mais, se voyant accablée de mélancolie, elle résolut d'aller passer quelques jours à la campagne, pour se désennuyer. Elle en demanda la permission au roi, qui la lui accorda de bon cœur, parce qu'il pensait qu'il serait débarrassé d'elle pendant quelque temps. Elle arriva sur le soir à la ferme de Vermeille, et elle vit de loin, devant la porte, une troupe de bergers et de bergères qui dansaient et se divertissaient de tout leur cœur. « Hélas! dit la reine en soupirant, où est le temps que je me divertissais comme ces pauvres gens? personne n'y trouvait à redire. » D'abord qu'elle parut, sa sœur accourut pour l'embrasser. Elle avait un air si content, elle était si fort engraissée, que la reine ne put s'empêcher de pleurer en la regardant. Vermeille avait épousé un jeune paysan qui n'avait pas de fortune; mais il se souvenait toujours que sa femme lui avait donné tout ce qu'il avait, et il cherchait, par ses manières complaisantes, à lui en marquer sa reconnaissance. Vermeille n'avait pas beaucoup de domestiques, mais ils l'aimaient comme s'il eussent été ses enfans, parce qu'elle les traitait bien. Tous ses voisins l'aimaient aussi, et chacun s'empressait à lui en donner des preuves. Elle n'avait pas beaucoup d'argent, mais elle n'en avait pas besoin; car elle recueillait dans ses terres, du blé, du vin et de l'huile. Ses troupeaux lui fournissaient du lait dont elle faisait du beurre et du fromage. Elle filait la laine de ses moutons pour se faire des habits, aussi bien qu'à son mari et à deux enfans qu'elle avait. Ils se portaient à merveille, et le soir, quand le temps du travail était passé, ils se divertissaient à toutes sortes de jeux. « Hélas s'écria la reine, la fée m'a fait un mauvais présent en me donnant une couronne. On ne trouve point la joie dans les palais magnifiques, mais dans les occupations innocentes de la campagne. » A peine eut-elle dit ces paroles que la fée parut: « Je n'ai pas prétendu vous récompenser en vous faisant reine, lui répondit la fée, mais vous punir, parce que vous m'avez donné vos prunes à contre-cœur Pour être heureux, il faut, comme votre sœur, ne posséder que les choses nécessaires, et n'en point souhaiter davantage. —Ah! madame, s'écria Blanche, vous vous êtes assez vengée, finissez mon malheur. » Il est fini, reprit la fée. Le roi, qui ne vous aime plus, vient d'épouser une autre femme, et demain ses officiers viendront vous ordonner, de sa part, de ne point retourner à son palais. » Cela arriva comme la fée l'avait prédit. Blanche passa le reste de ses jours avec sa sœur Vermeille, avec toutes sortes de contentemens et de plaisirs : et elle ne pensa jamais à la cour que pour remercier la fée de l'avoir ramenée dans son village.

## AURORE ET AIMÉE.

Il y avait une fois une dame qui avait deux filles : l'aînée qui se nommait *Aurore*, était belle comme le jour, et elle avait un assez bon caractère. La seconde, qui se nommait *Aimée*, était aussi belle que sa sœur; mais elle était maligne, et n'avait de l'esprit que pour faire du mal. La mère avait été aussi fort belle, mais elle commençait à n'être plus jeune, et cela lui donnait beaucoup de chagrin. Aurore avait seize ans, et

Aimée n'en avait que douze; ainsi, la mère, qui craignait de paraître vieille, quitta le pays où tout le monde la connaissait, et envoya sa fille aînée à la campagne, parce qu'elle ne voulait pas qu'on sût qu'elle avait une fille si âgée. Elle garda la plus jeune auprès d'elle, et fut dans un autre ville; et elle disait à tout le monde qu'Aimée n'avait que dix ans, et qu'elle l'avait eue avant quinze ans. Cependant, comme elle craignait qu'on ne découvrît sa tromperie, elle envoya Aurore dans un pays bien loin, et celui qui la conduisait, la laissa dans un grand bois, où elle s'était endormie en se reposant. Quand Aurore se réveilla, et qu'elle se vit toute seule dans ce bois, elle se mit à pleurer. Il était presque nuit, et s'étant levée, elle chercha à sortir de cette forêt; mais au lieu de trouver son chemin elle s'égara encore davantage. Enfin elle vit bien loin une lumière; et étant allée de ce côté-là, elle trouva une petite maison. Aurore frappa à la porte, et une bergère vint lui ouvrir, et lui demanda ce qu'elle voulait. « Ma bonne mère, lui dit Aurore, je vous prie, par charité, de me donner la permission de coucher dans votre maison; car si je reste dans le bois, je serai mangée des loups.—De tout mon cœur, ma belle fille, lui répondit la bergère: mais, dites-moi, pourquoi êtes-vous dans ce bois si tard? » Aurore lui raconta son histoire, et lui dit : « Ne suis-je pas bien malheureuse d'avoir une mère si cruelle! et ne vaudrait-il pas mieux que je fusse morte en venant au monde, que de vivre pour être ainsi maltraitée! Qu'est-ce que j'ai fait au bon Dieu pour être si misérable?—Ma chère enfant, répliqua la bergère, il ne faut jamais murmurer contre Dieu; il est tout-puissant, il est sage, il vous aime, et vous devez croire qu'il n'a permis votre malheur que pour votre bien. Confiez-vous en lui, et mettez-vous bien dans la tête que Dieu protège les bons, et que les choses fâcheuses qui leur arrivent ne sont pas toujours des malheurs : demeurez avec moi, je vous servirai de mère, et je vous aimerai comme ma fille. » Aurore consentit à cette proposition, et le lendemain la bergère lui dit : «Je vais vous donner un petit troupeau à conduire ; mais j'ai peur que vous ne vous ennuyiez, ma belle fille; ainsi, prenez une quenouille, et vous filerez, cela vous amusera. — Ma mère répondit Aurore, je suis une fille de qualité, ainsi je ne sais pas travailler. Prenez donc un livre, lui dit la bergère. Je n'aime pas la lecture, lui répondit Aurore en rougissant. » C'est qu'elle était honteuse d'avouer à la fée qu'elle ne savait pas lire comme il faut.

Il fallut pourtant avouer la vérité : elle dit à la bergère, qu'elle n'avait jamais voulu apprendre à lire quand elle était petite, et qu'elle n'en avait pas eu le temps quand elle était devenu grande.

« Vous aviez donc de grandes affaires ? lui dit la

bergère.—Oui, ma mère, répondit Aurore. J'allais me promener tous les matins avec mes bonnes amies ; après dîner je me coiffais ; le soir je restais à notre assemblée, et puis j'allais à l'opéra, à la comédie, et la nuit j'allais au bal.—Véritablement, lui dit la bergère, vous aviez de grandes occupations, et sans doute vous ne vous ennuyiez pas.—Je vous demande pardon, ma mère, répondit Aurore. Quand j'étais un quart d'heure toute seule, ce qui m'arrivait quelquefois, je m'ennuyais à mourir ; mais quand nous allions à la campagne, c'était bien pire, je passais toute la journée à me coiffer et à me décoiffer, pour m'amuser.—Vous n'étiez donc pas heureuse à la campagne ? dit la bergère.—Je ne l'étais pas à la ville non plus, répondit Aurore. Si je jouais, je perdais mon argent ; si j'étais dans une assemblée, je voyais mes compagnes mieux habillées que moi, et cela me chagrinait beaucoup ; si j'allais au bal, je n'étais occupée qu'à chercher des défauts à celle qui dansait mieux que moi ; enfin, je n'ai jamais passé un jour sans avoir du chagrin.—Ne vous plaignez donc plus de la providence, lui dit la bergère ; en vous conduisant dans cette solitude, elle vous a ôté plus de chagrins que de plaisirs ; mais ce n'est pas tout. Vous auriez été par la suite encore plus malheureuse ; car, enfin, on n'est pas toujours jeune ; le temps du bal et de la comédie passe ; quand on devient vieille, et qu'on veut toujours être dans les assemblées, les jeunes gens se moquent de vous : d'ailleurs, on ne peut plus danser, on n'oserait plus se coiffer ; il faut donc s'ennuyer à mourir, et être fort malheureuse.—Mais, ma bonne mère dit Aurore, on ne peut pourtant rester seule ; la journée paraît longue comme un an, quand on n'a pas compagnie. — Je vous demande pardon, ma chère, répondit la bergère ; je suis seule ici, et les années me paraissent courtes comme les jours : si vous voulez, je vous apprendrai le secret de ne vous ennuyer jamais.—Je le veux bien, dit Aurore ; vous pouvez me gouverner comme vous le jugerez à propos, je veux vous obéir. »

La bergère profitant de la bonne volonté d'Aurore, lui écrivit sur un papier tout ce qu'elle devait faire. Toute la journée était partagée entre la prière, la lecture, le travail et la promenade. Il n'y avait pas d'horloge dans ce bois, et Aurore ne savait pas quelle heure il était ; mais la bergère connaissait l'heure par le soleil : elle dit à Aurore de venir dîner : « Ma mère, dit cette belle fille à la bergère, vous dînez de bonne heure, il n'y a pas long-temps que nous sommes levées. — Il est pourtant deux heures, reprit la bergère en souriant, et nous sommes levées depuis cinq heures ; mais, ma fille, quand on s'occupe utilement, le temps passe bien vite, et jamais on ne s'ennuie. »

Aurore, charmée de ne plus sentir l'ennui, s'appliqua

de tout son cœur à la lecture et au travail; et elle se trouvait mille fois plus heureuse au milieu de ses occupations champêtres, qu'à la ville.

« Je vois bien, disait-elle à la bergère, que Dieu fait tout pour notre bien. Si ma mère n'avait pas été injuste et cruelle à mon égard, je serais restée dans mon ignorance; et la vanité, l'oisiveté, le désir de plaire, m'auraient rendue méchante et malheureuse. »

Il y avait un an qu'Aurore était chez la bergère, lorsque le frère du roi vint chasser dans le bois où elle gardait ses moutons. Il se nommait *Ingénu,* et c'était le meilleur prince du monde; mais le roi son frère, qui s'appelait *Fourbin,* ne lui ressemblait pas, car il n'avait de plaisir qu'à tromper ses voisins, et à maltraiter ses sujets. Ingénu fut charmé de la beauté d'Aurore, et lui dit qu'il se croirait fort heureux, si elle voulait l'épouser. Aurore le trouvait fort aimable; mais elle savait qu'une fille qui est sage, n'écoute point les hommes qui lui tiennent de pareils discours.

« Monsieur, dit-elle à Ingénu, si ce que vous me dites est vrai, vous irez trouver ma mère, qui est une bergère; elle demeure dans cette petite maison que vous voyez tout là-bas : si elle veut bien que vous soyez mon mari, je le voudrai bien aussi; car elle est si sage et si raisonnable, que je ne lui désobéis jamais. — Ma belle fille, reprit Ingénu, j'irai de tout mon cœur vous de-

## AURORE ET AIMÉE.

mander à votre mère ; mais je ne voudrais pas vous épouser malgré vous : si elle consent que vous soyez ma femme, cela peut-être vous donnera du chagrin, et j'aimerais mieux mourir que de vous causer de la peine. —Un homme qui pense comme cela, a de la vertu, dit Aurore, et une fille ne peut être malheureuse avec un homme vertueux. »

Ingénu quitta Aurore et fut trouver la bergère qui connaissait sa vertu, et qui consentit de bon cœur à son mariage : il lui promit de revenir dans trois jours pour voir Aurore avec elle, et partit le plus content du monde, après lui avoir donné sa bague pour gage. Cependant Aurore avait beaucoup d'impatience de retourner à la petite maison : Ingénu lui avait paru si aimable, qu'elle craignait que celle qu'elle appelait sa mère, ne l'eût rebuté ; mais la bergère lui dit : « Ce n'est pas parce qu'Ingénu est prince, que j'ai consenti à votre mariage avec lui, mais parce qu'il est le plus honnête homme du monde. »

Aurore attendait avec quelque impatience le tour du prince; mais le second jour après son départ, comme elle ramenait son troupeau, elle se laissa tomber si malheureusement dans un buisson, qu'elle se déchira tout le visage. Elle se regarda bien vite dans un ruisseau, et elle se fit peur, car le sang lui coulait de tous les côtés, « Ne suis-je pas bien malheureuse, dit-elle à la bergère en rentrant dans la maison; Ingénu viendra demain matin, et il ne m'aimera plus tant, il me trouvera horrible. »

La bergère lui dit en souriant : « Puisque le bon Dieu a permis que vous soyez tombée, sans doute que c'est pour votre bien ; car vous savez qu'il vous aime, et qu'il sait mieux que vous ce qui vous est bon. »

Aurore reconnut sa faute, car c'en est une de murmurer contre la Providence, et elle dit en elle-même : « Si le prince Ingénu ne veut plus m'épouser parce que je ne suis plus belle, apparemment que j'aurais été malheureuse avec lui. »

Cependant la bergère lui lava le visage, et lui arracha quelques épines qui étaient enfoncées dedans. Le lendemain matin Aurore était effroyable, car son visage était horriblement enflé, et on ne lui voyait pas les yeux. Sur les dix heures du matin, on entendit un carrosse s'arrêter devant la porte; mais au lieu d'Ingénu, on en vit descendre le roi Fourbin; un des courtisans qui étaient à la chasse avec le prince, avait dit au roi que son frère avait rencontré la plus belle fille du monde, et qu'il voulait l'épouser. « Vous êtes bien hardi de vouloir vous marier sans ma permission, dit Fourbin à son frère; pour vous punir, je veux épouser cette fille si elle est aussi belle qu'on le dit. »

Fourbin, en entrant chez la bergère, lui demanda où

était sa fille. « La voici, répondit la bergère en montrant Aurore. Quoi ce monstre-là, dit le roi ; et n'avez-vous point une autre fille à laquelle mon frère a donné sa bague?—La voici à mon doigt, répondit Aurore. » A ces mots, le roi fit un grand éclat de rire, et dit : « Je ne croyais pas mon frère de si mauvais goût, mais je suis charmé de pouvoir le punir. »

En même temps il commanda à la bergère de mettre un voile sur la tête d'Aurore, et, ayant envoyé chercher le prince Ingénu, il lui dit : « Mon frère, puisque vous aimez la belle Aurore, je veux que vous l'épousiez tout-à-l'heure. — Et moi, je ne veux tromper personne, dit Aurore en arrachant son voile ; regardez mon visage, Ingénu, je suis devenue bien horrible depuis trois jours ; voulez-vous encore m'épouser ? — Vous paraissez plus aimable que jamais à mes yeux, dit le prince, car je reconnais que vous êtes plus vertueuse encore que je ne croyais. »

En même temps il lui donna la main ; Fourbin riait de tout son cœur. Il commanda donc qu'ils fussent mariés sur-le-champ ; mais ensuite il dit à Ingénu : « Comme je n'aime pas les monstres, vous pouvez demeurer avec votre femme dans cette cabane, je vous défends de l'amener à la cour : » en même temps il remonta dans son carosse, et laissa Ingénu transporté de joie. « Hé bien, dit la bergère à Aurore, croyez-vous encore être malheureuse d'être tombée? Sans cet accident, le roi serait devenu amoureux de vous, et si vous n'aviez pas voulu l'épouser, il eut fait mourir Ingénu. —Vous avez raison, ma mère, reprit Aurore; mais pourtant je suis devenu laide à faire peur, et je crains que le prince n'ait du regret de m'avoir épousée. —Non, je vous assure, reprit Ingénu, on s'accoutume au visage d'une laide; mais on ne peut s'accoutumer à un mauvais caractère. —Je suis charmée de vos sentimens, dit la bergère; mais Aurore sera encore belle, j'ai une eau qui guérira son visage. »

Effectivement, au bout de trois jours, le visage d'Aurore devint comme auparavant; mais le prince la pria de porter toujours son voile, car il avait peur que son méchant frère ne l'enlevât, s'il la voyait.

Cependant Fourbin, qui voulait se marier, fit partir plusieurs peintres pour lui apporter les portraits des plus belles filles. Il fut enchanté de celui d'Aimée, sœur d'Aurore, et l'ayant fait venir à sa cour, il l'épousa. Aurore eut beaucoup d'inquiétude, quand elle sut que sa sœur était reine; elle n'osait plus sortir, car elle savait combien sa sœur était méchante, et combien elle la haïssait.

Au bout d'un an, Aurore eut un fils qu'on nomma *Beaujour*, et qu'elle aimait uniquement. Ce petit prince, lorsqu'il commença à parler, montra tant d'esprit, qu'il faisait tout le plaisir de ses parens. Un jour qu'il était devant la porte avec sa mère, elle s'endormit, et quand elle se réveilla, elle ne trouva plus son fils. Elle jeta de grands cris, et courut par toute la forêt pour le chercher. La bergère avait beau la faire souvenir qu'il n'arrive rien que pour notre bien, elle eut toutes les peines du monde à la consoler ; mais le lendemain, elle fut contrainte d'avouer que la bergère avait raison.

Fourbin et sa femme, enragés de n'avoir point d'enfans, envoyèrent des soldats pour tuer leur neveu ; et, voyant qu'on ne pouvait le trouver, ils mirent Ingénu, sa femme et la bergère dans une barque, et les firent exposer sur la mer, afin qu'on n'entendît jamais parler d'eux.

Pour cette fois, Aurore crut qu'elle devait se croire fort malheureuse ; mais la bergère lui répétait toujours que Dieu faisait tout pour le mieux. Comme il faisait un très beau temps, la barque vogua tranquillement pendant trois jours, et aborda à une ville qui était sur le bord de la mer.

Le roi de cette ville avait une grande guerre, et les ennemis l'assiégèrent le lendemain. Ingénu, qui avait du courage, demanda quelques troupes au roi ; il fit plusieurs sorties, et eut le bonheur de tuer l'ennemi qui assiégeait la ville. Les soldats, ayant perdu leur commandant, s'enfuirent, et le roi qui était assiégé, n'ayant point d'enfans, adopta Ingénu pour son fils afin de lui marquer sa reconnaissance.

Quatre ans après, on apprit que Fourbin était mort de chagrin d'avoir épousé une méchante femme. Le peuple qui la haïssait, la chassa honteusement, et envoya des ambassadeurs à Ingénu, pour lui offrir la couronne. Il s'embarqua avec sa femme et la bergère; mais une grande tempête étant survenue, ils firent naufrage, et se trouvèrent dans une île déserte.

Aurore devenue sage par tout ce qui lui était arrivé, ne s'affligea point, et pensa que c'était pour leur bien que Dieu avait permis ce naufrage : ils mirent un grand bâton sur le rivage, et le tablier blanc de la bergère au bout de ce bâton, afin d'avertir les vaisseaux qui passeraient par là de venir à leur secours. Sur le soir, ils virent venir une femme qui portait un petit enfant, et Aurore ne l'eut pas plus tôt regardé, qu'elle reconnut son fils Beaujour. Elle demanda à cette femme où elle avait pris cet enfant : celle-ci lui répondit que son mari, qui était un corsaire, l'avait enlevé, mais qu'ayant fait naufrage proche de cette île, elle s'était sauvée avec l'enfant qu'elle tenait alors dans ses bras. Deux jours après, les vaisseaux qui cherchaient les corps d'Ingénu et d'Aurore, qu'on croyait péris, virent ce linge blanc, et, étant venus dans l'île, ils menèrent le roi et sa famille dans leur royaume ; et quelque accident qu'il arrivât à Aurore, elle ne murmura jamais, parce qu'elle savait par son expérience que les choses qui nous paraissent des malheurs sont souvent la cause de notre félicité.

## LE PRINCE TITY.

Il y avait une fois un roi nommé *Guinguet*, qui était fort avare. Il voulut se marier ; mais il ne se souciait pas d'avoir une belle princesse ; il voulait seulement qu'elle eût beaucoup d'argent et qu'elle fût plus avare que lui. Il en trouva une telle qu'il la souhaitait. Elle eut un fils qu'on nomma *Tity;* et une autre année, elle accoucha d'un second fils, qu'on nomma *Mirtil*. Tity était bien plus beau que son frère ;

mais le roi et la reine ne le pouvaient souffrir, parce qu'il aimait à partager tout ce qu'on lui donnait avec les autres enfans qui venaient jouer avec lui. Pour Mirtil, il aimait mieux laisser gâter ses bonbons que d'en donner à personne. Il enfermait ses jouets, crainte de les user, et quand il tenait quelque chose dans sa main, il le serrait si fort, qu'on ne pouvait le lui arracher, même pendant qu'il dormait. Le roi et sa femme étaient fous de cet enfant, parce qu'il leur ressemblait. Les princes devinrent grands; et, de peur que Tity ne dépensât son argent, on ne lui donnait pas un sou. Un jour que Tity était à la chasse, un des écuyers qui courait à cheval passa auprès d'une vieille femme et la jeta dans la boue : la vieille criait qu'elle avait la jambe cassée; mais l'écuyer n'en faisait que rire. Tity, qui avait un bon cœur, gronda son écuyer, et s'approchant de la vieille avec l'Éveillé, qui était son page favori, il aida la vieille à se relever, et l'ayant prise chacun par un bras, ils la conduisirent dans une petite cabane où elle demeurait. Le prince alors fut au désespoir de n'avoir point d'argent pour donner à cette femme. « A quoi me sert-il d'être prince, disait-il, puisque je n'ai pas la liberté de pouvoir faire du bien? Il n'y a de plaisir à être grand seigneur, que parce qu'on a le pouvoir de soulager les misérables. »

L'Éveillé, qui entendit le prince parler ainsi, lui dit :

« J'ai un écu pour tout bien, il est à votre service. Je vous récompenserai quand je serai roi, dit Tity; j'accepte votre écu pour donner à cet pauvre femme. »

Tity étant retourné à la cour, la reine le gronda de ce qu'il avait aidé cette pauvre femme à se relever. « Le grand malheur quand cette vieille femme serait morte! dit-elle à son fils (car les avares sont impitoyables), il fait beau voir un prince s'abaisser jusqu'à secourir une misérable gueuse! — Madame, lui dit Tity, je croyais que les princes n'étaient jamais plus grands que quand ils fesaient le bien. — Allez, lui dit la reine, vous êtes un extravagant, avec cette belle façon de parler. »

Le lendemain Tity fut encore à la chasse : mais c'était pour voir comment cette femme se portait. Il la trouva guérie, et elle le remercia de la charité qu'il avait eue pour elle. « J'ai encore une prière à vous faire, lui dit-elle : j'ai des noisettes et des nèfles qui sont excellentes, faites-moi la grâce d'en manger quelques-unes. » Le prince ne voulut pas refuser cette femme, de crainte qu'elle ne crût que c'était par mépris ; il goûta donc ces noisettes et ces nèfles, et il les trouva excellentes. « Puisque vous les trouvez si bonnes, dit la vieille, faites-moi le plaisir d'emporter le reste pour votre dessert. »

Pendant qu'elle disait cela, une poule qu'elle avait se mit à chanter, et pondit un œuf : la vieille pria le prince de si bonne grace d'emporter aussi cet œuf, qu'il le prit par complaisance; mais en même temps, il donna quatre guinées à la vieille; car l'Éveillé lui avait donné cette somme qu'il avait empruntée de son père, qui était un gentilhomme de campagne. Quand le prince fut à son palais, il commanda de lui donner l'œuf, les nèfles et les noisettes de la bonne femme pour son souper; mais quand il eut cassé l'œuf, il fut bien étonné de trouver dedans un gros diamant; les nèfles et les noisettes étaient aussi remplies de diamans. Quelqu'un fut dire cela à la reine, qui courut à l'appartement de Tity, et qui fut si charmée de voir ces diamans, qu'elle l'embrassa et l'appela son cher fils pour la première fois de sa vie. « Voulez-vous bien me donner ces diamans? dit-elle à son fils. — Tout ce que j'ai est à votre service, lui dit le prince. — Allez, vous êtes un bon garçon, lui dit la reine, je vous récompenserai. »

Elle emporta donc ce trésor, et elle envoya au prince quatre guinées pliées bien proprement dans un petit morceau de papier. Ceux qui virent ce présent, voulurent se moquer de la reine, qui n'était pas honteuse d'envoyer cette somme pour des diamans qui valaient plus de cinq cent mille guinées; mais le prince les chassa de sa chambre, en leur disant qu'ils étaient bien hardis de manquer de respect à sa mère. Cependant la reine dit à Guinguet : « Apparemment que la vieille que Tity a relevée est une grande fée; il faut l'aller voir demain ; mais au lieu d'y mener Tity, nous y mènerons son frère; car je ne veux pas qu'elle s'attache trop à ce benêt, qui n'a pas eu l'esprit de garder ses diamans. »

En même temps elle ordonna qu'on nettoyât les carrosses, et qu'on louât des chevaux; car elle avait fait vendre ceux du roi, parce qu'ils coûtaient trop à nourrir. On fit remplir deux de ces carrosses de médecins, chirurgiens, apothicaires, et la famille royale se mit dans l'autre.

Quand ils furent arrivés à la cabane de la vieille, la reine lui dit qu'elle venait lui demander excuse de l'étourderie de l'écuyer de Tity. « C'est que mon fils n'a pas l'esprit de choisir de bons domestiques, dit-elle à la bonne femme; mais je le forcerai de chasser ce brutal. »

Ensuite elle dit à la vieille qu'elle avait amené avec elle les plus habiles gens de son royaume pour guérir son pied. Mais la bonne femme lui dit que son pied allait fort bien, et qu'elle lui était obligée de la charité qu'elle avait de visiter une pauvre femme comme elle. «Oh! vraiment, lui dit la reine, nous savons bien que vous êtes une grande fée, car vous avez donné au prince Tity une grande quantité de diamans.—Je vous assure, madame, dit la vieille, que je n'ai donné au prince qu'un œuf, des nèfles et des noisettes; j'en ai encore au service de votre majesté. — Je les accepte de bon cœur, dit la reine, qui était charmée de l'espérance d'avoir des diamans. Elle reçut le présent, caressa la vieille, la pria de la venir voir; et tous les courtisans, à l'exemple du roi et de la reine, donnèrent de grandes louanges à cette bonne femme. La reine lui demanda quel âge elle avait. « J'ai soixante ans, répondit-elle. — Vous n'en paraissez pas quarante, lui dit la reine, et vous pouvez encore penser à vous marier, car vous êtes fort aimable. »

A ce discours, le prince Mirtil, qui était très mal élevé, se mit à rire au nez de la vieille, et lui dit qu'il aurait bien du plaisir de danser à sa noce : mais la bonne femme ne fit pas semblant de voir qu'il se moquait d'elle. Toute la cour partit, et la reine ne fut pas plus tôt arrivée dans son palais, qu'elle fit cuire l'œuf, et cassa les noisettes et les nèfles; mais au lieu de trouver un diamant dans l'œuf, elle n'y trouva qu'un petit poulet, et les noisettes et les nèfles étaient remplies de vers. Aussitôt la voilà dans une colère épouvantable. « Cette vieille est une sorcière, dit-elle, qui a voulu se moquer de moi; je veux la faire mourir. »

Elle assembla donc les juges pour faire le procès à la vieille femme; mais l'Éveillé, qui avait entendu tout cela, courut à la cabane pour lui dire de se sauver. « Bonjour, le page aux vieilles, lui dit-elle; car on lui donnait ce nom depuis qu'il l'avait aidée à se retirer de la boue. — Ah! ma bonne mère, lui dit l'Éveillé, hâtez-vous de vous sauver dans la maison de mon père! c'est un très honnête homme, il vous cachera de bon cœur; car si vous demeurez dans votre cabane, on enverra des soldats pour vous prendre et vous faire mourir. — Je vous ai bien de l'obligation, lui dit la vieille; mais je ne crains pas la méchanceté de la reine, »

En même temps, quittant la forme d'une vieille, elle parut à l'Éveillé sous sa figure naturelle, et il fut ébloui de sa beauté. Il voulut se jeter à ses pieds, mais elle l'en empêcha et lui dit : « Je vous défends de dire au prince, ni à personne au monde, ce que vous venez de voir. Je veux récompenser votre charité : demandez-moi un don. — Madame, lui dit l'Éveillé, j'aime beaucoup le prince mon maître, et je souhaite de tout mon cœur de lui être utile ; ainsi je vous demande d'être invisible quand je le souhaiterai, afin de pouvoir connaître quels sont les courtisans qui aiment véritablement mon prince. — Je vous accorde ce don, reprit la fée; mais il faut encore que je paie les dettes de Tity. N'a-t-il pas emprunté quatre guinées à votre père? Il les a rendues, reprit l'Éveillé : il sait bien qu'il est honteux aux princes de ne pas payer leurs dettes; ainsi il m'a remis les quatre guinées que la reine lui a envoyées. — Je sais bien cela, dit la fée; mais je sais aussi que le prince a été au désespoir de ne pouvoir rendre davantage, car il sait qu'un prince doit récompenser noblement, et c'est cette dette que je veux payer. Prenez cette bourse, qui est pleine d'or, et portez-la à votre père : il y trouvera toujours la même somme, pourvu qu'il n'y prenne que pour de bonnes actions. »

En même temps, la fée disparut, et l'Éveillé fut porter cette bourse à son père, auquel il recommanda le secret. Cependant les juges que la reine avait assemblés pour condamner la vieille, étaient fort embarrassés, et ils dirent à cette princesse : « Comment voulez-vous que nous condamnions cette femme? elle n'a point trompé votre majesté; elle lui a dit : Je ne suis qu'une pauvre femme, et je n'ai pas de diamans. »

La reine se mit fort en colère, et leur dit : « Si vous ne condamnez pas cette malheureuse qui s'est moquée de moi et qui m'a fait dépenser inutilement beaucoup d'argent pour louer des chevaux et payer des médecins, vous aurez sujet de vous en repentir. »

Les juges dirent en eux-mêmes : « La reine est une méchante femme; si nous lui désobéissons, elle trouvera le moyen de nous faire périr; il vaut mieux que la vieillle périsse que nous. » Tous les juges condamnèrent donc la vieille à être brûlée toute vive comme une sorcière. Il n'y en eut qu'un seul qui dit qu'il aimait mieux être brûlé lui-même, que de condamner une innocente. Quelques jours après, la reine trouva de faux témoins, qui dirent que ce juge avait mal parlé d'elle. On lui ôta sa charge, et il allait être réduit à demander l'aumône

15

avec sa femme et ses enfans. L'Éveillé prit une grosse somme dans la bourse de son père, et la donnant à ce juge, il lui conseilla de passer dans un autre pays. Cependant l'Éveillé se trouvait partout, depuis qu'il pouvait se rendre invisible : il apprit beaucoup de secrets ; mais comme c'était un honnête garçon, jamais il ne rapportait rien qui pût faire mal à personne, excepté ce qui pouvait servir à son maître. Comme il allait souvent dans le cabinet du roi, il entendit que la reine disait à son mari : « Ne sommes-nous pas bien malheureux que Tity soit l'aîné ? Nous amassons beaucoup de trésors, qu'il dissipera aussitôt qu'il sera roi ; et Mirtil, qui est bon ménager, au lieu de toucher à ces trésors, les aurait augmentés : n'y aurait-il pas moyen de le déshériter ? —Il faudra voir, lui répondit le roi ; et si nous ne pouvons réussir, il faudra enterrer ces trésors, crainte qu'il ne les dissipe. »

L'Éveillé entendait aussi tous les courtisans, qui, pour plaire au roi et à la reine, leur disaient du mal de Tity, et louaient Mirtil : puis, au sortir de chez le roi, ils venaient chez le prince, et lui disaient qu'ils avaient pris son parti devant le roi et la reine ; mais le prince, qui savait la vérité par le moyen de l'Éveillé, se moquait d'eux dans son cœur, et les méprisait. Il y avait à la cour quatre seigneurs qui étaient fort honnêtes gens ; ceux-là prenaient le parti de Tity, mais ils ne s'en vantaient pas ; au contraire, ils l'exhortaient toujours à aimer le roi et la reine, et à leur être fort obéissant.

Il y avait un roi voisin qui envoya des ambassadeurs à Guinguet pour une affaire de conséquence. La reine, selon sa bonne coutume, ne voulut pas que Tity parût devant les ambassadeurs. Elle lui dit d'aller dans une belle maison de campagne qui appartenait au roi, « parce que, ajouta-t-elle, les ambassadeurs voudront sans doute voir cette maison, et il faudra que vous en fassiez les honneurs. »

Quand Tity fut parti, la reine prépara tout pour recevoir les ambassadeurs, sans qu'il lui en coûtât beaucoup. Elle prit une jupe de velours et la donna aux tailleurs, pour faire les deux derrières d'un habit à Guinguet et à Mirtil ; on fit les devans de ces habits de velours neuf ; car la reine pensait que, le roi et le prince étant assis, on ne verrait pas le derrière de leurs habits. Pour les rendre magnifiques, elle prit les diamans qu'on avait trouvés dans les nèfles, pour servir de boutons à l'habit du roi ; elle attacha à son chapeau le diamant qui avait été trouvé dans l'œuf, et les petits qui étaient sortis des noisettes furent employés à faire des boutons à l'habit de Mirtil, et une pièce, un collier et des nœuds de manches à la reine. Véritablement ils éblouissaient avec tous ces diamans. Guinguet et sa femme se mirent sur le trône, et Mirtil se mit à leurs pieds ; mais à peine les ambassadeurs furent-ils dans la chambre, que les diamans disparurent ; et il n'y eut plus que des nèfles, des noisettes et un œuf. Les ambassadeurs crurent que Guinguet s'était habillé d'une manière si ridicule, pour faire affont à leur maître ; ils sortirent tout en colère, et dirent que leur maître leur apprendrait qu'il n'était pas un roi de nèfles. On eut beau les rappeler, ils ne voulurent rien écouter et s'en retournèrent dans leur pays. Guinguet et sa femme restèrent fort honteux et fort en colère. « C'est Tity qui nous a joué ce tour, dit-elle au roi, quand il fut seul avec elle ; il faut le déshériter et laisser notre couronne à Mirtil. — J'y consens de tout mon cœur, dit le roi. »

En même temps ils entendirent une voix qui leur dit : « Si vous êtes assez méchans pour le faire, je vous casserai tous les os les uns après les autres. » Ils eurent une grande peur d'entendre cette voix, car ils ne savaient pas que l'Éveillé était dans leur cabinet, et qu'il avait entendu leur conversation. Ils n'osèrent donc faire aucun mal à Tity ; mais ils faisaient chercher la vieille de tous les côtés pour la faire mourir, et ils étaient au désespoir de ce qu'on ne pouvait la trouver. Cependant le roi Violent, qui était celui qui avait envoyé des ambassadeurs à Guinguet, crut que véritablement on avait voulu se moquer de lui, et résolut de se venger, en déclarant la guerre à Guinguet. Ce dernier en fut d'abord bien fâché, car il n'avait pas de courage et craignait d'être tué ; mais la reine lui dit : « Ne vous affligez point ; nous enverrons Tity commander notre armée, sous prétexte de lui faire honneur : c'est un étourdi qui se fera tuer, et alors nous aurons le plaisir de laisser la couronne à Mirtil. »

Le roi trouva cette invention admirable, et ayant fait revenir Tity de la campagne, il le nomma généralissime des troupes ; et pour lui donner plus d'occasions d'exposer sa vie, il lui donna aussi plein pouvoir pour faire la guerre ou la paix.

Tity, étant arrivé sur les frontières du royaume de son père, résolut d'attendre l'ennemi, et s'occupa à faire bâtir une forteresse dans un petit passage par lequel il fallait entrer. Un jour qu'il regardait travailler les soldats, il eut soif, et voyant une maison sur une montagne voisine, il y monta pour demander à boire. Le maître de la maison, qui se nommait Abor, lui en donna ; et comme le prince allait se retirer, il vit entrer dans cette maison une fille si belle qu'il en fut ébloui. C'était Biby, fille d'Abor ; et le prince, charmé de cette belle fille, retourna souvent à cette maison, sous différens prétextes. Il parla souvent à Biby, et trouvant qu'elle était fort sage et qu'elle avait beaucoup d'esprit, il se disait en lui-même : « Si j'étais mon maître, j'épouserais Biby, elle n'est pas née princesse, mais elle a tant de vertus, qu'elle est digne de devenir reine. »

Tous les jours il devenait plus amoureux de cette fille; et enfin, il prit la résolution de lui écrire. Biby, qui savait qu'une honnête fille ne reçoit point de lettres des hommes, porta celle du prince à son père sans l'avoir décachetée. Abor, voyant que le prince était amoureux de sa fille, demanda à Biby si elle aimait Tity. Biby, qui n'avait jamais menti dans toute sa vie, dit à son père que le prince lui avait paru si honnête homme, qu'elle n'avait pu s'empêcher de l'aimer; « mais, ajouta-t-elle, je sais bien qu'il ne peut m'épouser, parce que je ne suis qu'une bergère; ainsi je vous prie de m'envoyer chez ma tante, qui demeure bien loin d'ici. »

Son père la fit partir le même jour; et le prince fut si chagrin de l'avoir perdue, qu'il en tomba malade. Abor lui dit : « Mon prince, je suis bien fâché de vous chagriner; mais, puisque vous aimez ma fille, vous ne voudriez pas la rendre malheureuse; vous savez bien qu'on méprise comme la boue, une fille qui reçoit les visites d'un homme qui l'aime et qui ne veut pas l'épouser. — Écoutez, Abor, dit le prince, j'aimerais mieux mourir que de manquer de respect à mon père, en me mariant sans sa permission; mais promettez-moi de me garder votre fille; et je vous promets de l'épouser quand je serai roi : je consens à ne point la voir jusqu'à ce temps-là. »

En même temps, la fée parut dans la chambre, et surprit beaucoup le prince, car il ne l'avait jamais vue sous cette figure. « Je suis la vieille que vous avez secourue, dit-elle au prince; vous êtes si honnête homme, et Biby est si sage, que je vous prends tous les deux sous ma protection. Vous l'épouserez dans deux ans; mais, jusqu'à ce temps, vous aurez encore bien des traverses. Au reste, je vous promets de vous rendre une visite tous les mois, et je menerai Biby avec moi. »

Le prince fut enchanté de cette promesse, et résolut d'acquérir beaucoup de gloire pour plaire à Biby. Le roi Violent vint lui offrir la bataille, et Tity non-seulement la gagna, mais encore Violent fut fait prisonnier. On conseillait à Tity de lui ôter tout son royaume; mais il dit : « Je ne veux pas faire cela; les sujets, qui aiment toujours mieux leur roi qu'un étranger, se révolteraient et lui rendraient la couronne; Violent n'oublierait jamais sa prison, et ce serait une guerre continuelle qui rendrait deux peuples malheureux : je veux au contraire rendre la liberté à Violent, et ne lui rien demander pour cela; je sais qu'il est généreux, il deviendra mon ami, et son amitié vaudra mieux pour nous que son royaume, qui ne nous appartient pas; et j'éviterai par là une guerre qui coûterait la vie à plusieurs milliers d'hommes. »

Ce que Tity avait prévu arriva. Violent fut si charmé

de sa générosité, qu'il jura une alliance éternelle avec le roi Guinguet et avec son fils.

Cependant Guinguet fut fort en colère quand il apprit que son fils avait rendu la liberté à Violent sans lui faire payer beaucoup d'argent : ce prince avait beau lui représenter qu'il lui avait donné ordre d'agir comme il le voudrait, il ne pouvait lui pardonner. Tity, qui aimait et respectait son père, tomba malade de chagrin de lui avoir déplu. Un jour qu'il était seul dans son lit, sans penser que c'était le premier jour du mois, il vit entrer par la fenêtre deux jolis serins, et fut fort surpris lorsque ces deux serins, reprenant leurs formes naturelles, lui représentèrent la fée et sa chère Biby. Il allait remercier la bonne fée, quand la reine entra dans son appartement, tenant dans ses bras un gros chat qu'elle aimait beaucoup, parce qu'il prenait les souris qui mangeaient ses provisions, et qu'il ne lui coûtait rien à nourrir. D'abord que la reine vit les serins, elle se fâcha de ce qu'on les laissait courir, parce que cela gâtait les meubles. Le prince lui dit qu'il les ferait mettre dans une cage ; mais elle répondit qu'elle voulait qu'on les prît dans le moment, qu'elle les aimait beaucoup, et qu'elle les mangerait à son dîner. Le prince, désespéré, eut beau crier, tous les courtisans et les domestiques couraient après les serins, et on ne l'écoutait pas. Un valet prit un balai, et fit tomber à terre la pauvre Biby. Le prince se jeta hors de son lit pour la secourir; mais il serait arrivé trop tard, car le chat de la reine s'était échappé de ses bras, et allait la tuer d'un coup de griffe, lorsque la fée, prenant tout d'un coup la figure d'un gros chien, sauta sur le chat et l'étrangla; ensuite elle prit, aussi bien que Biby, la figure d'une petite souris, et elles s'enfuirent toutes deux par un petit trou qui était dans un coin de la chambre.

Le prince était tombé évanoui à la vue du danger qu'avait couru sa chère Biby; mais la reine n'y fit pas d'attention, elle n'était occupée que de la mort de son chat, pour lequel elle jetait des cris horribles: elle dit au roi qu'elle se tuerait, s'il ne vengeait pas la mort de ce pauvre animal; que Tity avait commerce avec des sorciers pour lui donner du chagrin, et qu'elle n'aurait pas un moment de repos qu'il ne l'eût déshérité pour donner la couronne à son frère. Le roi consentit, et lui dit que le lendemain il ferait arrêter le prince, et qu'on lui ferait son procès.

Le fidèle l'Éveillé ne s'était pas endormi dans cette occasion; il s'était glissé dans le cabinet du roi, et vint tout de suite avertir le prince. La peur qu'il avait eue lui avait ôté la fièvre, et il se disposait à monter à cheval pour se sauver, lorsqu'il vit la fée qui lui dit : « Je suis lasse des méchancetés de votre mère et de la faiblesse de votre père; je vais vous donner une bonne armée, allez les prendre dans leur palais, vous les mettrez dans une prison avec leur fils Mirtil; vous monterez sur le trône, et vous épouserez Biby tout de suite. — Madame, dit le prince à la fée, vous savez que j'aime Biby plus que ma vie; mais le désir de l'épouser ne me fera jamais oublier ce que je dois à mon père et à ma mère, et j'aimerais mieux périr tout-à-l'heure que de prendre les armes contre eux.—Venez que je vous embrasse, lui dit la fée; j'ai voulu éprouver votre vertu; si vous aviez accepté mes offres, je vous aurais abandonné; mais, puisque vous avez le courage d'y résister, je serai toujours de vos amies; je vais vous en donner une preuve. Prenez la forme d'un vieillard, et, sûr de ne pouvoir être reconnu sous cette figure, parcourez votre royaume; instruisez-vous de toutes les injustices qu'on commet contre vos pauvres sujets, afin de les réparer quand vous serez roi; l'Éveillé qui restera à la cour, vous rendra compte de tout ce qui arrivera pendant votre absence.

Le prince obéit à la fée, et vit des choses qui le firent frémir. On vendait la justice, les gouverneurs pillaient le peuple, les grands maltraitaient les petits, et tout cela se faisait au nom du roi. Au bout de deux ans l'Éveillé lui écrivit que son père était mort, et que la reine avait voulu faire couronner son frère; mais que les quatre seigneurs, qui étaient honnêtes gens, s'y étaient opposés, parce qu'il les avait avertis qu'il était vivant, qu'ainsi la reine s'était sauvée avec son fils dans une province qu'elle avait fait révolter. Tity, qui avait repris sa figure, alla dans sa capitale, et fut reconnu roi; après quoi il écrivit une lettre fort respectueuse à la reine, pour la prier de ne point causer de révolte; il lui offrit aussi une bonne pension pour elle et pour son frère Mirtil. La reine, qui avait une grosse armée, lui écrivit qu'elle voulait la couronne, et qu'elle viendrait la lui arracher de dessus la tête. Cette lettre ne fut pas capable de porter Tity à sortir du respect qu'il devait à la reine; mais cette méchante femme, ayant appris que le roi Violent venait au secours de son ami Tity avec un grand nombre de soldats, fut forcée d'accepter les propositions de son fils. Ce prince se vit donc paisible possesseur de son royaume, et il épousa la belle Biby, au consentement de tous ses sujets, qui furent charmés d'avoir une si belle reine.

Tity, étant monté sur le trône, commença par rétablir le bon ordre dans ses États; et, pour y parvenir, il ordonna que tous ceux qui voudraient se plaindre à lui de toutes les injustices qu'on leur aurait faites seraient les bien-venus, et il défendit aux gardes de renvoyer une seule personne qui aurait à lui parler, quand même ce serait un homme qui demanderait l'aumône; « car, disait ce bon prince, je suis le père de tous mes sujets, des pauvres comme des riches. » D'abord les courtisans ne s'effrayaient point de ce discours; ils disaient : « Le roi est jeune, cela ne durera pas long-temps; il prendra du goût pour les plaisirs, et sera forcé d'abandonner à ses favoris le soin de ses affaires. » Ils se trompèrent : Tity ménagea si bien son temps, qu'il en eut pour tout : d'ailleurs le soin qu'il eut de punir les premiers qui commirent des injustices fit que personne n'osa plus s'écarter de son devoir. Il avait envoyé des ambassadeurs au roi Violent, pour le remercier du secours qu'il lui avait préparé. Ce prince lui fit dire qu'il serait charmé de le voir encore une fois, et que, s'il voulait se rendre sur les frontières du royaume, il y viendrait volontiers pour lui rendre visite. Comme tout était fort tranquille dans le royaume de Tity, il accepta cette partie, qui convenait à un dessein qu'il avait formé; c'était d'embellir la petite maison où il avait vu sa chère Biby pour la première fois. Il commanda donc à deux de ses officiers d'acheter toutes les terres qui étaient à l'entour; mais il leur défendit de forcer personne, « car, disait-il, je ne suis pas roi pour faire violence à mes sujets, et après tout, chacun doit être maître de son petit héritage. » Cependant Violent étant arrivé sur la frontière, les deux cours se réunirent; elles étaient brillantes. Violent avait amené avec lui sa fille unique, qu'on nommait Élise, qui était la plus belle du monde depuis que

Biby était femme, et qui était aussi d'un heureux caractère. Tity avait amené avec lui, outre son épouse, une de ses cousines, qu'on nommait Blanche, et qui, outre qu'elle était belle et vertueuse, avait encore beaucoup d'esprit. Comme on était, pour ainsi dire, à la campagne, les deux rois dirent qu'il fallait vivre en liberté, qu'on permettrait à plusieurs dames et seigneurs de souper avec les deux rois et les princesses; et pour ôter le cérémonial, on dit qu'on n'appellerait point les rois *votre majesté*, et que ceux qui le feraient paieraient une guinée d'amende. Il n'y avait qu'un quart d'heure qu'on était à table, lorsqu'on vit entrer une petite vieille assez mal habillée. Tity et l'Éveillé, qui la reconnurent, furent au-devant d'elle; mais comme elle leur fit un coup d'œil, ils pensèrent qu'elle ne voulait pas être connue; ils dirent donc au roi Violent et aux princesses, qu'ils leur demandaient la permission de leur présenter une de leurs bonnes amies, qui venait leur demander à souper. La vieille, sans façon, se plaça dans un fauteuil qui était auprès de Violent, et que personne n'avait osé prendre par respect; elle dit à ce prince : « Comme les amis de nos amis sont nos amis, vous voulez bien que j'en use librement avec vous. » Violent, qui était un peu haut de son naturel, fut décontenancé de la familiarité de cette vieille, mais il n'en fit pas semblant. On avait averti la bonne femme de l'amende qu'on paierait toutes les fois qu'on dirait *votre majesté ;* cependant à peine fut-elle à table, qu'elle dit à Violent : « *Votre majesté* me paraît surprise de la liberté que je prends ; mais c'est une vieille habitude, et je suis trop âgée pour me réformer ; ainsi *votre majesté* voudra bien me pardonner. — A l'amende, s'écria Violent, vous devez deux guinées. — Que *votre majesté* ne se fâche pas, dit la vieille, j'avais oublié qu'il ne fallait pas dire *votre majesté ;* mais *votre majesté* ne pense pas qu'en défendant de dire *votre majesté*, vous faites souvenir tout le monde de se tenir dans ce respect gênant que vous voulez bannir. C'est comme ceux qui, pour se familiariser, disent à ceux qu'ils reçoivent à leurs tables, quoiqu'ils soient au-dessous d'eux « buvez à ma santé ; » il n'y a rien de si impertinent que cette bonté-là ; c'est comme s'ils leur disaient, souvenez-vous bien que vous n'êtes pas faits pour boire à ma santé, si je ne vous en donnais pas la permission. Ce que j'en dis, au reste, n'est pas pour m'exempter de payer l'amende ; je dois sept guinées, les voilà. » En même temps, elle tira de sa poche une bourse aussi usée que si elle eût été faite depuis cent ans, et jeta les sept guinées sur la table. Violent ne savait s'il devait rire ou se fâcher du discours de la vieille ; il était sujet à se mettre en colère pour un rien, et son sang commençait à s'échauffer. Toutefois, il résolut de se faire violence, par considération pour

Tity ; et prenant la chose en badinant : « Hé bien! ma bonne mère, dit-il à la vieille, parlez à votre fantaisie; soit que vous disiez *votre majesté* ou non, je ne veux pas moins être un de vos amis.—J'y compte bien, reprit la vieille ; c'est pour cela que j'ai pris la liberté de dire mon sentiment, et je le ferai toutes les fois que j'en trouverai l'occasion ; car on ne peut rendre un plus grand service à ses amis que de les avertir dès qu'on croit qu'ils font mal.—Il ne faudrait pas vous y fier, répondit Violent ; il y a des momens où je ne recevrais pas volontiers de tels avis. — Avouez, mon prince, lui dit la vieille, que vous n'êtes pas loin d'un de ces momens, et que vous donneriez quelque chose de bon pour avoir la liberté de m'envoyer promener tout à votre aise. — Voilà nos héros : ils seraient au désespoir qu'on leur reprochât d'avoir fui devant un ennemi, et de lui avoir cédé la victoire sans combat, et ils avouent de sang-froid qu'ils n'ont pas le courage de résister à leur colère; comme s'il n'était pas plus honteux de céder lâchement à une passion qu'à un ennemi qu'il n'est pas toujours en notre pouvoir de vaincre. Mais changeons de discours, celui-ci ne vous est pas agréable ; permettez que je fasse entrer mes pages, qui ont quelques présens à faire à la compagnie. » Dans le moment, la vieille frappa sur la table, et l'on vit entrer par les quatre fenêtres de la salle quatre enfans ailés qui étaient les plus beaux du monde. Ils portaient chacun une corbeille pleine de divers bijoux d'une richesse étonnante. Le roi Violent, ayant en même temps jeté les yeux sur la vieille, fut surpris de la voir changée en une dame si belle et si richement parée, qu'elle éblouissait les yeux. « Ah! madame, dit-il à la fée, je vous reconnais pour la marchande de nèfles et de noisettes qui me mit fort en colère ; pardonnez au peu d'égards que j'ai eus pour vous ; je n'avais pas l'honneur de vous connaître. —Cela doit vous faire voir qu'il ne faut jamais manquer d'égard pour personne, reprit la fée. Mais, mon prince, pour vous montrer que je n'ai point de rencune, je veux vous faire deux présens. Le premier est de ce gobelet ; il est fait d'un seul diamant, mais ce n'est pas ce qui le rend précieux : toutes les fois que vous serez tenté de vous mettre en colère, emplissez ce verre d'eau, et le buvez en trois fois, et vous sentirez la passion se calmer pour faire place à la raison. Si vous profitez de ce premier présent, vous vous rendrez digne du second. Je sais que vous aimez la princesse Blanche ; elle vous trouve fort aimable, mais elle craint vos emportemens ; et ne vous épousera qu'à condition que vous ferez usage du gobelet. » Violent, surpris de ce que la fée connaissait si bien ses défauts et ses inclinations, avoua qu'en effet il se croirait fort heureux d'épouser Blanche. « Mais, ajouta-t-il, il me reste un obstacle à vaincre : quand même je serais assez heureux pour obtenir le consentement de Blanche, je me ferais toujours une peine de me remarier, par la crainte de priver ma fille d'une couronne. — Ce sentiment est beau, dit la fée; il se trouve peu de pères capables de sacrifier leurs inclinations au bonheur de leurs enfans; mais que cela ne vous arrête point. Le roi Mogolan, qui était un de mes amis, vient de mourir sans enfans; et par mon conseil, il a disposé de sa couronne en faveur de l'Éveillé. Il n'est pas né prince, mais il mérite de le devenir; il aime la princesse Élise, elle est digne d'être la récompense de la fidélité de l'Éveillé : et si son père y consent, je suis sûre qu'elle lui obéira sans répugnance. » Élise rougit à ce discours : il est vrai qu'elle avait trouvé l'Éveillé fort aimable, et qu'elle avait écouté avec plaisir ce qu'on lui avait raconté de sa fidélité pour son maître. « Madame, dit Violent, nous avons pris l'habitude de nous parler à cœur ouvert. J'estime l'Éveillé; et si l'usage ne me liait pas les mains, je n'aurais pas besoin de lui voir une couronne pour lui donner ma fille; mais les hommes, et surtout les rois, doivent respecter les usages reçus; et ce serait blesser les usages que de donner ma fille à un simple gentilhomme, elle qui sort d'une des plus anciennes familles du monde; car vous savez bien que depuis trois cents ans nous occupons le trône. — Mon prince, lui dit la fée, vous ignorez que la famille de l'Éveillé est tout aussi ancienne que la vôtre, puisque vous êtes parens, et que vous sortez de deux frères; encore l'Éveillé doit-il avoir le pas, car il est sorti de l'aîné, et votre père n'était que le cadet. — Si vous voulez me prouver cela, dit le roi Violent, je jure de donner ma fille à l'Éveillé, quand même les sujets du feu roi de Mogolan refuseraient de le reconnaître pour maître. — Rien de plus facile que de vous prouver l'ancienneté de la maison de l'Éveillé, dit la fée. Il sort d'Élisa, l'aîné des fils de Japhet, fils de Noé, qui s'établit dans la Péloponèse, et vous sortez du second fils de ce même Japhet. » Il n'y eut personne qui n'eût beaucoup de peine à s'empêcher d'éclater de rire, en voyant que la fée se moquait si sérieusement de Violent. Pour lui, la colère commençait à s'emparer de ses sens, lorsque la princesse Blanche, qui était à côté de lui, présenta le gobelet de diamant : il le but en trois coups, comme la fée le lui avait commandé; et pendant cet intervalle, il pensa en lui-même qu'effectivement tous les hommes étaient réellement égaux dans leur naissance, puisqu'ils sortaient tous de Noé, et qu'il n'y avait de vraie différence entre eux que celle qu'ils y mettaient par leurs vertus. Ayant achevé de vider son verre, il dit à la fée : « En vérité, madame, je vous ai beaucoup d'obligation; vous venez de me corriger de deux grands défauts, de mon entêtement sur ma noblesse, et de l'habitude de me mettre en colère. J'admire la vertu du gobelet dont vous m'avez fait présent; à mesure que je buvais, j'ai senti ma colère se calmer, et les réflexions que j'ai faites, dans l'intervalle des trois coups que j'ai bus, ont achevé de me rendre raisonnable. — Je ne veux pas vous tromper, lui dit la fée, il n'y a aucune vertu dans le gobelet dont je vous ai fait présent; et je veux apprendre à toute la compagnie en quoi consiste le sortilège de cette eau bue en trois coups. Un homme raisonnable ne se mettrait jamais en colère, si cette passion ne le surprenait pas et lui laissait le temps de réfléchir : or, en se donnant la peine de faire remplir ce gobelet d'eau, en le buvant en trois fois, on prend du temps : les sens se calment, les réflexions viennent, et lorsque cette cérémonie est achevée, la raison a eu le temps prendre le dessus sur la passion. — En vérité, lui dit Violent j'en ai plus appris aujourd'hui que pendant le reste de ma vie. Heureux Tity! vous deviendrez le plus grand prince du monde avec une telle protectrice ; mais je vous conjure d'employer le pouvoir que vous avez sur l'esprit de madame à la faire souvenir qu'elle m'a promis d'être de mes amies. — Je m'en souviens trop bien pour l'oublier, dit la fée, et je vous en ai déjà donné des preuves; je continuerai à le faire tant que vous serez docile, et j'espère que ce sera jusqu'à la fin de votre vie. Aujourd'hui ne pensons plus qu'à nous divertir pour célébrer notre mariage et celui de la princesse Élise. » En même temps on avertit Tity que les officiers qu'il avait chargés d'acheter toutes les terres et les maisons qui environnaient celle de Biby demandaient à lui parler. Il commanda qu'on les fît entrer, et ils lui montrèrent le dessin de l'ouvrage qu'ils voulaient faire en cette petite maison. Ils y avaient ajouté un grand jardin et un beau parc, qui auraient été parfaits, s'ils eussent pu abattre une petite maison qui se trouvait au beau milieu d'une des allées de ce parc, et qui en gâtait la symétrie. « Et pourquoi n'avez-vous pas ôté cette bicoque? dit le roi Violent, en parlant à ces officiers et aux architectes. — Seigneur, lui répondirent-ils, notre roi nous avait défendu de faire de violence à personne; et il s'est trouvé un homme qui n'a jamais voulu vendre sa maison, quoique nous ayons offert de la lui payer quatre fois plus qu'elle ne vaut. — Si ce coquin-là était mon sujet, je le ferais pendre, dit Violent. — Vous videriez votre gobelet auparavant, dit la fée. — Je crois que le gobelet ne pourrait lui sauver la vie, répondit Violent; car enfin n'est-il pas horrible qu'un roi ne soit pas maître dans ses États, et qu'il soit contraint d'abandonner un ouvrage qu'il souhaite d'achever, par l'obstination d'un faquin qui devrait s'estimer trop heureux de faire sa fortune, en obligeant son maître, sans le forcer à le contraindre ou à abandonner son dessein? — Je ne ferai ni l'un ni l'autre, dit Tity en riant, et je prétends que cette maison soit le plus grand ornement de mon parc. — Oh! je vous en défie, dit Violent; elle est tellement placée, qu'elle ne peut servir qu'à le gâter. — Voici ce que je ferai, dit Tity; elle sera environnée d'une muraille assez haute pour empêcher cet homme d'entrer dans mon parc, mais pas assez pour lui en ôter la vue; car il ne serait pas juste de l'enfermer comme dans une prison; cette muraille continuera des deux côtés, et l'on y lira ces paroles écrites en lettres d'or : « Un roi qui fit bâtir ce parc aima mieux lui laisser ce défaut que de devenir injuste à l'égard d'un de ses sujets, en lui ravissant l'héritage de ses pères, sur lequel il n'avait d'autre droit que celui de la force. — Tout ce que je vois me confond, dit Violent; j'avoue que je n'avais pas même l'idée des vertus héroïques qui font les grands hommes. Oui, Tity, cette muraille fera l'ornement de votre parc, et la belle action que vous faites en l'élevant, sera l'ornement de votre vie. Mais, madame, d'où vient que Tity se porte naturellement aux grandes vertus, dont je n'ai pas même l'idée, comme je vous l'ai dit? — Grand roi, lui répondit la fée, Tity, élevé par des parens qui ne pouvaient pas le souffrir, a toujours été contredit depuis qu'il est au monde; il s'est accoutumé par conséquent à soumettre sa volonté à celle d'autrui dans toutes les choses indifférentes. Comme il n'avait aucun pouvoir dans le royaume pendant la vie de son père, qu'il ne pouvait accorder aucune grâce, et qu'on savait que le roi avait envie de le déshériter, les flatteurs n'ont pas daigné le gâter, parce qu'ils ne croyaient pas avoir rien à craindre ni à espérer de lui : ils l'ont abandonné aux honnêtes gens que le seul devoir attachait à sa personne; et dans leur compagnie, il a appris qu'un roi, qui est maître absolu de faire du bien, doit avoir les mains liées lorsqu'il est question de faire du mal; qu'il commande à des hommes libres, et non à des esclaves; que les peuples ne se sont soumis à leurs égaux, en leur donnant la couronne, que pour se donner des pères, des protecteurs aux lois, un refuge aux pauvres et aux opprimés. Vous n'avez jamais entendu ces grandes vérités. Devenu roi dès l'âge de douze ans, les gouverneurs, à qui l'on a confié votre éducation, n'ont pensé qu'à faire leur fortune en gagnant vos bonnes grâces. Ils ont appelé votre orgueil, *noble fierté;* vos emportemens, des *vivacités excusables;* en un mot, ils ont fait, jusqu'à ce jour, votre malheur et le malheur de vos propres sujets, que vous avez regardés et traités en esclaves, parce que vous pensiez qu'ils n'étaient au monde que pour servir à vos caprices; au lieu que, dans la vérité, vous n'y êtes que pour servir à les protéger et les défendre. » Violent convint des vérités que lui disait la fée : instruit de ses devoirs, il s'appliqua à se vaincre pour les remplir; et il fut encouragé dans ses bonnes résolutions par l'exemple de Tity et de l'Éveillé, qui conservèrent sur le trône les vertus qu'ils y avaient apportées.

## LES PRINCES FATAL ET FORTUNÉ.

IL y avait une fois une reine qui eut deux petits garçons parfaitement beaux. Une fée, qui était bonne amie de la reine, avait été priée d'être la marraine de ces princes, et de leur faire quelque don. « Je doue l'aîné, dit-elle, de toutes sortes de malheurs jusqu'à l'âge de vingt-cinq ans, et je le nomme *Fatal*. » A ces paroles, la reine jeta de grands cris, et conjura la fée de changer ce don. « Vous ne savez ce que vous

demandez, dit-elle à la reine; s'il n'est pas malheureux, il sera méchant. » La reine n'osa rien dire, mais elle pria la fée de lui laisser choisir un don pour son second fils. « Peut-être choisirez-vous tout de travers, répondit la fée : mais n'importe, je veux bien lui accorder ce que vous me demanderez pour lui. — Je souhaite, dit la reine, qu'il réussisse toujours dans tout ce qu'il voudra faire; c'est le moyen de le rendre parfait. — Vous pourriez vous tromper, dit la fée, ainsi je ne lui accorde ce don que jusqu'à vingt-cinq ans. »

On donna des nourrices aux deux petits princes; mais dès le troisième jour, la nourrice du prince aîné eut la fièvre; on lui en donna une autre qui se cassa la jambe en tombant; une troisième perdit son lait aussitôt que le prince Fatal commença à la téter; et le bruit s'étant répandu que le prince portait malheur à ses nourrices, personne ne voulait plus le nourir ni s'approcher de lui. Ce pauvre enfant, qui avait faim, criait et ne faisait pourtant pitié à personne. Une grosse paysanne, qui avait un grand nombre d'enfans qu'elle avait beaucoup de peine à nourrir, dit qu'elle aurait soin de lui, si on voulait lui donner une grosse somme d'argent; et comme le roi et la reine n'aimaient pas le prince Fatal, ils donnèrent à la nourrice ce qu'elle demandait, et lui dirent de le porter à son village. Le second prince, qu'on avait nommé *Fortuné*, venait au contraire à merveille. Son papa et sa maman l'aimaient à la folie, et ne pensaient pas seulement à l'aîné. La méchante femme à qui on l'avait donné ne fut pas plus tôt chez elle, qu'elle lui ôta les beaux langes dont il était enveloppé pour les donner à un de ses fils qui était de l'âge de Fatal; et ayant enveloppé le pauvre prince dans une mauvaise jupe, elle le porta dans un bois où il y avait bien des bêtes sauvages, et le mit dans un trou avec trois petits lions, pour qu'il fût mangé. Mais la mère de ces lions ne lui fit point de mal, et au contraire, elle lui donna à téter; ce qui le rendit si fort, qu'il courait tout seul au bout de six mois. Cependant le fils de la nourrice, qu'elle faisait passer pour le prince, mourut, et le roi et la reine furent charmés d'en être débarrassés. Fatal resta dans le bois jusqu'à deux ans; et un seigneur de la cour, qui allait à la chasse, fut tout étonné de le trouver au milieu des bêtes. Il en eut pitié, l'emporta dans sa maison; et ayant appris qu'on cherchait un enfant pour tenir compagnie à Fortuné, il présenta Fatal à la reine. On donna un maître à Fortuné pour lui apprendre à lire; mais on recommanda au maître de ne le point faire pleurer. Le jeune prince, qui avait entendu cela, pleurait toutes les fois qu'il prenait son livre; en sorte qu'à cinq ans il ne connaissait pas ses lettres, au lieu que Fatal lisait parfaitement, et savait déjà écrire. Pour faire peur au prince, on commanda au maître de fouetter Fatal toutes les fois que Fortuné manquerait à son devoir. Ainsi Fatal avait beau s'appliquer à être sage, cela ne l'empêchait pas d'être battu : d'ailleurs Fortuné était si volontaire et si méchant, qu'il maltraitait toujours son frère, qu'il ne connaissait pas. Si on lui donnait une pomme, un jouet, Fortuné le lui arrachait des mains : il le faisait taire quand il voulait parler ; il l'obligeait à parler quand il voulait se taire : en un mot, c'était un petit martyr dont personne n'avait pitié. Ils vécurent ainsi jusqu'à dix ans ; et la reine était fort surprise de l'ignorance de son fils. La fée m'a trompée, disait-elle, je croyais que mon fils serait le plus savant de tous les princes, puisque j'ai souhaité qu'il réussît dans tout ce qu'il voudrait entreprendre. Elle fut consulter la fée sur cela, qui lui dit : « Madame, il fallait souhaiter à votre fils de la bonne volonté, plutôt que des talens ; il ne veut qu'être bien méchant, il y réussit, comme vous le voyez. » Après avoir dit ces paroles à la reine, elle lui tourna le dos. Cette pauvre princesse, fort affligée, retourna à son palais. Elle voulut gronder Fortuné pour l'obliger à mieux faire ; mais au lieu de lui promettre de se corriger, il dit que, si on le chagrinait, il se laisserait mourir de faim. Alors la reine, tout effrayée, le prit sur ses genoux, le baisa, lui donna des bonbons, et lui dit qu'il n'étudierait pas de huit jours, s'il voulait bien manger comme à son ordinaire. Cependant le prince Fatal était un prodige de science et de douceur; il s'était tellement accoutumé à être contredit, qu'il n'avait point de volonté, et ne s'attachait qu'à prévenir les caprices de Fortuné. Mais ce méchant enfant, qui enrageait de le voir plus habile que lui, ne pouvait le souffrir, et les gouverneurs, pour plaire à leur jeune maître, battaient Fatal à tous momens. Enfin ce méchant enfant dit à la reine qu'il ne voulait plus voir Fatal, et qu'il ne mangerait pas qu'on ne l'eut chassé du palais. Voilà donc Fatal dans la rue; et comme on avait peur de déplaire au prince, personne ne voulut le recevoir. Il passa la nuit sous un arbre, mourant de froid, car c'était en hiver, et n'ayant pour son souper qu'un morceau de pain qu'on lui avait donné par charité. Le lendemain matin, il dit en lui-même : « Je ne veux pas rester ici à rien faire, je travaillerai pour gagner ma vie, jusqu'à ce que je sois assez grand pour aller à la guerre. Je me souviens d'avoir lu dans les histoires que de simples soldats sont devenus de grands capitaines; peut-être aurai-je le même bonheur, si je suis honnête homme. Je n'ai ni père ni mère, mais Dieu est le père des orphelins; il m'a donné une lionne pour nourrice, il ne m'abandonnera pas. » Après avoir dit cela, Fatal se leva, fit sa prière, car il ne manquait jamais à prier Dieu soir et matin; et quand il priait, il avait les yeux baissés, les mains jointes, et il ne tournait pas la tête de côté et

d'autre. Un paysan qui passa, et qui vit Fatal qui priait
Dieu de tout son cœur, dit en lui-même : « Je suis sûr que
cet enfant sera un honnête garçon ; j'ai envie de le
prendre pour garder mes moutons. Dieu me bénira à
cause de lui. » Le paysan attendit que Fatal eût fini sa
prière, et lui dit : « Mon petit ami, voulez-vous venir
garder mes moutons ? Je vous nourrirai, et j'aurai soin
de vous. — Je le veux bien, répondit Fatal, et je ferai tout
mon possible pour vous bien servir. » Ce paysan était un
gros fermier, qui avait beaucoup de valets qui le volaient
fort souvent ; sa femme et ses enfans le volaient aussi.
Quand ils virent Fatal, ils furent bien contens : « C'est un
enfant, disaient-ils, il fera tout ce que nous voudrons. »
Un jour la femme lui dit : « Mon ami, mon mari est un
avare qui ne me donne jamais d'argent, laisse-moi
prendre un mouton, et tu diras que le loup l'a emporté.
— Madame, lui répondit Fatal, je voudrais de tout mon
cœur vous rendre ce service, mais j'aimerais mieux
mourir que de dire un mensonge et être un voleur. — Tu
n'es qu'un sot, lui dit cette femme, personne ne srura
que tu as fait cela. — Dieu le saura, madame, répondit
Fatal ; il voit tout ce que nous faisons, et punit les men-
teurs et ceux qui volent. » Quand la fermière entendit
ces paroles, elle se jeta sur lui, lui donna des soufflets,
et lui arracha les cheveux. Fatal pleurait, et le fermier
l'ayant entendu, demanda à sa femme pourquoi elle

battait cet enfant. « Vraiment, dit-elle, c'est un gourmand ; je l'ai vu ce matin manger un pot de crême que je voulais porter au marché. Fi, que cela est vilain d'être gourmand, dit le paysan » ; et tout de suite il appela un valet, et lui commanda de fouetter Fatal. Ce pauvre enfant avait beau dire qu'il n'avait pas mangé la crême, on croyait sa maîtressse plus que lui. Après cela, il sortit dans la campagne avec ses moutons, et la fermière lui dit : « Hé bien! voulez-vous à cette heure me donner un mouton ? — J'en serais bien fâché, dit Fatal, vous pouvez faire tout ce que vous voudrez contre moi, mais vous ne m'obligerez pas à mentir. » Cette méchante créature, pour se venger, engagea tous les autres domestiques à faire du mal à Fatal. Il restait à la campagne le jour et la nuit, et au lieu de lui donner à manger comme aux autres valets, elle ne lui envoyait que du pain et de l'eau; et quand il revenait, elle l'accusait de tout le mal qui se faisait dans la maison. Il passa un an avec ce fermier; et quoiqu'il couchât sur la terre et qu'il fût si mal nourri, il devint si fort, qu'on croyait qu'il avait quinze ans, quoiqu'il n'en eût que treize : d'ailleurs il était devenu si patient, qu'il ne se chagrinait plus quand on le grondait mal à propos. Un jour qu'il était à la ferme, il entendit dire qu'un roi voisin avait une grande guerre. Il demanda congé à son maître, et fut à pied dans le royaume de ce prince, pour être soldat. Il s'engagea à un capitaine qui était un grand seigneur ; mais il ressemblait à un porteur de chaise, tant il était brutal ; il jurait, il battait ses soldats, il leur volait la moitié de l'argent que le roi donnait pour les nourrir et les habiller ; et sous ce méchant capitaine, Fatal fut encore plus malheureux que chez le fermier. Il s'était engagé pour dix ans, et quoiqu'il vît déserter le plus grand nombre de ses camarades, il ne voulut jamais suivre leur exemple ; car il disait : « J'ai reçu de l'argent pour servir dix ans, je volerais le roi si je manquais à ma parole. » Quoique le capitaine fût un méchant homme, et qu'il maltraitât Fatal comme les autres, il ne pouvait s'empêcher de l'estimer, parce qu'il voyait qu'il faisait toujours son devoir. Il lui donnait de l'argent pour faire ses commissions, et Fatal avait la clef de sa chambre, quand il allait à la campagne ou qu'il dînait avec ses amis. Ce capitaine n'aimait pas la lecture, mais il avait une grande bibliothèque, pour faire croire à ceux qui venaient chez lui qu'il était un homme d'esprit ; car dans ce pays-là on pensait qu'un officier qui ne lisait pas l'histoire ne serait jamais qu'un sot et qu'un ignorant. Quand Fatal avait fait son devoir de soldat, au lieu d'aller boire et jouer avec ses camarades, il s'enfermait dans la chambre du capitaine, et tâchait d'apprendre son métier, en lisant la vie des grands hommes, et devint capable de commander une armée. Il y avait déjà sept ans qu'il était soldat, lorsqu'il fut à la guerre. Son capitaine prit six soldats avec lui, pour aller visiter un petit bois; et quand il fut dans ce petit bois, les soldats disaient tout bas : « Il faut tuer ce méchant homme, qui nous donne des coups de canne, et qui nous vole notre pain ». Fatal leur dit qu'il ne fallait pas faire une si mauvaise action; mais, au lieu de l'écouter, ils lui dirent qu'ils le tueraient avec le capitaine, et mirent tous les cinq l'épée à la main. Fatal se mit à côté de son capitaine, et se battit avec tant de valeur, qu'il tua lui seul quatre de ces soldats. Son capitaine, voyant qu'il lui devait la vie, lui demanda pardon de tout le mal qu'il lui avait fait, et ayant raconté au roi ce qui lui était arrivé, Fatal fut fait capitaine, et le roi lui fit une grosse pension. Oh! dame, les soldats n'auraient pas voulu tuer Fatal, car il les aimait comme ses enfans; et loin de leur voler ce qui leur appartenait, il leur donnait de son propre argent, quand ils faisaient leur devoir. Il avait soin d'eux quand ils étaient blessés, et ne les reprenait jamais par mauvaise humeur. Cependant on donne une grande bataille, et celui qui commandait l'armée ayant été tué, tous les officiers et les soldats s'enfuirent; mais Fatal cria tout haut qu'il aimait mieux mourir les armes à la main que de fuir comme un lâche. Ses soldats lui crièrent qu'ils ne voulaient point l'abandonner, et leur bon exemple ayant fait honte aux autres; ils se rangèrent autour de Fatal, et combattirent si bien qu'ils firent le fils du roi ennemi prisonnier. Le roi fut bien content quand il sut qu'il avait gagné la bataille, et dit à Fatal qu'il le faisait général de toutes ses armées. Il le présenta ensuite à la reine et à la princesse sa fille, qui lui donnèrent leurs mains à baiser. Quand Fatal vit la princesse, il resta immobile. Elle était si belle qu'il en devint amoureux à devenir fou, et ce fut alors qu'il fut bien malheureux : car il pensait qu'un homme comme lui n'était pas fait pour épouser une grande princesse. Il résolut donc de cacher soigneusement son amour, et tous les jours il souffrait les plus grands tourmens : mais ce fut bien pis quand il apprit que Fortuné, ayant vu un portrait de la princesse, qui se nommait *Gracieuse*, en était devenu amoureux, et qu'il envoyait des ambassadeurs pour la demander en mariage. Fatal pensa mourir de chagrin ; mais la princesse Gracieuse, qui savait que Fortuné était un prince lâche et méchant, pria si fort le roi son père de ne la point forcer à l'épouser, qu'on répondit à l'ambassadeur que la princesse ne voulait point encore se marier. Fortuné, qui n'avait jamais été contredit, entra en fureur quand on lui eut rapporté la réponse de la princesse : et son père, qui ne pouvait rien lui refuser, déclara la guerre au père de Gracieuse, qui ne s'en embarrassa pas beaucoup; car il disait : « Tant que j'aurai Fatal à la tête de mon armée, je ne crains pas d'être battu. » Il envoya donc chercher son général, et lui dit de se préparer à faire la guerre : mais Fatal, se jetant à ses pieds, lui dit qu'il était né dans le royaume du père de Fortuné, et qu'il ne pouvait pas combattre contre son roi. Le père de Gracieuse se mit fort en colère, et dit à Fatal qu'il le ferait mourir, s'il refusait de lui obéir; et qu'au contraire il lui donnerait sa fille en mariage, s'il remportait la victoire sur Fortuné. Le pauvre Fatal, qui aimait Gracieuse à la folie, fut bien tenté; mais à la fin, il se résolut à faire son devoir. Sans rien dire au roi, il quitta la cour et abandonna toutes ses richesses. Cependant Fortuné se mit à la tête de son armée, pour aller faire la guerre; mais, au bout de quatre jours, il tomba malade de fatigue, car il était fort délicat, n'ayant jamais voulu faire aucun exercice. Le chaud, le froid, tout le rendait malade. Cependant l'ambassadeur, qui voulait faire sa cour à Fortuné, lui dit qu'il avait vu à la cour de Gracieuse ce petit garçon qu'il avait chassé de son palais, et qu'on disait que le père de Gracieuse lui avait promis sa fille. Fortuné, à cette nouvelle, se mit dans une forte colère, et aussitôt qu'il fut guéri, il partit pour détrôner le père de Gracieuse, et promit une grosse somme d'argent à celui qui lui amenerait Fatal. Fortuné remporta de grandes victoires, quoiqu'il ne combattît pas lui-même, car il avait peur d'être tué. Enfin il assiégea la ville capitale de son ennemi, et résolut de faire donner l'assaut. La veille de ce jour, on lui amena Fatal, lié avec de grosses chaînes : car un grand nombre de personnes s'étaient mises en chemin pour le chercher. Fortuné, charmé de pouvoir se venger, résolut avant de donner l'assaut, de faire couper la tête à Fatal à la vue des ennemis. Ce jour-là même, il donna un grand festin à ses officiers, parce qu'il célébrait son jour de naissance, ayant justement vingt-cinq ans. Les soldats qui étaient dans la ville, ayant appris que Fatal était pris, et qu'on devait dans une heure lui couper la tête, résolurent de périr ou de le sauver; car ils se souvenaient du bien qu'il leur avait fait pendant qu'il était leur général. Ils demandèrent donc permission au roi de sortir pour combattre, et cette fois il furent victorieux. Le don de Fortuné avait cessé; et comme il voulait s'enfuir, il fut tué. Les soldats victorieux coururent ôter les chaînes à Fatal, et dans le même moment on vit paraître en l'air deux chariots brillans de lumière. La fée était dans un de ces chariots, et le père et la mère de Fatal étaient dans l'autre, mais endormis. Ils ne s'éveillèrent qu'au moment où leurs chariots touchaient la terre, et ils furent bien étonnés de se voir au milieu d'une armée. La fée alors s'adressant à la reine, et lui présentant Fatal, lui dit : « Madame, reconnaissez dans ce héros votre fils aîné, les malheurs qu'il a éprouvés ont corrigé les défauts de son caractère, qui était violent emporté. Fortuné, au contraire, qui était né avec de bonnes inclinations, a été absolument gâté par la flatterie; et Dieu n'a pas permis qu'il vécût plus long-temps, parce qu'il serait devenu plus méchant chaque jour. Il vient d'être tué; mais pour vous consoler de sa mort apprenez qu'il était sur le point de détrôner son père, parce qu'il s'ennuyait de n'être pas roi. Le roi et la reine furent bien étonnés, et ils embrassèrent de bon cœur Fatal, dont ils avaient entendu parler avantageusement. La princesse Gracieuse et son père apprirent avec joie l'aventure de Fatal; qui épousa Gracieuse, avec laquelle il vécut fort long-temps dans une parfaite concorde, parce qu'ils s'étaient unis par la vertu.

## LE PRINCE SPIRITUEL.

Il y avait une fois une fée qui voulait épouser un roi; mais comme elle avait une fort mauvaise réputation, le roi aima mieux s'exposer à toute sa colère que de devenir le mari d'une femme que personne n'estimait; car il n'y a rien de si fâcheux pour un honnête homme que de voir sa femme méprisée. Une bonne fée, qu'on nommait *Diamantine*, fit épouser à ce prince une jeune princesse qu'elle avait élevée, et promit de le défendre contre la fée *Furie*, Mais peu de temps après, Furie ayant été nommée reine des fées, son pouvoir qui surpassait de beaucoup celui de Diamantine, lui donna le moyen de se venger. Elle se trouva aux couches de la reine, et doua un fils qu'elle mit au monde d'une laideur que rien ne pût surpasser. Diamantine, qui s'était cachée à la ruelle du lit de la reine, essaya de la consoler lorsque Furie fut partie : « Ayez bon courage, lui dit-elle ; malgré la malice de votre ennemie, votre fils sera fort heureux un jour Vous le nommerez *Spirituel*, et non-seulement il aura tout l'esprit possible, mais il pourra encore en donner à la personne qu'il aimera le mieux. » Cependant, le petit prince était si laid, qu'on ne pouvait le regarder sans frayeur : soit qu'il pleurât, soit qu'il voulut rire, il faisait de si laides grimaces, que les petits enfans qu'on lui amenait pour jouer avec lui en avaient peur, et disaient que c'était la bête. Quand il fut raisonnable, tout le monde souhaitait de l'entendre parler ; mais on fermait les yeux ; et le peuple, qui ne sait pas la plupart du temps ce qu'il veut, prit pour Spirituel une haine si forte, que la reine ayant eu un second fils, on obligea le roi de le nommer son héritier ; car dans ce pays-là le peuple avait droit de se choisir un maître. Spirituel céda sans murmure la couronne à son frère, et rebuté de la sottise des hommes, qui n'estiment que la beauté du corps, sans se soucier de celle de l'âme, il se retira dans une solitude, où, s'appliquant à l'étude de la sagesse, il devint extrêmement heureux. Ce n'était pas là le compte de la fée Furie; elle voulait qu'il fût misérable, et voici ce qu'elle fit pour lui faire perdre son bonheur.

Furie avait un fils nommé *Charmant*; elle l'adorait, quoiqu'il fût la plus grande bête du monde. Comme elle voulait le rendre heureux, à quelque prix que ce fût, elle enleva une princesse qui était parfaitement belle; mais afin qu'elle ne fût point rebutée de la bêtise de Charmant, elle souhaita qu'elle fût aussi sotte que lui. Cette princesse, qu'on appelait *Astre*, vivait avec Charmant, et quoiqu'ils eussent seize ans passés, on n'avait jamais pu leur apprendre à lire. Furie fit peindre la princesse, et porta elle-même son portrait dans une petite maison où Spirituel vivait avec un seul domestique. La malice de Furie lui réussit; et, quoique Spirituel sût que la princesse Astre était dans le palais de son ennemie, il en devint si amoureux, qu'il résolut d'y aller : mais en même temps, se souvenant de sa laideur, il vit bien qu'il était le plus malheureux de tous les hommes, puisqu'il était sûr de paraître horrible aux yeux de cette belle fille. Il résista long-temps au désir qu'il avait de la voir; mais enfin sa passion l'emporta sur sa raison. Il partit avec son valet, et Furie fut enchantée de lui voir prendre cette résolution, pour avoir le plaisir de le tourmenter tout à son aise. Astre se promenait dans le jardin avec Diamantine sa gouvernante. Lorsqu'elle vit approcher le prince, elle fit un grand cri et voulut s'enfuir ; mais Diamantine l'en ayant empêchée, elle cacha sa tête dans ses deux mains, et dit à la fée : « ma bonne, faites sortir ce vilain homme, il me fait mourir de peur. » Le prince voulut profiter du moment où elle avait les yeux fermés pour lui faire un compliment bien arrangé ; mais c'était comme s'il eût parlé latin, elle était trop bête pour le comprendre. En même temps, Spirituel entendit Furie qui riait de toute sa force en se moquant de lui. « Vous en avez assez fait la première fois, dit-elle au prince ; vous pouvez vous retirer dans un appartement que je vous ai fait préparer, et d'où vous aurez le plaisir de voir la princesse tout à votre aise. » On croit peut-être que Spirituel s'amusa à dire des injures à cette méchante femme ; mais il avait trop d'esprit pour cela ; il savait qu'elle ne cherchait qu'à le fâcher, et il ne lui donna point le plaisir de se mettre en colère. Il était trop affligé ; mais ce fut bien pis, lorsqu'il entendit une conversation d'Astre avec Charmant ; car elle dit tant de bêtises, qu'elle ne lui parut plus si belle de moitié, et qu'il prit la résolution de l'oublier et de retourner dans sa solitude. Il voulut auparavant prendre congé de Diamantine. Quelle fut sa surprise, lorsque cette fée lui dit qu'il ne devait point quitter le palais, et qu'elle savait un moyen de le faire aimer de la princesse! « Je vous suis bien obligé, madame, lui répondit Spirituel, mais je ne suis pas pressé de me marier. J'avoue qu'Astre est charmante mais c'est quand elle ne parle pas; la fée Furie m'a guéri en me faisant entendre une de ses conversations; j'emporterai son portrait, qui est admirable, parce qu'il garde toujours le silence. — Vous avez beau faire le dédaigneux, dit Diamantine, votre bonheur dépend d'épouser la princesse. — Je vous assure, madame, que je ne le ferai jamais à moins que je ne devienne sourd; encore faudrait-il que je perdisse la mémoire; autrement je ne pourrais m'ôter de l'esprit cette conversation. J'aimerais mieux cent fois épouser une femme plus laide que moi, si cela était possible, qu'une stupide avec laquelle je ne pourrais avoir une conversation raisonnable, et qui me ferait trembler quand je serais en compagnie avec elle, par la crainte de lui entendre dire une impertinence toutes les fois qu'elle ouvrirait la bouche. — Votre frayeur me divertit, lui dit Diamantine; mais, prince, apprenez un secret qui n'est connu que de votre mère et de moi. Je vous ai doué du pouvoir de donner de l'esprit à la personne que vous aimeriez le mieux; ainsi vous n'avez qu'à souhaiter. Astre peut devenir la personne la plus spirituelle; elle sera parfaite alors; car elle est la meilleure enfant du monde, et a le cœur fort bon. — Ah! madame, dit Spirituel, vous allez me rendre bien misérable : Astre va devenir trop aimable pour mon repos, et je le serai trop peu pour lui plaire; mais n'importe, je sacrifie mon bonheur au sien; et je lui souhaite tout l'esprit qui dépend de moi. — Cela est bien généreux, dit Diamantine; mais j'espère que cettte belle action ne demeurera pas sans récompense. Touvez-vous dans le jardin du palais à minuit; c'est l'heure où Furie est obligé de dormir, et pendant trois heures elle perd toute sa puissance. » Le prince s'étant retiré, Diamantine fut dans la chambre d'Astre : elle la trouva assise, la tête appuyée dans ses mains, comme une personne qui rêve profondément. Diamantine l'ayant appelée, Astre lui dit : « Ah! madame, si vous pouviez voir ce qui vient de se passer en moi, vous seriez bien surprise. Depuis un moment, je suis comme dans un nouveau monde : je réfléchis, je pense; mes pensées s'arrangent dans une forme qui me donne un plaisir infini, et je suis bien honteuse en me rappelant ma répugnance pour les livres et les sciences. — Hé bien! lui dit Diamantine, vous pourrez vous en corriger : vous épouserez dans deux jours le prince Charmant, et vous étudierez ensuite tout à votre aise. — Ah! ma bonne, répondit Astre en soupirant, serait-il bien possible que je fusse condamnée à épouser Charmant? Il est si bête, si bête, que cela me fait trembler; mais dites-moi, je vous prie, pourquoi n'ai-je pas connu plus tôt la bêtise de ce prince?

— C'est que vous étiez vous-même une sotte, dit la fée; mais voici justement le prince Charmant. » Effectivement il entra dans sa chambre avec un nid de moineaux dans son chapeau. « Tenez, dit-il, je viens de laisser mon maître dans une grande colère, parce qu'au lieu de dire ma leçon, j'ai été dénicher ce nid. — Mais votre maître a raison d'être en colère, lui dit Astre; n'est-il pas honteux qu'un garçon de votre âge ne sache pas lire? — Oh! vous m'ennuyez aussi bien que lui, répondit Charmant; j'ai bien affaire de toute cette science : moi j'aime mieux un cerf-volant, ou une boule, que tous les livres du monde. Adieu; je vais jouer au volant. — Et je serais la femme de ce stupide? dit Astre, lorsqu'il fut sorti. Je vous assure, ma bonne, que j'aimerais mieux mourir que de l'épouser. Quelle différence de lui à ce prince que j'ai vu tantôt! Il est vrai qu'il est bien laid; mais, quand je me rappelle son discours, il me semble qu'il n'est plus si horrible : pourquoi n'a-t-il pas le visage comme Charmant? Mais après tout, que sert la beauté du visage? Une maladie peut l'ôter; la vieillesse la fait perdre, à coup sûr; et que reste-t-il alors à ceux qui n'ont pas d'esprit? En vérité, ma bonne, s'il fallait choisir, j'aimerais mieux ce prince, malgré sa laideur, que ce stupide qu'on veut me faire épouser. — Je suis bien aise de vous voir penser d'une manière si raisonnable, dit Diamantine; mais j'ai un conseil à vous donner.

Cachez soigneusement à Furie tout votre esprit. Tout est perdu si vous lui laissez connaître le changement qui s'est fait en vous. » Astre obéit à sa gouvernante, et sitôt que minuit fut sonné, la bonne fée proposa à la princesse de descendre dans les jardins : elles s'assirent sur un banc, et Spirituel ne tarda pas à les joindre. Quelle fut sa joie, lorsqu'il entendit parler Astre, et qu'il fut convaincu qu'il lui avait donné autant d'esprit qu'il en avait lui-même! Astre, de son côté, était enchantée de la conversation du prince; mais lorsque Diamantine lui eut appris l'obligation qu'elle avait à Spirituel, sa reconnaissance lui fit oublier sa laideur, quoiqu'elle le vît parfaitement, car il faisait clair de lune. « Que je vous ai d'obligation ! lui dit-elle ; comment pourrai-je m'acquitter envers vous ? — Vous le pouvez facilement, répondit la fée, en devenant l'épouse de Spirituel ; il ne tient qu'à vous de lui donner autant de beauté qu'il vous a donné d'esprit. — J'en serais bien fâchée, répondit Astre : Spirituel me plaît tel qu'il est ; je ne m'embarrasse guère qu'il soit beau ; il est aimable, cela me suffit. — Vous venez de finir ses malheurs, dit Diamantine : si vous eussiez succombé à la tentation de le rendre beau, vous seriez sous le pouvoir de Furie ; mais à présent vous n'avez plus rien à craindre de sa rage. Je vais vous transporter dans le royaume de Spirituel : son frère est mort, et la haine que Furie avait inspirée contre lui au peuple ne subsiste plus. » Effectivement on vit revenir Spirituel avec joie, et il n'eut pas demeuré trois mois dans son royaume qu'on s'accoutuma à son visage ; mais on ne cessa jamais d'admirer son esprit.

**BELOTE ET LAIDRONNETTE.**

IL y avait une fois un seigneur qui avait deux filles jumelles, à qui l'on avait donné deux noms qui leur convenaient parfaitement. L'aînée, qui était très belle, fut nommée *Belote*, et la seconde, qui était fort laide, fut nommée *Laidronnette*. On leur donna des maîtres, et jusqu'à l'âge de douze ans, elles s'appliquèrent à leurs exercices; mais alors leur mère fit une sottise; car, sans penser qu'il leur restait encore bien des choses

# BELOTE ET LAIDRONNETTE.

à apprendre, elle les mena avec elle dans les assemblées. Comme ses deux filles aimaient à se divertir, elles furent bien contentes de voir le monde, et elles n'étaient plus occupées que de cela, même pendant le temps de leurs leçons, en sorte que leurs maîtres commencèrent à les ennuyer. Elles trouvèrent mille prétextes pour ne plus apprendre : tantôt il fallait célébrer le jour de leur naissance; une autre fois elles étaient priées à un bal, à une assemblée, et il fallait passer le jour à se coiffer, en sorte qu'on écrivait souvent des cartes aux maîtres pour les prier de ne point venir. D'un autre côté, les maîtres, qui voyaient que les deux petites filles ne s'appliquaient plus, ne se souciaient pas beaucoup de leur donner des leçons; car, dans ce pays, les maîtres ne donnaient pas leçon seulement pour gagner de l'argent, mais pour avoir le plaisir de voir avancer leurs écolières. Ils n'y allaient donc guère souvent, et les jeunes filles en étaient bien aises. Elles vécurent ainsi jusqu'à quinze ans; et à cet âge, Belote était devenue si belle, qu'elle faisait l'admiration de tous ceux qui la voyaient.

Quand la mère menait ses filles en compagnie, tous les cavaliers faisaient la cour à Belote; l'un louait sa bouche, l'autre ses yeux, sa main, sa taille; et pendant qu'on lui donnait toutes ces louanges, on ne pensait seulement pas que sa sœur fût au monde. Laidronnette mourait de dépit d'être laide, et bientôt elle prit un grand dégoût pour le monde et les compagnies, où tous les honneurs et les préférences étaient pour sa sœur. Elle commença donc à souhaiter de ne plus sortir; et un jour qu'elles étaient priées à une assemblée qui devait finir par un bal, elle dit à sa mère qu'elle avait mal à la tête, et qu'elle souhaitait de rester à la maison. Elle s'y ennuya d'abord à mourir, et, pour passer le temps, elle fut à la bibliothèque de sa mère pour chercher un roman, et bien fâchée de ce que sa sœur en avait emporté la clef.

Son père avait aussi une bibliothèque, mais c'étaient des livres sérieux, et elle les haïssait beaucoup. Elle fut pourtant forcée d'en prendre un; c'était un recueil de lettres; et en ouvrant le livre, elle trouva celle que je vais vous rapporter.

« Vous me demandez d'où vient que la plus grande partie des belles personnes sont extrêmement sottes et stupides : je crois pouvoir vous en dire la raison. Ce n'est pas qu'elles aient moins d'esprit que les autres en venant au monde; mais c'est qu'elles négligent de le cultiver. Toutes les femmes ont de la vanité, elles veulent plaire. Une laide connaît qu'elle ne peut être aimée à cause de son visage; cela lui donne la pensée de se distinguer par son esprit. Elle étudie donc beaucoup, et elle parvient à devenir aimable malgré la nature. La belle, au contraire, n'a qu'à se montrer pour plaire, sa vanité est satisfaite ; comme elle ne réfléchit jamais, elle ne pense pas que sa beauté n'aura qu'un temps ; d'ailleurs elle est si occupée de sa parure, du soin de courir les assemblées pour se montrer, pour recevoir des louanges, qu'elle n'aurait pas le temps de cultiver son esprit, quand même elle en connaîtrait la nécessité. Elle devient donc une sotte, tout occupée de puérilités, de chiffons, de spectacle ; cela dure jusqu'à trente ans, quarante ans au plus, pourvu que la petite-vérole, ou quelque autre maladie, ne vienne pas déranger sa beauté plus tôt. Mais quand on n'est plus jeune, on ne peut plus rien apprendre : ainsi cette belle fille, qui ne l'est plus, reste une sotte pour toute sa vie, quoique la nature lui ait donné autant d'esprit qu'à une autre ; au lieu que la laide, qui est devenue fort aimable, se moque des maladies et de la vieillesse, qui ne peuvent rien lui ôter. »

Laidronnette, après avoir lu cette lettre, qui semblait avoir été écrite pour elle, résolut de profiter des vérités qu'elle lui avait découvertes. Elle redemande ses maîtres, s'applique à la lecture, fait de bonnes réflexions sur ce qu'elle lit, et en peu de temps devient une fille de mérite. Quand elle était obligée de suivre sa mère dans les compagnies, elle se mettait toujours à côté des personnes en qui elle remarquait de l'esprit et de la raison ; elle leur faisait des questions, et retenait toutes les bonnes choses qu'elle leur entendait dire; elle prit même l'habitude de les écrire, pour s'en mieux souvenir; et à dix-sept ans, elle parlait et écrivait si bien, que toutes les personnes de mérite se faisaient un plaisir de la connaître, et d'entretenir un commerce de lettres avec elle. Les deux sœurs se marièrent le même jour.

Belote épousa un jeune prince qui était charmant, et qui n'avait que vingt-deux ans.

Laidronnette épousa le ministre de ce prince; c'était un homme de quarante-cinq ans. Il avait reconnu l'esprit de cette fille, et il l'estimait beaucoup; car le visage de celle qu'il prenait pour sa femme n'était pas propre à lui inspirer de l'amour; il avoua même à Laidronnette qu'il n'avait que de l'amitié pour elle : c'était justement ce qu'elle demandait; elle n'était point jalouse de sa sœur, qui épousait un prince qui était si fort amoureux d'elle, qu'il ne pouvait la quitter une minute, et qu'il rêvait d'elle toute la nuit.

Belote fut fort heureuse pendant trois mois; mais au bout de ce temps, son mari, qui l'avait vue tout à son aise, commença à s'accoutumer à sa beauté, et à penser qu'il ne fallait pas renoncer à tout pour sa femme. Il fut à la chasse, et fit d'autres parties de plaisir dont elle n'était pas; ce qui parut fort extraordinaire à Belote; car elle s'était persuadée que son mari l'aimerait toujours de la même force, et elle se crut la plus malheureuse personne du monde quand elle vit que son amour diminuait. Elle lui en fit des plaintes; il se fâcha : ils se raccommodèrent; mais comme ces plaintes recommençaient tous les jours, le prince se fatigua de l'entendre. D'ailleurs Belote, ayant eu un fils, devint maigre, et sa beauté diminua considérablement; en sorte qu'à la fin, son mari qui n'aimait en elle que cette beauté, ne l'aima plus du tout. Le chagrin qu'elle en conçut acheva de gâter son visage; et comme elle ne savait rien, sa conversation était fort ennuyeuse.

Les jeunes gens s'ennuyaient avec elle, parce qu'elle était triste; les personnes les plus âgées et qui avaient du bon sens s'ennuyaient aussi avec elle, parce qu'elle était sotte; en sorte qu'elle restait seule presque toute la journée. Ce qui augmentait son désespoir c'est que sa sœur Laidronnette était la plus heureuse personne du monde. Son mari la consultait sur ses affaires; il lui confiait tout ce qu'il pensait, il se conduisait par ses conseils, et disait partout que sa femme était le meilleur ami qu'il eût au monde.

Le prince même, qui était un homme d'esprit, se plaisait dans la conversation de sa belle-sœur, et disait qu'il n'y avait pas moyen de rester une demi-heure sans bâiller avec Belote, parce qu'elle ne savait parler que de coiffures et ajustemens, en quoi il ne connaissait rien.

Son dégoût pour sa femme devint tel, qu'il l'envoya

à la campagne, où elle eut le temps de s'ennuyer tout à son aise, et où elle serait morte de chagrin, si sa sœur Laidronnette n'avait pas eu la charité de l'aller voir le plus souvent qu'elle pouvait.

Un jour qu'elle tâchait de la consoler, Belote lui dit : «Mais ma sœur, d'où vient donc la différence qu'il y a entre vous et moi? Je ne puis m'empêcher de voir que vous avez beaucoup d'esprit, et que je ne suis qu'une sotte; cependant, quand nous étions jeunes, on disait que j'en avais pour le moins autant que vous.»

Laidronnette alors raconta son aventure à sa sœur, et lui dit : «Vous êtes fort fâchée contre votre mari, parce qu'il vous a envoyée à la campagne, et cependant cette chose que vous regardez comme le plus grand malheur de votre vie peut faire votre bonheur, si vous le voulez. Vous n'avez pas encore dix-neuf ans, ce serait trop tard pour vous appliquer, si vous étiez dans la dissipation de la ville; mais la solitude dans laquelle vous vivez vous laisse tout le temps nécessaire pour cultiver votre esprit. Vous n'en manquez pas, ma chère sœur, mais il faut l'orner par la lecture et les réflexions.»

Belote trouva d'abord beaucoup de difficutés à suivre les conseils de sa sœur, par l'habitude qu'elle avait contractée de perdre son temps en niaiseries; mais à force de se gêner, elle y réussit, et fit des progrès surprenans dans toutes les sciences, à mesure qu'elle devenait aussi raisonnable : et comme la philosophie la consolait de ses malheurs, elle reprit son embonpoint, et devint plus belle qu'elle n'avait jamais été; mais elle ne s'en souciait plus du tout, et ne daignait pas même se regarder dans le miroir.

Cependant son mari avait pris un si grand dégoût pour elle, qu'il fit casser son mariage. Ce dernier malheur pensa l'accabler, car elle aimait tendrement son mari; mais sa sœur Laidronnette vint à bout de la consoler. « Ne vous affligez pas, lui disait-elle; je sais le moyen de vous rendre votre mari : suivez seulement mes conseils, et ne vous embarrassez de rien. »

Comme le prince avait eu un fils de Belote, qui devait être son héritier, il ne se pressa point de prendre une autre femme, et ne pensa qu'à se bien divertir. Il goûtait extrêmement la conversation de Laidronnette, et il lui disait quelquefois qu'il ne se marierait jamais, à moins qu'il ne trouvât une femme qui eût autant d'esprit qu'elle. « Mais si elle était aussi laide que moi? lui répondit-elle en riant. — En vérité, madame, lui dit le prince, cela ne m'arrêterait pas un moment : on s'accoutume à un laid visage; le vôtre ne me paraît plus choquant, par l'habitude que j'ai de vous voir : quand vous parlez, il ne s'en faut de rien que je ne vous trouve jolie; et puis à vous dire la vérité, Belote m'a dégoûté des belles; toutes les fois que j'en rencontre une, j'ai dans la tête qu'elle est stupide, je n'ose lui parler, dans la crainte qu'elle ne me réponde une sottise. »

Cependant le temps du carnaval arriva, et le prince crut qu'il se divertirait beaucoup, s'il pouvait courir le bal sans être connu de personne. Il ne se confia qu'à Laidronnette, et la pria de se masquer avec lui ; car, comme elle était sa belle-sœur, personne ne pouvait y trouver à redire, et quand on l'aurait su, cela n'aurait pu nuire à sa réputation.

Cependant Laidronnette en demanda la permission à son mari, qui y consentit d'autant plus volontiers, qu'il avait lui-même mis cette fantaisie en tête au prince pour faire réussir le dessein qu'il avait de le reconcilier avec Belote.

Il écrivit à cette princesse abandonnée, de concert avec son épouse, qui marqua en même temps à sa sœur comment le prince devait être habillé.

Dans le milieu du bal, Belote vint s'asseoir entre son mari et sa sœur, et commença une conversation extrêmement agréable avec eux : d'abord le prince crut reconnaître la voix de sa femme ; mais elle n'eut pas parlé un demi-quart d'heure, qu'il perdit le soupçon qu'il avait eu au commencement. Le reste de la nuit passa si vite, à ce qui lui sembla, qu'il se frotta les yeux quand le jour parut, croyant rêver, et demeura charmé de l'esprit de l'inconnue, qu'il ne put jamais engager à se démasquer : tout ce qu'il en put obtenir, c'est qu'elle reviendrait au premier bal, avec le même habit. Le prince s'y trouva des premiers ; et quoique l'inconnue y arrivât un quart d'heure après lui, il l'accusa de paresse, et lui jura qu'il s'était beaucoup impatienté. Il fut encore plus charmé de l'inconnue cette seconde fois que la première, et avoua à Laidronnette qu'il était amoureux comme un fou de cette personne.

« J'avoue qu'elle a beaucoup d'esprit, lui répondit sa confidente ; mais, si vous voulez que je vous dise mon sentiment, je soupçonne qu'elle est encore plus laide que moi : elle connaît que vous l'aimez, et craint de perdre votre cœur, quand vous verrez son visage. — Ah ! madame dit le prince, que ne peut-elle lire dans mon âme ! L'amour qu'elle m'a inspiré est indépendant de ses traits : j'admire ses lumières, l'étendue de ses connaissances, la supériorité de son esprit, et la bonté de son cœur. — Comment pouvez-vous juger de la bonté de son cœur ? lui dit Laidronnette. — Je vais vous le dire, reprit le prince : quand je lui ai fait remarquer de belles femmes, elle les a louées de bonne foi, et elle m'a même fait remarquer avec adresse des beautés qu'elles avaient, et qui échappaient à ma vue. Quand j'ai voulu, pour l'éprouver, lui conter les mauvaises histoires qu'on mettait sur le compte de ces femmes, elle a détourné adroitement le discours, ou bien elle m'a interrompu, pour me raconter quelque belle action de ces personnes ; et enfin, quand j'ai voulu continuer, elle m'a fermé la bouche en me disant qu'elle ne pouvait souffrir la médisance. Vous voyez bien, madame, qu'une femme qui n'est point jalouse de celles qui sont belles ; une femme qui prend plaisir à dire du bien du prochain, une femme qui ne peut souffrir la médisance, doit être d'un excellent caractère, et ne peut manquer d'avoir un bon cœur. Que me manquera-t-il pour être heureux avec une telle femme, quand même elle serait aussi laide que vous le pensez ? Je suis donc résolu à lui déclarer mon nom, et à lui offrir de partager ma puissance. »

Effectivement, dans le premier bal, le prince apprit sa qualité à l'inconnue, et lui dit qu'il n'y avait point de bonheur à espérer pour lui, s'il n'obtenait pas sa main. Malgré ses offres, Belote s'obstina à demeurer masquée, ainsi qu'elle en était convenue avec sa sœur. Voilà le pauvre prince dans une inquiétude épouvantable. Il pensait, comme Laidronnette, que cette personne si spirituelle devait être un monstre, puisqu'elle avait tant de répugnance à se laisser voir ; mais, quoiqu'il se la peignît de la manière du monde la plus désagréable, cela ne diminuait point l'attachement, l'estime et le respect qu'il avait conçus pour son esprit et pour sa vertu.

Il était tout prêt à tomber malade de chagrin, lorsque l'inconnue lui lui dit : « Je vous aime, mon prince, et je ne chercherai point à vous le cacher : mais, plus mon amour est grand, plus je crains de vous perdre quand vous me connaîtrez. Vous vous figurez peut-être que j'ai de grands yeux, une petite bouche, de belles dents, un teint de lis et de roses : et si par aventure j'allais me trouver avec des yeux louches, une grande bouche, un nez canard, des dents gâtées, vous me prieriez bien vite de remettre mon masque. D'ailleurs, quand je ne serais pas si horrible, je sais que vous êtes inconstant : vous avez aimé Belote à la folie, et cependant vous vous en êtes dégoûté. — Ah! madame, lui dit le prince, soyez mon juge; j'étais jeune quand j'épousai Belote, et je vous avoue que je ne m'étais jamais occupé qu'à la regarder, et point à l'écouter; mais lorsque je fus son mari, et que l'habitude de la voir eût dissipé mon illusion, imaginez-vous si ma situation dut être bien agréable. Quand je me trouvais seul avec mon épouse, elle me parlait d'une robe nouvelle qu'elle devait mettre le lendemain, des souliers de celle-ci, des diamans de celle-là. S'il se trouvait à ma table une personne d'esprit, et que l'on voulût parler de quelque chose de raisonnable, Belote commençait par bâiller, et finissait par s'endormir. Je voulus essayer de l'engager à s'instruire, cela l'impatienta; elle était si ignorante qu'elle me faisait trembler et rougir toutes les fois qu'elle ouvrait la bouche : d'ailleurs elle avait tous les défauts des sottes : quand elle s'était fourré une chose dans la tête, il n'était pas possible de l'en faire revenir en lui donnant de bonnes raisons, car elle ne pouvait les comprendre. Encore s'il m'avait été permis de me désennuyer d'un autre côté, j'aurais pris patience; mais ce n'était pas là son compte : elle aurait voulu que le sot amour qu'elle m'avait inspiré eût duré toute ma vie, et m'eût rendu son esclave. Vous voyez bien qu'elle m'a mis dans la nécessité de faire casser mon mariage. — J'avoue que vous étiez à plaindre, lui répondit l'inconnue; mais tout ce que vous me dites ne me rassure point. Vous dites que vous m'aimez; voyez si vous serez assez hardi pour m'épouser aux yeux de tous vos sujets, sans m'avoir vue. — Je suis le plus heureux de tous les hommes, puisque vous ne demandez que cela répondit le prince, venez dans mon palais avec Laidronnette, et demain, dès le matin, je ferai assembler mon conseil pour vous épouser à ses yeux. » Le reste de la nuit parut bien long au prince; et avant de quitter le bal, s'étant démasqué, il ordonne à tous les seigneurs de la cour de se rendre dans son palais, et fit avertir tous ses ministres.

Ce fut en leur présence qu'il raconta ce qui lui était arrivé avec l'inconnue; et, après avoir fini son discours, il jura de n'avoir jamais d'autre épouse qu'elle, telle que pût être sa figure.

Il n'y eut personne qui ne crût comme le prince, que celle qu'il épousait ainsi ne fût horrible à voir.

Quelle fut la surprise de tous les assistans, lorsque Belote s'étant démasquée, leur fit voir la plus belle personne qu'on pût imaginer?

Ce qu'il y eut de plus singulier, c'est que le prince ni les autres ne la reconnurent pas d'abord, tant le repos et la solitude l'avaient embellie; on disait seulement tout bas que l'autre princesse lui ressemblait en laid.

Le prince, extasié d'être trompé si agréablement, ne pouvait parler; mais Laidronnette rompit le silence pour féliciter sa sœur du retour de la tendresse de son époux.

« Quoi! s'écria le roi, cette charmante et spirituelle personne est Belote? Par quel enchantement a-t-elle joint aux charmes de sa figure ceux de l'esprit et du caractère qui lui manquaient absolument? Quelque fée favorable a-t-elle fait ce miracle en sa faveur?

— Il n'y a point de miracle, reprit Belote; j'avais négligé de cultiver les dons de la nature; mes malheurs, la solitude, et les conseils de ma sœur, m'ont ouvert les yeux, et m'ont aidée à acquérir des grâces à l'épreuve du temps et des maladies.

— Et ces grâces m'ont inspiré un attachement à l'épreuve de l'inconstance, lui dit le prince en l'embrassant. »

Effectivement, il l'aima toute sa vie avec une fidélité qui lui fit oublier ses malheurs passés.

## JOLIETTE.

Il y avait un jour un seigneur et une dame qui étaient mariés depuis plusieurs années sans avoir d'enfans : ils croyaient qu'il ne leur manquait que cela pour être heureux, car ils étaient riches et estimés de tout le monde. A la fin ils eurent une fille, et toutes les fées qui étaient dans le pays vinrent à son baptême pour lui faire des dons. L'une dit qu'elle serait belle comme un ange; l'autre qu'elle danserait à ravir;

une troisième, qu'elle ne serait jamais malade; une quatrième, qu'elle aurait beaucoup d'esprit. La mère était bien joyeuse de tous les dons qu'on faisait à sa fille : belle, spirituelle, une bonne santé, des talens! qu'est-ce qu'on pouvait donner de mieux à cette enfant, qu'on nommait *Joliette?* On se mit à table pour se divertir; mais lorsqu'on eut à moitié soupé, on vint dire au père de Joliette que la reine des fées, qui passait par là, voulait entrer. Toutes les fées se levèrent pour aller au-devant de leur reine; mais elle avait un visage si sévère, qu'elle les fit toutes trembler.

« Mes sœurs, dit-elle, lorsqu'elle fut assise, est-ce ainsi que vous employez le pouvoir que vous avez reçu du ciel? Pas une de vous n'a pensé à douer Joliette d'un bon cœur, d'inclinations vertueuses. Je vais tâcher de remédier au mal que vous lui avez fait; je la doue d'être muette jusqu'à l'âge de vingt ans; plût à Dieu qu'il fût en mon pouvoir de lui ôter absolument l'usage de la langue. »

En même temps, la fée disparut, et laissa le père et la mère de Joliette dans le plus grand désespoir du monde, car il ne concevaient rien de plus triste que d'avoir une fille muette. Cependant Joliette devenait charmante; elle s'efforçait de parler quand elle eut deux ans, et l'on connaissait par ses petits gestes qu'elle entendait tout ce qu'on lui disait, et qu'elle mourait d'envie de répondre. On lui donna toutes sortes de maîtres, et elle apprenait avec une promptitude surprenante : elle avait tant d'esprit, qu'elle se faisait entendre par gestes, et rendait compte à sa mère de tout ce qu'elle voyait ou entendait. D'abord on admirait cela ; mais le père qui était un homme de bon sens, dit à sa femme : « Ma chère, vous laissez prendre une mauvaise habitude à Joliette, c'est un petit espion. Qu'avons-nous besoin de savoir tout ce qui se fait dans la ville ? On ne se méfie pas d'elle, parce qu'elle est un enfant, et qu'on sait qu'elle ne peut pas parler, et elle vous fait savoir tout ce qu'elle entend : il faut la corriger de ce défaut, il n'y a rien de plus vilain que d'être une rapporteuse. »

La mère, qui idolâtrait Joliette, et qui était naturellement curieuse, dit à son mari qu'il n'aimait pas cette pauvre enfant, parce qu'elle avait le défaut d'être muette, qu'elle était déjà assez malheureuse avec son infirmité ; et qu'elle ne pouvait se résoudre à la rendre encore plus misérable en la contredisant. Le mari, qui ne se paya pas de ces mauvaises raisons, prit Joliette en particulier, et lui dit : « Ma chère enfant, vous me chagrinez. La bonne fée qui vous a rendue muette avait sans doute prévu que vous seriez une rapporteuse ; mais à quoi cela sert-il que vous ne puissiez parler, puisque vous vous faites entendre par signes ? savez-vous ce qu'il arrivera ? Vous vous ferez haïr de tout le monde ; on vous fuira comme si vous aviez la peste, et on aura raison; car vous causerez plus de mal que cette affreuse maladie. Un rapporteur brouille tout le monde, et cause des maux épouvantables; pour moi, si vous ne vous corrigez pas, je souhaiterais de tout mon cœur que vous fussiez aussi aveugle et sourde. »

Joliette n'était pas méchante; c'était par étourderie qu'elle découvrait ce qu'elle avait vu; ainsi elle lui promit par signes qu'elle se corrigerait. Elle en avait l'intention; mais, deux ou trois jours après, elle entendit une dame qui se moquait d'une de ses amies : elle savait écrire alors, et elle mit sur un papier ce qu'elle avait entendu. Elle avait écrit cette conversation avec tant d'esprit, que sa mère ne put s'enpêcher de rire de ce qu'il avait de plaisant, et d'admirer le style de sa fille. Joliette avait de la vanité : elle fut si contente des louanges que sa mère lui donna, qu'elle écrivait tout ce qui se passait devant elle. Ce que son père lui avait prédit arriva; elle se fit haïr de tout le monde. On se cachait d'elle; on parlait bas quand elle entrait, et on craignait de se trouver dans les assemblées dont elle était priée. Malheureusement pour elle, son père mourut quand elle n'avait que douze ans; et personne ne lui faisant plus honte de son défaut, elle prit une telle habitude de rapporter, qu'elle le faisait même sans y penser; elle passait toute la journée à espionner les

domestiques qui la haïssaient comme la mort : si elle
était dans un jardin, elle faisait semblant de dormir
pour entendre les discours de ceux qui se promenaient.
Mais comme plusieurs parlaient à-la-fois, et qu'elle
n'avait pas assez de mémoire pour retenir ce que l'on
disait, elle faisait dire aux uns ce que les autres avaient
dit ; elle écrivait le commencement d'un discours sans
en entendre la fin, ou la fin sans en savoir le commencement. Il n'y avait pas de semaine qu'il n'y eût vingt
tracasseries ou querelles dans la ville ; et quand on venait à examiner d'où venaient ces bruits, on découvrait
que cela provenait des rapports de Joliette. Elle brouilla
sa mère avec toutes ses amies, et fit battre trois ou quatre personnes.

Cela dura jusqu'au jour où elle eut vingt ans ; elle
attendait ce jour avec une grande impatience, pour
parler tout à son aise, il vint enfin, et la reine des fées,
se présentant devant elle, lui dit : « Joliette, avant de
vous rendre l'usage de la parole, dont certainement
vous abuserez, je vais vous faire voir tous les maux que
vous avez causés par vos rapports. »

En même temps, elle lui présenta un miroir, et elle
vit un homme suivi de trois enfans qui demandaient
l'aumône avec leur père.

« Je ne connais pas cet homme, dit Joliette, qui parlait pour la première fois ; quel mal lui ai-je causé ? —

Cet homme était un riche marchand, lui répondit la fée; il avait dans son magasin beaucoup ne marchandises; mais il manquait d'argent comptant. Cet homme vint emprunter une somme à votre père pour payer une lettre-de-change; vous écoutiez à la porte du cabinet, et vous fîtes connaître la situation de ce marchand à plusieurs personnes à qui il devait de l'argent : cela lui fit perdre son crédit; tout le monde voulut être payé, et la justice s'étant mêlée de cette affaire, le pauvre homme et ses enfans sont réduits à l'aumône depuis neuf ans. —Ah! mon Dieu, madame! dit Joliette, je suis au désespoir d'avoir commis ce crime; mais je suis riche, je veux réparer le mal que j'ai fait, en rendant à cet homme le bien que je lui ai fait perdre par mon imprudence. »

Après cela, Joliette vit une belle femme dans une chambre dont les fenêtres étaient garnies de grilles de fer; elle était couchée sur la paille, ayant une cruche d'eau et un morceau de pain à côté d'elle; ses grands cheveux noirs tombaient sur ses épaules, et son visage était baigné de ses larmes. « Ah, mon Dieu! dit Joliette, je connais cette dame; son mari l'a menée en France depuis deux ans, et il a écrit qu'elle était morte. Serait-il bien possible que je fusse la cause de l'affreuse situation de cette dame?—Oui, Joliette, répondit la fée; mais ce qu'il y a de plus terrible, c'est que vous êtes encore la cause de la mort d'un homme que le mari de cette

dame a tué. Vous souvenez-vous qu'un soir, étant dans
un jardin, sur un banc, vous fîtes semblant de dormir,
pour entendre ce que disaient ces deux personnes; vous
comprîtes par leurs discours qu'ils s'aimaient, et vous
le fîtes savoir à toute la ville. Ce bruit vint jusqu'aux
oreilles du mari de cette dame, qui est un homme fort
jaloux; il tua ce cavalier, et a mené cette dame en
France; il l'a fait passer pour morte, afin de pouvoir la
tourmenter plus long-temps. Cependant cette pauvre
dame était innocente. Le gentilhomme lui parlait de
l'amour qu'il avait pour une de ses cousines qu'il voulait épouser; mais comme ils parlaient bas, vous n'avez
entendu que la moitié de leur conversation que vous
avez écrite et cela a causé ces horribles malheurs. —
Ah! s'écria Joliette, je suis une malheureuse, je ne mérite
pas de voir le jour. — Attendez à vous condamner que
vous ayez reconnu tous vos crimes, lui dit la fée. Regardez cet homme couché dans ce cachot, chargé de
chaînes; vous avez découvert une conversation fort innocente que tenait cet homme : et comme vous ne l'aviez
écoutée qu'à moitié, vous avez cru entendre qu'il était
d'intelligence avec les ennemis du roi. Un jeune étourdi,
fort méchant homme, une femme aussi babillarde que
vous, qui n'aimaient pas ce pauvre homme qui est prisonnier, ont répété et augmenté ce que vous leur aviez
fait entendre de cet homme; ils l'ont fait mettre dans ce

cachot, d'où il ne sortira que pour assommer le rapporteur à coups de bâton, et vous traiter comme la dernière des femmes, si jamais il vous rencontre. »

Après cela, la fée montra à Joliette quantité de domestiques sur le pavé, et manquant de pain; des maris séparés de leurs femmes, des enfans déshérités par leurs pères, et tout cela à cause de ses rapports. Joliette était inconsolable et promit de se corriger.

« Vous êtes trop vieille pour vous corriger, lui dit la fée; des défauts qu'on a nourris jusqu'à vingt ans, ne se corrigent pas après cela quand on le veut; je ne sais qu'un remède à cela, c'est d'être aveugle, sourde et muette pendant dix ans, et de passer tout ce temps à réfléchir sur les malheurs que vous avez causés. »

Joliette n'eut pas le courage de consentir à un remède qui lui paraissait si terrible : elle promit pourtant de ne rien épargner pour devenir silencieuse; mais la fée lui tourna le dos sans vouloir l'écouter; car elle savait bien que si elle avait eu une vraie envie de se corriger, elle en aurait pris les moyens. Le monde est plein de ces sortes de gens, qui disent : « Je suis bien fâchée d'être gourmande, colère, menteuse; je souhaiterais de tout mon cœur me corriger ».

Ils mentent assurément; car, si on leur dit : « Pour corriger votre gourmandise, il ne faut jamais manger hors de vos repas, et rester toujours sur votre appétit, quand vous sortez de table; pour vous guérir de votre colère, il faut vous imposer une bonne pénitence toutes les fois que vous vous emporterez» : si on leur dit de se servir de ces moyens, ils répondent?« Cela est trop difficile. « C'est-à-dire qu'ils voudraient que Dieu fît un miracle pour les corriger tout d'un coup, sans qu'il leur en coûtât aucune peine. Voilà précisément comment pensait Joliette; mais avec cette bonne volonté, on ne se corrige de rien. Comme elle était détestée de toutes les personnes qui la connaissaient, malgré son esprit, sa beauté et ses talens, elle résolut d'aller demeurer dans un autre pays. Elle vendit donc tout son bien, et partit avec sa sotte mère. Elles arrivèrent dans une grande ville, où l'on fut d'abord charmé de Joliette. Plusieurs seigneurs la demandèrent en mariage, et elle en choisit un qu'elle aimait passionnément. Elle vécut un an fort heureuse avec lui. Comme la ville dans laquelle elle demeurait était bien grande, on ne connut pas sitôt qu'elle était une rapporteuse, parce qu'elle voyait beaucoup de gens qui ne se connaissaient pas les uns les autres. Un jour, après souper, son mari parlait de plusieurs personnes, et il vint à dire qu'un tel seigneur n'était pas un fort honnête homme, parce qu'il lui avait vu faire plusieurs mauvaises actions. Deux jours après, Joliette étant dans une grande mascarade, un homme couvert d'un *domino*, la pria de danser, et vint ensuite s'asseoir auprès d'elle.

Comme elle parlait bien, il s'amusa beaucoup de sa conversation, d'autant plus qu'elle savait toutes les histoires scandaleuses de la ville, et qu'elle les racontait avec beaucoup d'esprit. La femme du seigneur, dont son mari lui avait parlé, vint à danser; et Joliette dit à ce masque qui avait un *domino* : «Cette femme est fort aimable, c'est bien dommage qu'elle soit mariée à un malhonnête homme. — Connaissez-vous le mari dont vous parlez si mal ? lui demanda le masque. — Non, répondit Joliette; mais mon mari, qui le connaît parfaitement, m'a raconté plusieurs vilaines histoires qui sont sur son compte : » et tout de suite Joliette raconta ces histoires, qu'elle augmenta selon la mauvaise habitude qu'elle avait prise, afin d'avoir occasion de faire briller son esprit. Le masque l'écouta très attentivement, et elle était fort aise de l'attention qu'il lui donnait, parce qu'elle pensait qu'il l'admirait. Quand elle eut fini, il se leva, et un quart d'heure après, on vint dire à Joliette que son mari se mourait, parce qu'il s'était battu contre un homme auquel il avait ôté la réputation. Joliette courut tout en pleurs au lieu où était son mari, qui n'avait plus qu'un quart d'heure à vivre.

« Retirez-vous mauvaise créature, lui dit cet homme mourant, c'est votre langue et vos rapports qui m'ôtent la vie; » et peu de temps après il expira. Joliette, qui l'aimait à la folie, le voyant mort, se jeta toute furieuse sur son épée, et se la passa au travers du corps. Sa mère, qui vit cet horrible spectacle, en fut si saisie, qu'elle en tomba malade de chagrin, et mourut aussi, en maudissant sa curiosité et la sotte complaisance qu'elle avait eue pour sa fille, dont elle avait causé la perte.

**LE PRINCE DÉSIR.**

Il il avait une fois un roi qui aimait passionnément une princesse; mais elle ne pouvait pas se marier, parce qu'elle était enchantée. Il fut consulter une fée, pour savoir comment il devait faire pour être aimé de cette princesse. La fée lui dit : « Vous savez que la princesse a un gros chat qu'elle aime beaucoup; elle doit épouser celui qui sera assez adroit pour marcher sur la queue de son chat. » Le prince dit en lui-même :

« Cela ne sera pas fort difficile. » Il quitta donc la fée, déterminé à écraser la queue du chat, plutôt que de manquer à marcher dessus. Il courut au palais de sa maîtresse; Minon vint au-devant de lui, faisant le gros dos, comme il avait coutume : le roi leva le pied; mais lorsqu'il croyait l'avoir mis sur sa queue, Minon se retourna si vite, qu'il ne prit rien sous son pied. Il fut pendant huit jours à chercher à marcher sur cette fatale queue; mais il semblait qu'elle fût pleine de vif-argent, car elle remuait toujours. Enfin, le roi eut le bonheur de surprendre Minon pendant qu'il était endormi, et lui appuya le pied sur la queue de toute sa force. Minon se réveilla en miaulant horriblement, puis tout-à-coup il prit la figure d'un grand homme, et regardant le prince avec des yeux pleins de colère, il lui dit : « Tu épouseras la princesse, puisque tu as détruit l'enchantement qui t'en empêchait; mais je m'en vengerai. Tu auras un fils qui sera toujours malheureux, jusqu'au moment où il connaîtra qu'il aura le nez trop long; et si tu parles de la menace que je te fais, tu mourras sur-le-champ. » Quoique le roi fût fort effrayé de voir ce grand homme qui était un enchanteur, il ne put s'empêcher de rire de cette menace. « Si mon fils a le nez trop long, dit-il en lui-même, à moins qu'il ne soit aveugle ou manchot, il pourra toujours le voir et le sentir. » L'enchanteur ayant disparu, le roi fut trouver la princesse, qui consentit à l'épouser; mais il ne vécut pas long-temps avec elle, et mourut au bout de huit mois. Un mois après, la reine mit au monde un petit prince qu'on nomma *Désir*. Il avait de grands yeux bleus, les plus beaux du monde, une jolie petite bouche; mais son nez était si grand, qu'il lui couvrait la moitié du visage. La reine fut inconsolable, quand elle vit ce grand nez; mais les dames qui étaient à côté d'elle, lui dirent que ce nez n'était pas aussi grand qu'il le lui paraissait; que c'était un nez à la romaine, et qu'on voyait par les histoires, que tous les héros avaient eu un grand nez. La reine, qui aimait son fils à la folie, fut charmée de ce discours, et à force de regarder Désir, son nez ne lui parut plus si grand! Le prince fut élevé avec soin; sitôt qu'il sut parler, on faisait devant lui toutes sortes de mauvais contes sur les personnes qui avaient le nez court. On ne souffrait auprès de lui que ceux dont le nez ressemblait un peu au sien; et les courtisans, pour faire leur cour à la reine et à son fils, tiraient plusieurs fois par jour le nez de leurs petits enfans, pour le faire allonger : mais ils avaient beau faire; ils paraissaient camards auprès du prince Désir. Quand il fut raisonnable, on lui apprit l'histoire; et quand on lui parlait de quelque grand prince ou de quelque belle princesse, on disait toujours qu'ils avaient le nez long. Toute sa chambre était pleine de tableaux où il y avait de grands nez; et Désir s'accoutuma si bien à regarder la longueur du nez comme une perfection, qu'il n'eût pas voulu pour une couronne faire ôter une ligne du sien. Lorsqu'il eut vingt ans, et qu'on pensa à le marier, on lui présenta le portrait de plusieurs princesses. Il fut enchanté de celui de *Mignone*. C'était la fille d'un grand roi, et elle devait avoir plusieurs royaumes; mais Désir n'y pensait seulement pas, tant il était occupé de sa beauté. Cette princesse, qu'il trouvait charmante, avait pourtant un petit nez retroussé, qui faisait le plus joli effet du monde sur son visage, mais qui jeta les courtisans dans le plus grand embarras. Ils avaient pris l'habitude de se moquer des petits nez, et il leur échappait quelquefois de rire de celui de la princesse; mais Désir n'entendait pas raillerie sur cet article, et il chassa de sa cour deux courtisans qui avaient osé parler mal du nez de Mignone. Les autres, devenus sages par cet exemple, se corrigèrent, et il y en eut un qui dit au prince, qu'à la vérité un homme ne pouvait pas être aimable sans avoir un grand nez; mais que la beauté des femmes était différente, et qu'un savant lui avait dit avoir lu dans un vieux manuscrit grec, que la belle Cléopâtre avait le bout du nez retroussé. Le prince fit un présent magnifique à celui qui lui dit cette bonne nouvelle, et il fit partir des ambassadeurs pour aller demander Mignone en mariage. On la lui accorda, et il fut au-devant d'elle à plus de trois lieues, tant il avait envie de la voir; mais lorsqu'il s'avançait pour lui baiser la main, on vit descendre l'enchanteur, qui enleva la princesse à ses yeux, et le rendit inconsolable. Désir résolut de ne point rentrer dans son royaume, qu'il n'eût retrouvé Mignone. Il ne voulut permettre à aucun de ses courtisans de le suivre; et étant monté sur un bon cheval, lui mit la bride sur le cou, et lui laissa prendre le chemin qu'il voulut. Le cheval entra dans une grande plaine, où il marcha toute la journée sans trouver une seule maison. Le maître et l'animal mouraient de faim; enfin, sur le soir, il vit une caverne où il y avait de la lumière. Il y entra, et vit une petite vieille qui paraissait avoir plus de cent ans. Elle mit ses lunettes pour regarder le prince, mais elle fut long-temps sans pouvoir les faire tenir, parce que son nez était trop court. Le prince et la fée (car c'en était une) firent chacun un éclat de rire en se regardant, et s'écrièrent tous deux en même temps : «Ah, quel drôle de nez!—Pas si drôle que le vôtre, dit Désir à la fée; mais, madame, laissons nos nez pour ce qu'ils sont, et soyez assez bonne pour me donner quelque chose à manger, car je meurs de faim, aussi bien que mon pauvre cheval. — De tout mon cœur, lui dit la fée. Quoique votre nez soit ridicule, vous n'en êtes pas moins le fils du meilleur de mes amis. J'aimais le roi votre père comme mon frère; il avait le nez fort bien fait, ce prince.—Et que manque-

t-il au mien? dit Désir.—Oh! il n'y manque rien, dit la fée; au contraire, il n'y a que trop d'étoffe : mais n'importe, on peut être fort honnête homme, et avoir le nez trop long. Je vous disais donc que j'étais l'amie de votre père; il venait me voir souvent dans ce temps-là. Savez-vous bien que j'étais fort jolie alors : il me le disait. Il faut que je vous conte une conversation que nous eûmes ensemble, la dernière fois qu'il me vit.—Hé, madame, dit Désir, je vous écouterai avec bien du plaisir quand j'aurai soupé : pensez, s'il vous plaît, que je n'ai pas mangé d'aujourd'hui. — Le pauvre garçon, dit la fée, il a raison, je n'y pensais pas. Je vais donc vous donner à souper, et pendant que vous mangerez, je vous dirai mon histoire en quatre paroles, car je n'aime pas les longs discours; une langue trop longue est encore plus insupportable qu'un grand nez, et je me souviens, quand j'étais jeune, qu'on m'admirait, parce que je n'étais pas une grande parleuse; on le disait à la reine ma mère; car telle que vous me voyez, je suis la fille d'un grand roi. Mon père...—Votre père mangeait quand il avait faim, lui dit le prince en l'interrompant.—Oui, sans doute, lui dit la fée, et vous souperez aussi tout-à-l'heure : je voudrais vous dire seulement, que mon père...
—Et moi, je ne veux rien écouter que je n'aie à manger, dit le prince, qui commençait à se mettre en colère. » Il se radoucit pourtant, car il avait besoin de la fée, et

lui dit : «Je sais que le plaisir que j'aurais en vous écoutant, pourrait faire oublier ma faim; mais mon cheval, qui ne vous entendra pas, a besoin de prendre quelque nourriture. » La fée se rengorgea à ce compliment. «Vous ne m'entendrez pas davantage, lui dit-elle en appelant ses domestiques; vous êtes bien poli, et malgré la grandeur énorme de votre nez, vous êtes fort aimable.
—Peste soit de la vieille avec mon nez! dit le prince en lui-même; on dirait que ma mère lui a volé l'étoffe qui manque au sien; si je n'avais pas besoin de manger, je laisserais là cette babillarde, qui croit être une petite parleuse. Il faut être bien sot, pour ne pas connaître ses défauts; voilà ce que c'est d'être née princesse; les flatteurs l'ont gâtée, et lui ont persuadé qu'elle parlait peu.» Pendant que le prince pensait cela, les servantes mettaient la table et le prince admirait la fée, qui leur faisait mille questions, seulement pour avoir le plaisir de parler : il admirait surtout une femme de chambre qui, à propos de tout ce qu'elle voyait, louait sa maîtresse sur sa discrétion. «Parbleu, pensait-il en mangeant, je suis charmé d'être venu ici. Cet exemple me fait voir combien j'ai fait sagement de ne pas écouter les flatteurs. Ces gens-là nous louent effrontément, nous cachent nos défauts et les changent en perfections; pour moi, je ne serai jamais leur dupe, je connais mes défauts, dieu merci. » Le pauvre Désir le croyait bonne-

ment, et ne sentait pas que ceux qui avaient loué son
nez, se moquaient de lui comme la femme de chambre
de la fée se moquait d'elle; car le prince vit qu'elle se
tournait de temps en temps pour rire. Pour lui, il ne
disait mot, et mangeait de toutes ses forces. «Mon prince,
lui dit la fée, quand il commençait à être rassasié, tour-
nez-vous un peu, je vous prie, votre nez fait une ombre qui m'empêche de voir ce qui est sur mon assiette.
Ah çà, parlons de votre père : j'allais à sa cour dans le
temps qu'il n'était qu'un petit garçon, mais il y a quarante ans que je suis retirée dans cette solitude. Dites-moi
un peu comment l'on vit à la cour à présent; les dames
aiment-elles toujours à courir? De mon temps on les
voyait le même jour à l'assemblée, aux spectacles, aux
promenades, au bal....... Que votre nez est long! je ne
puis m'accoutumer à le voir. — En vérité, lui répondit
Désir, cessez de parler de mon nez, il est comme il est,
que vous importe? j'en suis content, je ne voudrais pas
qu'il fût plus court, chacun l'a comme il peut. —Oh!
je vois bien que cela vous fâche, mon pauvre Désir, dit
la fée; n'est pourtant pas mon intention; au contraire,
je suis de vos amies, et je veux vous rendre service; mais
malgré cela, je ne puis m'empêcher d'être choquée de
votre nez; je ferai pourtant en sorte de ne vous en plus
parler, je m'efforcerai même de penser que vous êtes
camard, quoiqu'à dire la vérité il y ait assez d'étoffe

dans ce nez pour en faire trois raisonnables. » Désir, qui avait soupé, s'impatienta tellement des discours sans fin que la fée faisait sur son nez, qu'il se jeta sur son cheval, et sortit. Il continua son voyage, et partout où il passait, il croyait que tout le monde était fou, parce que tout le monde parlait de son nez; mais malgré cela, on l'avait si bien accoutumé à s'entendre dire que son nez était beau, qu'il ne put jamais convenir avec lui-même qu'il fût trop long. La vieille fée qui voulait lui rendre service malgré lui, s'avisa d'enfermer Mignone dans un palais de cristal, et mit ce palais sur le chemin du prince. Désir, transporté de joie, s'efforça de le casser; mais il n'en put venir à bout : désespéré, il voulut s'approcher pour parler du moins à la princesse, qui, de son côté, approchait aussi sa main de la glace. Il voulait baiser cette main ; mais, de quelque côté qu'il se tournât, il ne pouvait y porter la bouche, parce que son nez l'en empêchait. Il s'aperçut, pour la première fois, de son extraordinaire longueur, et le prenant avec sa main pour le ranger de côté : « Il faut avouer, dit-il, que mon nez est trop long. » Dans le moment, le palais de cristal tomba par morceaux, et la vieille qui tenait Mignone par la main, dit au prince : « Avouez que vous m'avez beaucoup d'obligation ; j'avais beau vous parler de votre nez, vous n'en auriez jamais reconnu le défaut, s'il ne fût devenu un obstacle à ce que vous souhaitiez.

# LE PRINCE DÉSIR.

C'est ainsi que l'amour-propre nous cache les difformités de notre âme et de notre corps. La raison a beau chercher à nous les dévoiler, nous n'en convenons qu'au moment où ce même amour-propre les trouve contraires à ses intérêts. » Désir, dont le nez était devenu un nez ordinaire, profita de cette leçon. Il épousa Mignone, et vécut heureux avec elle un fort grand nombre d'années.

# CONTES DE FÉES

DE

FÉNÉLON.

FLORISE.

Une paysanne connaissait dans son voisinage une fée. Elle la pria de venir à une de ses couches, où elle eut une fille. La fée prit d'abord l'enfant entre ses bras, et dit à la mère : « choisissez, elle sera, si vous voulez, belle comme le jour, d'un esprit encore plus charmant que sa beauté, et reine d'un royaume, mais mais malheureuse; ou bien elle sera laide et paysanne comme vous, mais contente dans sa condition. » La paysanne choisit d'abord pour cet enfant la beauté et l'esprit avec une couronne, au hasard de quelque malheur. Voilà la petite fille, dont la beauté commence déjà à effacer toutes celles qu'on avait jamais vues. Son esprit était doux, poli, insinuant : elle apprenait tout ce qu'on voulait lui apprendre, et le savait bientôt mieux que ceux qui le lui avaient appris. Elle dansait sur l'herbe les jours de fête avec plus de grâces que toutes ses compagnes. Sa voix était plus touchante qu'aucun instrument de musique, et elle faisait elle-même les chansons qu'elle chantait. D'abord, elle ne savait point qu'elle était belle; mais en jouant avec ses compagnes sur le bord d'une claire fontaine, elle se vit, elle remarqua combien elle était différente des autres, elle s'admira. Tout le pays, qui accourait en foule pour la voir, lui fit encore plus connaître ses charmes. Sa mère, qui comptait sur les prédictions de la fée, la regardait déjà comme une reine, et la gâtait par ses complaisances. La jeune fille ne voulait ni filer, ni coudre, ni garder les moutons : elle s'amusait à cueillir des fleurs, à en parer sa tête, à chanter et à danser à l'ombre des bois. Le roi de ce pays-là était fort puissant; et il n'avait qu'un fils, nommé *Rosimond*, qu'il voulait marier. Il ne put jamais se résoudre à entendre parler d'aucune princesse des états voisins, parce qu'une fée lui avait assuré qu'il trouverait une paysanne plus belle et plus parfaite que toutes les princesses du monde. Il prit la résolution de faire assembler toutes les jeunes villageoises de son royaume au-dessous de dix-huit ans, pour choisir celle qui serait la plus digne d'être choisie. On exclut d'abord une quantité innombrable de filles, qui n'avaient qu'une médiocre beauté, et on en sépara trente qui surpassaient infiniment toutes les autres. Florise (c'est le nom de notre jeune fille) n'eut pas de peine à être mise dans ce nombre. On rangea ces trente filles au milieu d'une grande salle, dans une espèce d'amphithéâtre, où le roi et son fils pouvaient les regarder toutes à-la-fois. Florise parut d'abord, au milieu de toutes les autres, ce qu'une belle anémone paraîtrait parmi des soucis, ou ce qu'un oranger fleuri paraîtrait au milieu des buissons sauvages : le roi s'écria qu'elle méritait la couronne, Rosimond se crut heureux de posséder Florise. On lui ôta ses habits de village; on lui en donna qui étaient tout brodés d'or. En un instant, elle se vit couverte de perles et de diamans. Un grand nombre de dames étaient occupées à la servir. On ne songeait qu'à deviner ce qui pouvait lui plaire, pour le lui donner avant qu'elle eût la peine de le demander. Elle était logée dans un magnifique appartement du palais, qui n'avait, au lieu de tapisseries, que de grandes glaces de miroir de toute la hauteur des chambres et des cabinets, afin qu'elle eût le plaisir de voir sa beauté multipliée de tous côtés, et que le prince pût l'admirer en quelque endroit qu'il jetât les yeux. Rosimond avait quitté la chasse, le jeu, tous les exercices du corps, pour être sans cesse auprès d'elle; et comme le roi son père était mort bientôt après le mariage, c'était la sage Florise, devenue reine, dont les conseils décidaient de toutes les affaires de l'état. La reine, mère du nouveau roi, nommée Gronipote, fut jalouse de sa belle-fille. Elle était artificieuse, maligne, cruelle. La vieillesse avait ajouté une affreuse difformité à sa laideur naturelle, et elle ressemblait à une furie. La beauté de Florise la faisait paraître encore plus hideuse, et l'irritait à tout moment : elle ne pouvait souffrir qu'une si belle personne la défigurât : elle craignait aussi son esprit, et elle s'abandonna à toutes les fureurs de l'envie.

« Vous n'avez point de cœur, disait-elle souvent à son fils, d'avoir voulu épouser cette petite paysanne, et vous avez la bassesse d'en faire votre idole : elle est fière, comme si elle était née dans la place où elle est. Quand le roi votre père voulut se marier, il me préféra à toute autre, parce que j'étais la fille d'un roi égal à lui. C'est ainsi que vous deviez faire. Renvoyez cette petite bergère dans son village, et songez à quelque jeune princesse dont la naissance vous convienne. »

Rosimond résistait à sa mère; mais Gronipote enleva un jour un billet que Florise écrivait au roi, et le donna à un jeune homme de la cour, qu'elle obligea d'aller porter ce billet au roi, comme si Florise lui avait témoigné toute l'amitié qu'elle ne devait avoir que pour le roi seul. Rosimond, aveuglé par la jalousie, et par les conseils malins que lui donna sa mère, fit enfermer Florise pour toute sa vie dans une haute tour, bâtie sur la pointe d'un rocher, qui s'élevait dans la mer. Là, elle pleurait nuit et jour, ne sachant par quelle injustice le roi, qui l'avait tant aimée, la traitait si indignement. Il ne lui était permis de voir qu'une vieille femme, à qui Gronipote l'avait confiée, et qui lui insultait à tout moment dans cette prison. Alors Florise se ressouvint de son village, de sa cabane, et de tous ses plaisirs champêtres. Un jour, pendant qu'elle était accablée de douleur, et qu'elle déplorait l'aveuglement de sa mère, qui avait mieux aimé qu'elle fût belle et reine malheureuse, que bergère laide et contente dans son état, la vieille qui la traitait si mal vint lui dire, que le roi envoyait un bourreau pour lui couper la tête, et qu'elle n'avait plus qu'à se résoudre à la mort. Florise répondit qu'elle était prête à recevoir le coup. En effet, le bourreau envoyé par les ordres du roi sur les conseils de Gronipote, tenait un grand coutelas pour l'exécution, quand il parut une femme, qui dit qu'elle venait dire deux mots en secret à Florine avant sa mort. La vieille la laissa parler avec elle, parce que cette personne lui parut une des dames du palais; mais c'était la fée qui avait prédit les malheurs de Florise à sa naissance, et qui avait pris la figure de cette dame de la reine-mère. Elle parla à Florise en particulier, en faisant retirer tout le monde.

« Voulez-vous lui dit-elle, renoncer à la beauté qui vous a été si funeste? voulez-vous quitter le titre de reine, reprendre vos anciens habits et retourner dans votre village? » Florise fut ravie d'accepter cette offre. La fée lui appliqua sur le visage un masque enchanté : aussitôt les traits de son visage devinrent grossiers et perdirent toute leur proportion : elle devint aussi laide qu'elle avait été belle et agréable. En cet état, elle n'était plus reconnaissable; et elle passa sans peine au travers de tous ceux qui étaient venus là pour être témoins de son supplice; elle suivit la fée, et repassa avec elle dans son pays. On eut beau chercher Florise, on ne put la trouver en aucun endroit de la tour. On alla en porter la nouvelle au roi et à Gronipoté, qui la firent encore chercher, mais inutilement, par tout le royaume. La fée l'avait rendue à sa mère, qui ne l'eût pas connue dans un si grand changement si elle n'en eût été avertie. Florise fut contente de vivre laide, pauvre et inconnue dans son village, où elle gardait des moutons. Elle entendait tous les jours raconter ses aventures et déplorer ses malheurs. On en avait fait des chansons qui faisaient pleurer tout le monde : elle prenait plaisir à les chanter souvent avec ses compagnes, et elle en pleurait comme les autres; mais elle se croyait heureuse en gardant son troupeau, et ne voulut jamais découvrir à personne qui elle était.

**ALFAROUTE ET CLARIPHILE.**

Il y avait un roi nommé *Alfaroute*, qui était craint de tous ses voisins et aimé de tous ses sujets. Il était sage, bon, juste, vaillant, habile : rien ne lui manquait. Une fée vint le trouver, et lui dit qu'il lui arriverait bientôt de grands malheurs, s'il ne se servait pas de la bague qu'elle lui mit doigt. Quand il tournait le diamant de la bague en dedans de sa main, il devenait d'abord invisible ; et dès qu'il le retournait

## ALFAROUTE ET CLARIPHILE

en dehors, il était visible comme auparavant. Cette bague lui fut très commode, et lui fit grand plaisir. Quand il se défiait de quelqu'un de ses sujets, il allait dans le cabinet de cet homme, avec son diamant tourné en dedans : il entendait, et voyait tous les secrets domestiques sans être aperçu. S'il craignait les desseins de quelque roi voisin de son royaume, il s'en allait jusque dans ses conseils les plus secrets, où il apprenait tout, sans être jamais découvert. Ainsi il prévenait sans peine tout ce qu'on voulait faire contre lui : il détourna plusieurs conjurations formées contre sa personne, et déconcerta ses ennemis, qui voulaient l'accabler. Il ne fut pourtant pas content de sa bague, et il demanda à la fée un moyen de se transporter en un moment d'un pays dans un autre, pour pouvoir faire un usage plus prompt et plus commode de l'anneau qui le rendait invisible.

La fée lui répondit en soupirant : « Vous en demandez trop. Craignez que ce dernier don ne vous soit nuisible. »

Il n'écouta rien, et la pressa toujours de le lui accorder. « Hé bien, dit-elle, il faut donc malgré moi vous donner ce que vous vous repentirez d'avoir. »

Alors, elle lui frotta les épaules d'une liqueur odoriférante. Aussitôt il sentit deux petites ailes qui naissaient sur son dos. Ces petites ailes ne paraissaient point sous ses habits; mais quand il avait résolu de voler, il n'avait qu'à les toucher avec la main; aussitôt elles devenaient si longues, qu'il était en état de surpasser infiniment le vol rapide d'un aigle. Dès qu'il ne voulait plus voler, il n'avait qu'à retoucher ses ailes; d'abord elles se rapetissaient, en sorte qu'on ne pouvait les apercevoir sous ses habits.

Par ce moyen, le roi allait partout en peu de momens : il savait tout, et l'on ne pouvait concevoir par où il devinait tant de choses; car il se renfermait et paraissait demeurer presque toute la journée dans son cabinet, sans que personne osât y entrer. Dès qu'il y était, il se rendait invisible par sa bague, étendait ses ailes en les touchant, et parcourait des pays immenses.

Par là il s'engagea dans de grandes guerres, où il remporta toutes les victoires qu'il voulut; mais comme il voyait sans cesse les secrets des hommes, il les connut si méchans et si dissimulés, qu'il n'osait plus se fier à personne. Plus il devenait puissant et redoutable, moins il était aimé; et il voyait qu'il n'était aimé d'aucun de ceux mêmes à qui il avait fait de plus grands biens.

Pour se consoler, il résolut d'aller dans tous les pays du monde, chercher une femme parfaite qu'il pût épouser, dont il pût être aimé, et par laquelle il pût se rendre heureux. Il la chercha long-temps; et comme il voyait tout sans être vu, il connaissait les secrets les plus impénétrables. Il alla dans toutes les cours : il trouva partout des femmes dissimulées, qui voulaient être aimées, et qui s'aimaient trop elles-mêmes pour aimer de bonne foi un mari. Il passa dans toutes les maisons particulières. L'une avait l'esprit léger et inconstant ; l'autre était artificieuse, l'autre hautaine ; l'autre bizarre ; presque toutes fausses, vaines et idolâtres de leurs personnes. Il descendit jusqu'aux plus basses conditions, et il trouva enfin la fille d'un pauvre laboureur, belle comme le jour, mais simple et ingénue dans sa beauté qu'elle comptait pour rien, et qui était en effet sa moindre qualité ; car elle avait un esprit et une vertu qui surpassaient toutes les grâces de sa personne. Toute la jeunesse de son voisinage s'empressait pour la voir : et chaque jeune homme eût cru assurer le bonheur de sa vie en l'épousant.

Le roi Alfaroute ne put la voir sans en être passionné. Il la demanda à son père, qui fut transporté de joie de voir que sa fille serait une grande reine.

Clariphile (c'était son nom) passa de la cabane de son père dans un riche palais, où une cour nombreuse la reçut. Elle n'en fut point éblouie : elle conserva sa simplicité, sa modestie, sa vertu, et elle n'oublia point d'où elle était venue, lorsqu'elle fut au comble des honneurs.

Le roi redoubla sa tendresse pour elle, et crut, enfin,

qu'il parviendrait à être heureux. Peu s'en fallait qu'il ne le fût déjà, tant il commençait à se fier au bon cœur de la reine. Il se rendait à toute heure invisible pour l'observer, et pour la surprendre ; mais il ne découvrait rien en elle qu'il ne trouvât digne d'être admiré. Il n'y avait plus qu'un reste de jalousie et de défiance, qui le troublait encore un peu dans son amitié.

La fée, qui lui avait prédit les suites funestes de son dernier don, l'avertissait souvent, et il en fut importuné. Il donna ordre qu'on ne la laissât plus entrer dans le palais, et dit à la reine qu'il lui défendait de la recevoir.

La reine promit, avec beaucoup de peine, d'obéir ; parce qu'elle aimait fort cette bonne fée. Un jour la fée voulant instruire la reine sur l'avenir, entra chez elle sous la figure d'un officier, et déclara à la reine qui elle était. Aussitôt la reine l'embrassa tendrement.

Le roi, qui était alors invisible, l'aperçut, et fut transporté de jalousie jusqu'à la fureur. Il tira son épée, et en perça la reine qui tomba mourante entre ses bras.

Dans ce moment, la fée reprit sa véritable figure. Le roi la reconnut, et comprit l'innocence de la reine. Alors il voulut se tuer. La fée arrêta le coup, et tâcha de le consoler. La reine en expirant, lui dit : » Quoique je meure de votre main, je meurs toute à vous. »

# ALFAROUTE ET CLARIPHILE.

Alfaroute déplora son malheur d'avoir voulu, malgré la fée, un don qui lui était si funeste. Il lui rendit la bague, et la pria de lui ôter ses ailes. Le reste de ses jours se passa dans l'amertume et dans la douleur. Il n'avait point d'autre consolation que d'aller pleurer sur le tombeau de Clariphile.

## PÉRONNELLE.

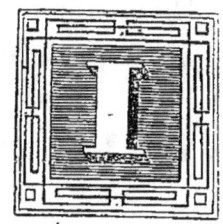L était une fois une reine si vieille, si vieille, qu'elle n'avait plus ni dents ni cheveux : sa tête branlait comme les feuilles que le vent remue : elle ne voyait plus même avec ses lunettes : le bout de son nez et celui de son menton se touchaient. Elle était rapetissée de la moitié, et tout en un peloton, avec le dos si courbé, qu'on aurait cru qu'elle avait toujours été contrefaite.

Une fée, qui avait assisté à sa naissance, l'aborda, et lui dit : « voulez-vous rajeunir ? — Volontiers, répondit la reine. Je donnerais tous mes joyaux pour n'avoir que vingt ans. — Il faut donc, continua la fée, donner votre vieillesse à quelque autre, dont vous prendrez la jeunesse et la santé. A qui donnerons-nous vos ans? »

La reine fit chercher partout quelqu'un qui voulût être vieux pour la rajeunir. Il vint beaucoup de gueux, qui voulaient vieillir pour être riches; mais quand ils avaient vu la reine tousser, cracher, râler, vivre de bouillie, être sale, hideuse, puante, souffrante, et radoter un peu, ils ne voulaient plus se charger de ses années; ils aimaient mieux mendier, et porter des haillons. Il venait aussi des ambitieux, à qui elle promettait de grands rangs et de grands honneurs. « Mais que faire de ces rangs? disaient-ils après l'avoir vue; nous n'oserions nous montrer, étant si dégoutans et si horribles. » Enfin, il se présenta une jeune fille du village, belle comme le jour, qui demanda la couronne pour prix de sa jeunesse : elle se nommait *Péronnelle*.

La reine s'en fâcha d'abord; mais que faire? à quoi sert-il de se fâcher? Elle voulait rajeunir.

« Partageons, dit-elle à Péronnelle, mon royaume : vous en aurez une moitié, et moi l'autre. C'est bien assez pour vous, qui êtes une petite paysanne. — Non : répondit la fille, ce n'est pas assez pour moi : je veux tout. Laissez-moi ma condition de paysanne avec mon teint fleuri, je vous laisserai vos cent ans avec vos rides, et la mort qui vous talonne. — Mais aussi, répondit la reine, que ferais-je si je n'avais point de royaume? — Vous ririez, vous danseriez, vous chanteriez comme moi, lui dit cette fille. »

En parlant ainsi, elle se mit à rire, à danser et à chanter.

La reine, qui était bien loin d'en faire autant, lui dit : « Que feriez-vous en ma place? Vous n'êtes point accoutumée à la viellesse. — Je ne sais pas, dit la paysanne, ce que je ferais; mais je voudrais bien l'essayer : car j'ai toujours ouï dire qu'il est beau d'être reine. »

Pendant qu'elles étaient en marché, la fée survint, qui dit à la paysanne : « Voulez-vous faire votre apprentissage de vieille reine, pour savoir si ce métier vous accommodera? — Pourquoi non? dit la fille. »

A l'instant les rides couvrent son front; ses cheveux blanchissent; elle devint grondeuse et rechignée; sa tête branle, et toutes ses dents aussi; elle a déjà cent ans.

la fée ouvre une petite boîte, et en tire une foule d'officiers et de courtisans richement vêtus, qui croissent à mesure qu'ils en sortent, et qui rendent mille respects à la nouvelle reine.

On lui sert un grand festin; mais elle est dégoûtée, et ne saurait mâcher; elle est honteuse et étonnée; elle

## PÉRONNELLE.

ne sait que dire, ni que faire ; elle tousse à crever ; elle crache sur son menton ; elle a au nez une roupie gluante qu'elle essuie avec sa manche ; elle se regarde au miroir, et elle se trouve plus laide qu'une guenuche.

Cependant, la véritable reine était dans un coin, qui riait, et qui commençait à devenir jolie : ses cheveux revenaient, et ses dents aussi : elle reprenait un bon teint, frais et vermeil ; elle se redressait avec mille petites façons ; mais elle était crasseuse, court vêtue, avec ses habits sales, qui semblaient avoir été traînés dans les cendres. Elle n'était pas accoutumée à cet équipage ; et les gardes la prenant pour quelque servante de cuisine, voulaient la chasser du palais.

Alors Péronnelle lui dit : « Vous voilà bien embarrassée de n'être plus reine, et moi encore davantage de l'être : tenez, voilà votre couronne, rendez-moi ma cotte grise. »

L'échange fut aussitôt fait ; la reine de revieillir, et la paysanne de rajeunir. A peine le changement fut fait, que toutes deux s'en repentirent ; mais il n'était plus temps. La fée les condamna à demeurer chacune dans sa condition.

La reine pleurait tous les jours dès qu'elle avait mal au bout du doigt ; elle disait : « Hélas ! si j'étais Péronnelle, à l'heure que je parle, je serais logée dans une chaumière, et je vivrais de châtaignes : mais je danserais sous l'orme avec les bergers au son de la flûte. Que me sert d'avoir un beau lit, où je ne fais que souffrir, et tant de gens qui ne peuvent me soulager? »

Ce chagrin augmenta ses maux : les médecins, qui étaient sans cesse douze autour d'elle, les augmentèrent aussi. Enfin elle mourut au bout de deux mois. Péronnelle faisait une danse ronde le long d'un clair ruisseau avec ses compagnes, quand elle apprit la mort de la reine : alors elle reconnut qu'elle avait été plus heureuse que sage, d'avoir perdu la royauté. La fée revint la voir, et lui donna à choisir de trois maris, l'un vieux, chagrin, désagréable, jaloux et cruel, mais riche, puissant et très grand seigneur, qui ne pourrait ni jour ni nuit se passer de l'avoir auprès de lui : l'autre bien fait, doux, commode, aimable et d'une grande naissance; mais pauvre et malheureux en tout : le dernier, paysan comme elle, qui ne serait ni beau ni laid, qui ne l'aimerait ni trop ni trop peu; qui ne serait ni riche ni pauvre. Elle ne savait lequel prendre; car naturellement elle aimait fort les beaux habits, les équipages et les grands honneurs; mais la fée lui dit : « Allez, vous êtes une sotte. Voyez-vous ce paysan? voilà le mari qu'il vous faut. Vous aimeriez trop le second; vous seriez trop aimée du premier; tous deux vous rendraient malheureuse : c'est bien assez que le troisième ne vous batte point. Il vaut mieux danser sur l'herbe ou sur la fougère que dans un palais, et être Péronnelle dans le village, qu'une dame malheureuse dans le beau monde. Pourvu que vous n'ayez aucun regret aux grandeurs, vous serez heureuse avec votre laboureur toute votre vie. »

**ROSIMOND ET BRAMINTE.**

Il était une fois un jeune homme plus beau que le jour, nommé *Rosimond*, et qui avait autant d'esprit et de vertu que son frère aîné *Braminte* était mal fait, désagréable, brutal et méchant. Leur mère, qui avait horreur de son fils aîné, n'avait des yeux que pour le cadet. L'aîné, jaloux, inventa une calomnie horrible pour perdre son frère. Il dit à son père que Rosimond allait souvent chez un voisin qui était son ennemi, pour lui rapporter tout ce qui se passait au logis, et pour lui donner des moyens d'empoisonner son père. Le père, fort emporté, battit cruellement son fils, le mit tout en sang, puis le tint trois jours en prison sans nourriture, et enfin le chassa de sa maison, en le menaçant de le tuer s'il revenait jamais. La mère, épouvantée, n'osa rien dire : elle ne fit que gémir. L'enfant s'en alla pleurant, et ne sachant où se retirer, il traversa sur le soir un grand bois.

La nuit le surprit au pied d'un rocher : il se mit à l'entrée d'une caverne, sur un tapis de mousse, où coulait un clair ruisseau, et il s'y endormit de lassitude.

Au point du jour, en s'éveillant, il vit une belle femme montée sur un cheval gris, avec une housse en broderie d'or, qui paraissait aller à la chasse.

« N'avez-vous pas vu passer un cerf et des chiens ? » lui dit-elle. Il répondit que non. Puis elle lui dit : « Il me semble que vous êtes affligé. Qu'avez-vous ? lui dit-elle, Tenez, voilà une bague qui vous rendra le plus heureux et le plus puissant des hommes, pourvu que vous n'en abusiez jamais. Quand vous tournerez le diamant en dedans, vous serez d'abord invisible. Dès que vous le retournerez en dehors, vous paraîtrez à découvert. Quand vous mettrez l'anneau à votre petit doigt, vous paraîtrez le fils du roi, suivi de toute une cour magnifique. Quand vous le mettrez au quatrième doigt, vous paraîtrez dans votre figure naturelle. » Aussitôt le jeune homme comprit que c'était une fée qui lui parlait.

Après ces paroles, elle s'enfonça dans les bois; pour lui, il s'en retourna aussitôt chez son père, avec impatience de faire l'essai de sa bague. Il vit et entendit tout ce qu'il voulut sans être découvert. Il ne tint qu'à lui de se venger de son frère, sans s'exposer à aucun danger. Il se montra seulement à sa mère, l'embrassa, et lui dit toute sa merveilleuse aventure.

Ensuite mettant l'anneau enchanté à son petit doigt, il parut tout-à-coup comme le prince fils du roi, avec cent beaux chevaux, et un grand nombre d'officiers richement vêtus.

Son père fut bien étonné de voir le fils du roi dans sa petite maison. Il était embarrassé, ne sachant quels respects il devait lui rendre.

Alors Rosimond lui demanda combien il avait de fils? « Deux, répondit le père. — Je veux les voir. Faites-les venir tout-à-l'heure, lui dit Rosimond. Je veux les emmener tous deux à la cour, pour faire leur fortune. »

Le père, intimidé, répondit en hésitant : « Voilà l'aîné que je vous présente. — Où est donc le cadet? je veux le voir aussi, dit encore Rosimond. — Il n'est pas ici, dit le père : je l'avais châtié pour une faute, et il m'a quitté. »

Alors Rosimond lui dit : « Il fallait l'instruire, mais non pas le chasser : donnez-moi toujours l'aîné, qu'il me suive; et vous, dit-il parlant au père, suivez deux gardes, qui vous conduiront au lieu que je leur marquerai. ».

Aussitôt deux gardes emmenèrent le père; et la fée dont nous avons parlé, l'ayant trouvé dans une forêt, elle le frappa d'une verge d'or, et le fit entrer dans une caverne sombre et profonde, où il demeura enchanté. « Demeurez-y, dit-elle, jusqu'à ce que votre fils vienne vous en tirer. »

Cependant le fils alla à la cour du roi, dans un temps où le jeune prince s'était embarqué pour aller faire la guerre dans une île éloignée. Il avait été emporté par les vents sur des côtes inconnues, où, après un naufrage, il était captif chez un peuple sauvage.

Rosimond parut à la cour comme s'il eût été le prince qu'on croyait perdu. Il dit qu'il était revenu par le secours de quelques marchands, sans lesquels il serait péri : il fit la joie publique.

Le roi parut si transporté, qu'il ne pouvait parler; et il ne se lassait point de l'embrasser ce fils qu'il avait cru mort.

La reine fut encore plus attendrie. On fit de grandes réjouissances dans tout le royaume.

Un jour, celui qui passait pour le prince, dit à son

véritable frère : « Braminte, vous voyez que je vous ai tiré de votre village pour faire votre fortune : mais je sais que vous êtes un menteur, et que vous avez par vos impostures causé le malheur de votre frère Rosimond : il est ici caché. Je veux que vous lui parliez, et qu'il vous reproche vos impostures. »

Braminte, tremblant, se jeta à ses pieds, et lui avoua sa faute. « N'importe, dit Rosimond, je veux que vous parliez à votre frère et que vous lui demandiez pardon. Il sera bien généreux s'il vous pardonne : vous ne le méritez pas. Il est dans mon cabinet, où je vous le ferai voir tout-à-l'heure. Cependant, je vais dans une chambre voisine, pour vous laisser librement avec lui. »

Braminte entra pour obéir dans le cabinet. Aussitôt Rosimond changea son anneau, passa dans cette chambre, et puis il entra par une autre porte de derrière avec sa figure naturelle, où Braminte fut bien honteux de le voir. Il lui demanda pardon, et il lui promit de réparer toutes ses fautes.

Rosimond l'embrassa en pleurant, lui pardonna, et lui dit : « Je suis en pleine faveur auprès du prince. Il ne tient qu'à moi de vous faire périr, ou de vous tenir toute votre vie dans une prison ; mais je veux être aussi bon pour vous que vous avez été méchant pour moi. »

Braminte, honteux et confondu, lui répondit avec soumission, et n'osant lever les yeux, ni le nommer son frère. Ensuite Rosimond fit semblant de faire un voyage en secret, pour aller épouser une princesse d'un royaume voisin ; mais sous ce prétexte il alla voir sa mère, à laquelle il raconta tout ce qu'il avait fait à la cour, et lui donna dans le besoin quelque petit secours d'argent. Car le roi lui laissait prendre tout ce qu'il voulait ; mais il n'en prenait jamais beaucoup. Cependant, il s'éleva une furieuse guerre entre le roi et un autre roi voisin, qui était injuste et de mauvaise foi. Rosimond alla à la cour du roi ennemi, entra par le moyen de son anneau dans tous les conseils secrets de ce prince, demeurant toujours invisible. Il profita de tout ce qu'il apprit des mesures des ennemis. Il les prévint et les déconcerta en tout : il commanda l'armée contre eux ; il les défit entièrement dans une grande bataille, et conclut bientôt avec eux une paix glorieuse, à des conditions équitables. Le roi ne songeait qu'à le marier avec une princesse héritière d'un royaume voisin, et plus belle que les grâces ; mais un jour pendant, que Rosimond était à la chasse dans la même forêt où il avait autrefois trouvé la fée, elle se présenta à lui.

« Gardez-vous bien, lui dit-elle d'une voix sévère, de vous marier, comme si vous étiez le prince. Il ne faut tromper personne : il est juste que le prince, pour qui l'on vous prend, revienne succéder à son père : allez le chercher dans une île, où les vents que j'enverrai enfler les voiles de votre vaisseau vous meneront sans peine : hâtez-vous de rendre service à votre maître, contre ce qui pourrait flatter votre ambition, et songez à rentrer en homme de bien dans votre condition naturelle. Si vous ne le faites, vous serez injuste et malheureux; je vous abandonnerai à vos anciens malheurs. »

Rosimond profita sans peine d'un si sage conseil. Sous prétexte d'une négociation secrète dans un état voisin, il s'embarqua sur un vaisseau, et les vents le menèrent d'abord dans l'île où la fée lui avait dit qu'était le vrai fils du roi. Ce prince était captif chez un peuple sauvage, où on lui faisait garder des troupeaux. Rosimond invisible l'alla enlever dans les pâturages où il conduisait son troupeau, et le couvrant de son propre manteau, qui était invisible comme lui, il le délivra des mains de es peuples cruels : cils s'embarquèrent ensemble. D'autres vents, obéissant à la fée, les ramenèrent. Ils arrivèrent ensemble dans la chambre du roi. Rosimond se présenta à lui, et lui dit : « Vous m'avez cru votre fils, je ne le suis pas, mais je vous le rends : tenez, le voilà lui-même. »

Le roi, bien étonné, s'adressa à son fils, et lui dit : « N'est-ce pas vous, mon fils, qui avez vaincu mes ennemis, et qui avez fait glorieusement la paix? ou bien est-il vrai que vous avez fait un naufrage? que vous avez été captif, et que Rosimond vous a délivré ?— Oui, mon père répondit-il. C'est lui qui est venu dans le pays où j'étais captif. Il m'a enlevé : je lui dois la liberté, et le plaisir de vous revoir. C'est à lui et non pas à moi à qui vous devez la victoire. »

Le roi ne pouvait croire ce qu'on lui disait ; mais Rosimond changea sa bague, se montra au roi sous la figure du prince ; et le roi épouvanté vit à-la-fois deux hommes, qui parurent tous deux ensemble son même fils. Alors il offrit pour tant de services des sommes immenses à Rosimond, qui les refusa. Il demanda seulement au roi la grâce de conserver à son frère Braminte une charge qu'il avait à la cour. Pour lui, il craignit l'inconstance de la fortune, l'envie des hommes, et sa propre fragilité. Il voulut se retirer dans son village avec sa mère, où il se mit à cultiver la terre. La fée, qu'il revit encore dans les bois, lui montra la caverne où son père était, et lui dit les paroles qu'il fallait prononcer pour le délivrer. Il prononça avec une très sensible joie ces paroles. Il délivra son père, qu'il avait depuis long-temps impatience de délivrer, et lui donna de quoi passer doucement sa vieillesse. Rosimond fut ainsi le bienfaiteur de toute sa famille, et il eut le plaisir de faire du bien à tous ceux qui avaient voulu lui faire du mal. Après avoir fait les plus grandes choses pour la cour, il ne voulut d'elle que la liberté de vivre loin de sa corruption. Pour comble de sagesse, il craignit que son anneau ne le tentât de sortir de sa solitude, et ne le rengageât dans les grandes affaires. Il retourna dans le bois où la fée lui avait apparu si favorablement : il allait tous les jours auprès de la caverne où il avait eu le bonheur de la voir autrefois; et c'était dans l'espérance de l'y revoir. Enfin elle s'y présenta encore à lui, et il lui rendit l'anneau enchanté.

«Je vous rends, lui dit-il, un don d'un si grand prix, mais si dangereux et duquel il est si facile d'abuser. Je ne me croirai en sûreté que quand je n'aurai plus de quoi sortir de ma solitude, avec tant de moyens de contenter toutes mes passsions.»

Pendant que Rosimond rendait cette bague, Braminte, dont le méchant naturel n'était point corrigé, s'abandonna à toutes ses passions. et voulut engager le jeune prince, qui était devenu roi, à traiter indignement Rosimond.

La fée dit à Rosimond : «Votre frère, toujours imposteur, a voulu vous rendre suspect au nouveau roi, et vous perdre : il mérite d'être puni, et il faut qu'il périsse. Je m'en vais lui donner cette bague que vous me rendez.»

Rosimond pleura le malheur de son frère : puis il dit à la fée : «Comment prétendez-vous le punir par un si merveilleux présent? il en abusera pour persécuter tous les gens de bien; et pour avoir une puissance sans bornes. — Les mêmes choses, répondit la fée, sont un remède salutaire aux uns, et un poison mortel aux autres. La prospérité est la source de tous les maux pour les méchans. Quand on veut punir un scélérat, il n'y a qu'à le rendre bien puissant pour le faire périr bientôt. »

Elle alla ensuite au palais : elle se montra à Braminte sous la figure d'une vieille femme couverte de haillons ; elle lui dit : « J'ai retiré des mains de votre frère la bague que je lui avais prêtée, et avec laquelle il s'était acquis tant de gloire : recevez-la de moi, et pensez bien à l'usage que vous en ferez. »

Braminte répondit en riant : « Je ne ferai pas comme mon frère, qui fut assez insensé pour aller chercher le prince au lieu de régner en sa place. »

Braminte, avec cette bague, ne songea qu'à découvrir le secret de toutes les familles, qu'à commettre des trahisons, des meurtre et des infamies, qu'à écouter les conseils du roi, qu'à enlever des richesses des particuliers. Ses crimes invisibles étonnaient tout le monde. Le roi voyant tant de secrets découverts, ne savait à quoi attribuer cet inconvénient ; mais la prospérité sans bornes et l'insolence de Braminte lui firent soupçonner qu'il avait l'anneau enchanté de son frère. Pour le découvrir, il se servit d'un étranger d'une nation ennemie, à qui il donna une grande somme. Cet homme vint la nuit offrir à Braminte, de la part du roi ennemi, des biens et des honneurs immenses, s'il voulait lui faire savoir par des espions tout ce qu'il pourrait apprendre des secrets de son roi.

Braminte promit tout, alla même dans un lieu où on lui donna une somme très grande, pour commencer sa récompense. Il se vanta d'avoir un anneau qui le rendait invisible. Le lendemain, le roi l'envoya chercher, et le fit d'abord saisir ; on lui ôta l'anneau, et on trouva sur lui plusieurs papiers qui prouvaient ses crimes. Rosimond revint à la cour pour demander la grâce de son frère, qui lui fut refusée. On fit mourir Braminte ; et l'anneau lui fut plus funeste qu'il n'avait été utile à son frère.

Le roi, pour consoler Rosimond de la punition de Braminte lui rendit l'anneau comme un trésor d'un prix infini.

Rosimond, affligé, n'en jugea pas de même : il retourna chercher la fée dans les bois : « Tenez, lui dit-il, votre anneau. L'expérience de mon frère m'a fait comprendre ce que je n'avais pas bien compris d'abord quand vous me le dîtes. Gardez cet instrument fatal de la perte de mon frère. Hélas! il serait encore vivant ; il n'aurait pas accablé de douleur et de honte la vieillesse de mon père et de ma mère ; il serait peut-être sage et heureux, s'il n'avait jamais eu de quoi contenter ses desirs. Oh! qu'il est dangereux de pouvoir plus que les autres hommes !

Reprenez votre anneau. Malheur à ceux à qui vous le donnerez! L'unique grâce que je vous demande, c'est de ne le donner jamais à aucune des personnes pour qui je m'intéresse. »

L'OISEAU BLEU.

CONTE

DE

MADAME LA COMTESSE D'AULNOY.

## L'OISEAU BLEU.

Il était une fois un roi fort riche; sa femme mourut, il en fut inconsolable. Il s'enferma huit jours entiers dans un petit cabinet, où il se cassait la tête contre les murs : on mit des matelas entre la tapisserie et la muraille, de sorte qu'il ne se faisait plus de mal. Tous ses sujets résolurent entre eux de l'aller voir, et de lui dire ce qu'ils pourraient de plus propre à soulager sa tristesse; mais tous leurs discours ne faisaient aucune impression sur son esprit, à peine entendait-il ce qu'on lui disait. Enfin il se présenta devant lui une femme si couverte de crêpes noirs, de voiles de mantes, de longs habits de deuil, et qui pleurait et sanglotait si fort et si haut qu'il en demeura surpris.

Il la reçut mieux que les autres, et ils causèrent tant et tant, qu'ils ne savaient plus que dire sur leur douleur. Quand la fine veuve, car elle pleurait, disait-elle, le meilleur des maris, vit la matière presque épuisée, elle leva un peu ses voiles, et le roi affligé se récréa la vue à regarder cette pauvre affligée, qui tournait et retournait fort à propos deux grands yeux bleus, bordés de longues paupières noires; son teint était assez fleuri. Le roi la considéra avec beaucoup d'attention; peu-à-peu il parla moins de sa femme, puis il n'en parla plus du tout. Pour conclusion, l'on fut tout étonné qu'il épousât la veuve.

Le roi n'avait eu de son premier mariage qu'une fille, qui passait pour la huitième merveille du monde; on la nommait *Florine*. Elle n'avait que quinze ans lorsque le roi se remaria.

La nouvelle reine envoya quérir sa fille, qui avait été nourrie chez sa marraine la fée Soussio, mais elle n'en était ni plus gracieuse, ni plus belle : on l'appelait Truitonne, car son visage avait autant de taches de rousseur qu'une truite; ses cheveux noirs étaient si gras et si crasseux, que l'on n'y pouvait toucher, et sa peau jaune distillait de l'huile. La reine ne laissait pas de l'aimer à la folie; et, comme Florine avait toutes sortes d'avantages au-dessus d'elle, la reine cherchait tous les moyens possibles de la mettre mal auprès du roi.

Le roi dit un jour à la reine que Florine et Truitonne étaient assez grandes pour être mariées. « Je prétends, répliqua la reine, que ma fille soit la première établie. » Le roi y consentit.

Après quelque temps l'on apprit que le roi Charmant devait arriver. Jamais prince n'a porté plus loin la galanterie et la magnificence. Quand la reine sut cette nouvelle, elle employa tous les brodeurs, tous les tailleurs et tous les ouvriers à faire des ajustemens à Truitonne elle pria le roi que Florine n'eût rien de neuf; et, ayant gagné ses femmes, elle lui fit voler tous ses habits, toutes ses coiffures et toutes ses pierreries, le jour même que Charmant arriva; de sorte que, lorsqu'elle voulut se parer, elle ne trouva pas un ruban. Elle demeura donc avec une petite robe fort crasseuse, et sa honte était si grande, qu'elle se mit dans le coin de la salle lorsque le roi Charmant arriva.

La reine le reçut avec de grandes cérémonies; elle lui présenta sa fille. Le roi en détourna les yeux; il demanda s'il n'y avait pas encore une autre princesse appelée Florine! « Oui, dit Truitonne, en la montrant avec le doigt; la voilà qui se cache, tant elle est malpropre en guenilles. » Mais Florine rougit, et devint si belle, que le roi Charmant demeura comme un homme ébloui. Il se leva promptement, et fit une profonde révérence à la princesse. « Madame, lui dit-il, votre incomparable beauté vous pare trop, pour que vous ayez besoin d'aucuns secours étrangers. — Seigneur, répliqua-t-elle, je vous avoue que je suis peu accoutumée à porter un habit aussi malpropre que l'est celui-ci; et vous m'auriez fait plaisir de ne vous pas apercevoir de moi. — Il serait impossible, s'écria Charmant, qu'une si merveilleuse princesse pût être en quelque lieu, et que l'on eût des yeux pour d'autres que pour elle. » Et de ce moment il ne s'entretint plus qu'avec Florine.

La reine et Truitonne firent de grandes plaintes au roi, et l'obligèrent de consentir que, pendant le séjour du roi Charmant, l'on enfermât Florine dans une tour. En effet, aussitôt qu'elle fut retournée dans sa chambre, quatre hommes masqués la portèrent au haut de la tour.

Comme Charmant ne savait pas les violences que l'on venait de faire à la princesse, il attendait l'heure de la revoir avec mille impatiences; il voulut parler d'elle à ceux que le roi avait mis auprès de lui; mais, par l'ordre de la reine, ils lui dirent qu'elle était coquette, inégale, de méchante humeur; qu'elle tourmentait ses amis, ses domestiques; qu'on ne pouvait être plus mal-

propre et qu'elle poussait l'avarice au dernier point. A
ce récit, Charmant se sentait des mouvemens de colère
qu'il avait bien de la peine à modérer. « Non, disait-il
en lui-même, il est impossible que le ciel ait mis une
âme si mal faite dans le chef-d'œuvre de la nature. »

Pendant qu'il raisonnait là-dessus, un courtisan, plus
adroit que les autres, pour connaître les sentimens du
prince, se mit à dire des merveilles de la princesse.
Aussitôt, la joie se répandit sur le visage du roi.

La pauvre princesse, tandis que tout cela se passait,
était couchée par terre dans le donjon de cette terrible
tour, où des hommes masqués l'avaient emportée. « Je
serais moins à plaindre, disait-elle, si l'on m'avait mise
ici avant que j'eusse vu cet aimable roi : l'idée que j'en
conserve ne peut servir qu'à augmenter mes peines.
C'est sans doute pour m'empêcher de le voir davantage
que la reine me traite si cruellement. »

La reine, qui voulait engager le roi Charmant par
tous les témoignages qu'elle pourrait lui donner de son
attention, lui envoya des habits d'une richesse et d'une
magnificence sans pareille, et l'ordre des chevaliers
d'Amour, qu'elle avait obligé le roi d'instituer le jour
de leurs noces. On lui présenta en même temps un livre,
dont les feuilles étaient de vélin, avec des miniatures
admirables, et dans lequel les statuts de l'ordre des
chevaliers d'Amour étaient écrits d'un style fort tendre

et fort galant. L'on dit au roi que la princesse qu'il avait vue le priait d'être son chevalier, et qu'elle lui envoyait ce présent. «Quoi! la belle princesse Florine? s'écria-t-il. —Seigneur, lui dit-on, vous vous méprenez, nous venons de la part de l'aimable Truitonne.—C'est Truitonne qui me veut pour son chevallier? dit le roi d'un air froid et sérieux; je suis fâché de ne pouvoir accepter cet honneur.» Et il remit aussitôt le livre dans la même corbeille; puis il renvoya le tout chez la reine, qui pensa étouffer de rage avec sa fille.

Lorsqu'il put aller chez le roi et la reine, il se rendit dans leur appartement. Il espérait que Florine y serait; il regardait de tous côtés pour la voir. Enfin il demanda où était la princesse Florine. « Seigneur, lui dit fièrement la reine, le roi, son père, a défendu qu'elle sortît de chez elle, jusqu'à ce que ma fille fût mariée.— Et pourquoi, répliqua le roi, tenir cette belle personne prisonnière? —Je l'ignore, dit la reine.» Le roi se sentait dans une colère inconcevable : il regardait Truitonne de travers, et il quitta promptement la reine.

Quand il fut revenu dans sa chambre, il dit à un jeune prince qui l'avait accompagné, et qu'il aimait fort, de donner tout ce qu'on voudrait au monde pour gagner quelqu'une des femmes de la princesse, afin qu'il pût lui parler un moment. Ce prince trouva une des dames du palais qui l'assura que, le soir même,

Florine serait à une petite fenêtre basse qui répondait sur le jardin.

Le prince courut annoncer au roi l'heure du rendez-vous. Mais la mauvaise confidente ne manqua pas d'aller avertir la reine qui résolut d'envoyer sa fille à la petite fenêtre.

La nuit était si noire qu'il était impossible au roi de s'apercevoir de la tromperie qu'on lui faisait, de sorte qu'il s'approcha de la fenêtre avec des transports de joie inexprimables : il dit à Truitonne tout ce qu'il aurait dit à Florine, pour la persuader de sa passion, et, tirant sa bague de son doigt, et la mettant à celui de Truitonne, il ajouta que c'était un gage éternel de sa foi, et qu'elle n'avait qu'à prendre l'heure pour partir. Truitonne répondit le mieux qu'elle put à ses empressemens. Il s'apercevait bien qu'elle ne disait rien qui vaille; et cela lui aurait fait de la peine, s'il ne s'était persuadé que la crainte d'être surprise par la reine lui ôtait la liberté de son esprit : il ne la quitta qu'à condition de revenir le lendemain à pareille heure.

La reine ayant su l'heureux succès de cette entrevue, elle s'en promit tout. En effet, le jour étant concerté, le roi vint la prendre dans une chaise volante, traînée par des grenouilles ailées. Un enchanteur de ses amis lui avait fait ce présent.

La nuit était fort noire; Truitonne sortit mystérieusement, le roi la reçut entre ses bras, et lui jura cent fois une fidélité éternelle. Mais, comme il n'était pas d'humeur à voler long-temps dans sa chaise volante, sans épouser la princesse qu'il aimait, il lui demanda où elle voulait que les noces se fissent. Elle lui dit qu'elle avait pour marraine une fée qu'on nommait *Soussio*, qui était fort célèbre : qu'elle était d'avis d'aller à son château. Le roi dit à ses grenouilles de les conduire, et, en peu de temps, ils arrivèrent chez la fée Soussio.

Le château était si bien éclairé, qu'en descendant de sa chaise, le roi aurait connu son erreur, si la princesse ne s'était soigneusement couverte de son voile. Elle conta à sa marraine comme quoi elle avait attrapé Charmant, et qu'elle la priait de l'apaiser. « Ah! ma fille, dit la fée, la chose ne sera pas facile; il aime trop Florine. » Cependant le roi les attendait dans une salle dont les murs étaient de diamans si clairs et si nets, qu'il vit au travers Soussio et Truitonne causer ensemble. Il croyait rêver. « Quoi! disait-il, ai-je été trahi? les démons ont-ils apporté cette ennemie de notre repos? » Bientôt elles entrèrent dans la salle, et Soussio lui dit d'un ton absolu : « Roi Charmant, voici la princesse Truitonne à laquelle vous avez donné votre foi; elle est ma filleule, et je souhaite que vous l'épousiez tout-à-l'heure. — Moi, s'écria-t-il, moi, j'épouserais ce petit monstre! Rendez-moi ma princesse. — Est-ce que je ne le suis pas? parjure, dit Truitonne en lui montrant sa bague. A qui as-tu donné cet anneau pour gage de ta foi? — Comment donc, reprit-il, j'ai été déçu et trompé! Allons, allons, mes grenouilles, je veux partir tout-à-l'heure.

— Ho! ce n'est pas une chose en votre pouvoir, » dit Soussio. Elle le toucha, et ses pieds s'attachèrent au parquet, comme si on les y avait cloués. « Quand vous me lapideriez, lui dit le roi, je ne serai point à une autre qu'à Florine. »

Il se passa ainsi vingt jours et vingt nuits, sans que Soussio et Truitonne cessassent de parler, de crier, de menacer. Enfin Soussio dit au roi: « Choisissez, ou d'être sept ans en pénitence, ou d'épouser ma filleule. — Faites de moi tout ce que vous voudrez, s'écria le roi, pourvu que je sois délivré de cette maussade. — Maussade vous-même, dit Truitonne en colère; je vous trouve un plaisant roitelet avec votre équipage marécageux, de venir jusqu'en mon pays me dire des injures, et manquer à votre foi. — Voilà des reproches touchans, dit le roi d'un ton railleur. J'ai tort, en effet, de ne pas prendre une si belle personne pour ma femme! — Non, non, s'écria Soussio en colère, tu n'as qu'à t'envoler par cette fenêtre si tu veux: car tu seras sept ans Oiseau Bleu.

En même temps, le roi est métamorphosé en oiseau. Il jette un cri douloureux, et s'envole à tire d'aile, pour fuir le palais funeste de Soussio.

Dans la mélancolie qui l'accable, il voltige de branche en branche, et ne choisit que les arbres consacrés à l'amour ou à la tristesse, tantôt sur les myrtes, tantôt sur les cyprès; il chante des airs pitoyables, où il déplore sa mauvaise fortune et celle de Florine.

D'un autre côté, la fée Soussio renvoya Truitonne à la reine, qui, apprenant tout ce qui venait d'arriver, monta dans la tour avec sa fille, qu'elle avait parée de ses plus riches habits : elle portait une couronne de diamans sur sa tête, et trois filles des plus riches barons de l'état tenaient la queue de son manteau royal; elle avait au pouce l'anneau du roi Charmant, que Florine remarqua le jour qu'ils parlèrent ensemble. Elle fut étrangement surprise de voir Truitonne dans un si pompeux appareil. « Voilà ma fille qui vient vous apporter des présens de sa noce, dit la reine; le roi Charmant l'a épousée. » Assitôt on étale devant la princesse des étoffes d'or et d'argent, des pierreries, des dentelles, des rubans.

La princesse Florine, ne pouvant plus douter de son malheur, s'évanouit, et la cruelle reine, ravie d'avoir si bien réussi, ne permit pas qu'on la secourût : elle la laissa seule dans le plus déplorable état du monde.

Cependant le roi Charmant, ou, pour mieux dire, le bel Oiseau Bleu, ne cessait point de voltiger autour du palais : il jugeait que sa chère princesse y était renfermée;

il s'approchait des fenêtres le plus qu'il pouvait, pour regarder dans les chambres.

Il y avait vis-à-vis de la fenêtre où Florine se mettait, un cyprès d'une hauteur prodigieuse, l'Oiseau Bleu, vint s'y percher. Il y fut à peine, qu'il entendit une personne qui se plaignait. « Souffrirai-je encore longtemps? disait-elle; ne te suffisait-il pas de me rendre témoin du bonheur que ton indigne fille goûte avec le roi Charmant? » L'Oiseau Bleu écoutait; et plus il écoutait, plus il se persuadait que c'était son aimable princesse qui se plaignait. Il lui dit : « Adorable Florine, vos maux ne sont point sans remède. — Eh! qui me parle, s'écria-t-elle, d'une manière si consolante? — Un roi malheureux, reprit l'Oiseau, qui vous aime et n'aimera jamais que vous : » en achevant ces mots, il vola sur la fenêtre. Florine eut d'abord grande peur d'un oiseau si extraordinaire, qui parlait avec autant d'esprit que s'il avait été homme; mais la beauté de son plumage et ce qu'il lui dit la rassura. « M'est-il permis de vous revoir, ma princesse? s'écria-t-il. Puis-je goûter un bonheur si parfait sans mourir de joie? — Et qui êtes-vous, charmant oiseau? dit la princesse en le caressant. — Vous avez dit mon nom, ajouta le roi, et vous feignez de ne pas me connaître. — Quoi! le plus grand roi du monde! Quoi! le roi Charmant, dit la princesse, serait le petit oiseau que je tiens! — Hélas! belle Florine, il n'est que trop vrai, et si quelque chose m'en peut consoler, c'est que j'ai préféré d'être réduit pour sept ans à cet état plutôt que de renoncer à la passion que j'ai pour vous. — Pour moi! dit Florine : Ah je sais que vous avez épousé Truitonne; j'ai reconnu votre anneau à son doigt. — O ciel! est-il possible? interrompit le roi. Sachez qu'abusant de votre nom, elles m'ont engagé d'enlever cette laide Truitonne; mais aussitôt que je connus mon erreur je l'abandonnai. »

Le jour paraissait, la plupart des officiers étaient déjà levés, que l'Oiseau Bleu et la princesse parlaient encore ensemble : ils se séparèrent, après s'être promis que toutes les nuits ils s'entretiendraient ainsi.

Leur joie de s'être trouvés était extrême; cependant Florine s'inquiétait pour l'Oiseau Bleu. « Qui le garantira des chasseurs, disait-elle, ou de la serre aiguë de quelque vautour affamé? »

Le charmant oiseau, caché dans le creux d'un arbre, avait été tout le jour occupé à penser à sa belle princesse. Comme il voulait faire à Florine toutes les galanteries dont il était capable, il vola jusqu'à la ville capitale de son royaume : il fut à son palais, il entra dans son cabinet par une vitre qui était cassée; il prit des pendans d'oreilles de diamans, il les apporta le soir à Florine, et la pria de s'en parer.

« J'y consentirais, lui dit-elle, si vous me voyiez le

jour, mais puisque je ne vous parle que la nuit, je ne les mettrai pas. « L'Oiseau Bleu lui promit qu'il viendrait à la tour à l'heure qu'elle voudrait : aussitôt elle mit les pendans d'oreilles.

Le lendemain, l'Oiseau Bleu retourna dans son royaume, il fut à son palais ; il entra dans son cabinet par la vitre rompue, et il en apporta les plus riches bracelets qu'on eût encore vus ; il les offrit à Florine.

La nuit suivante, l'Oiseau amoureux ne manqua pas d'apporter à sa belle une montre d'une grandeur raisonnable, qui était dans une perle : « Il est inutile de me régaler d'une montre, dit-elle galamment ; quand vous êtes éloigné de moi, les heures me paraissent sans fin ; quand vous êtes avec moi, elles passent comme un songe : ainsi je ne puis leur donner une juste mesure. »

Dès que le jour paraissait, l'Oiseau volait dans le fond de son arbre, où des fruits lui servaient de nourriture ; quelquefois encore il chantait de beaux airs, sa voix ravissait les passants.

Il ne se passait aucun jour sans qu'il fît un présent à Florine : enfin elle avait un amas de richesses merveilleuses : elle ne s'en parait jamais que la nuit pour plaire au roi, et le jour, n'ayant point d'endroit où les mettre, elle les cachait soigneusement dans sa paillasse.

Deux années s'écoulèrent ainsi sans que Florine se plaignît une seule fois de sa captivité.

Cependant la malicieuse reine faisait d'inutiles efforts pour marier Truitonne; elle envoyait des ambassadeurs la proposer à tous les princes dont elle connaissait le nom : dès qu'ils arrivaient, on les congédiait brusquement. « S'il s'agissait de la princesse Florine, vous seriez reçus avec joie, leur disait-on ; mais pour Truitonne, elle peut rester vierge sans que personne s'y oppose. » « Quoi ! malgré sa captivité, disait la reine, cette arrogante nous traversera! Il faut qu'elle ait des correspondances secrètes dans les pays étrangers : c'est tout au moins une criminelle d'état; traitons-la sur ce pied, et cherchons tous les moyens possibles de la convaincre. »

Elles résolurent de monter dans la tour pour l'interroger. Il était plus de minuit, Florine était avec l'Oiseau Bleu à la fenêtre, et parée de ses pierreries : sa chambre et son lit étaient jonchés de fleurs, et quelques pastilles d'Espagne qu'elle venait de brûler répandaient une odeur excellente. La reine écouta à la porte : elle crut entendre chanter un air à deux parties : en effet, elle ne se trompait pas.

« Ah! ma Truitonne, nous sommes trahies! » s'écria la reine en ouvrant brusquement la porte, et se jetant dans la chambre. Que devint Florine à cette vue? Elle poussa promptement sa petite fenêtre pour donner le temps à l'Oiseau royal de s'envoler. La reine et sa fille s'approchèrent d'elle comme des furies qui voulaient la dévorer. « L'on sait vos intrigues contre l'État, s'écria la reine. — Et avec qui, madame, répliqua la princesse. N'êtes-vous pas ma geôlière depuis deux ans ? » Pendant qu'elle parlait, la reine et sa fille l'examinaient avec une surprise sans pareille : son admirable beauté et son extraordinaire parure les éblouissaient. « Et d'où vous vient, madame, dit la reine, ces pierreries ? — Je les ai trouvées dans cette tour, répliqua Florine. — Nous ne sommes pas vos dupes, dit-elle. On vous a donné tous ces bijoux dans la seule vue de vous obliger à vendre le royaume de votre père. — Je serais fort en état de le livrer, répondit-elle avec un sourire dédaigneux. — Et pour qui donc, reprit la reine, êtes-vous coiffée comme une petite coquette, votre chambre pleine d'odeurs, et votre personne si magnifique, qu'au milieu de la cour vous seriez moins parée ? — J'ai assez de loisirs pour cela, dit la princesse. — Allons, voyons, dit la reine, si cette innocente personne n'a pas quelque traité fait avec les ennemis. » Elle chercha elle-même partout ; et venant à la paillasse, qu'elle fit vider, elle y trouva une si grande quantité de diamans, de perles, de rubis, d'émeraudes et de topazes, qu'elle ne savait d'où cela venait. Elle avait résolu de mettre en quelque lieu des papiers pour perdre la princesse. Dans le temps qu'on n'y prenait pas garde, elle en cacha dans la cheminée; mais, par bonheur, l'Oiseau Bleu était perché au-dessus, il s'écria : « Prends garde à toi, Florine, voilà ton ennemie qui veut te faire une trahison. » Cette voix si peu attendue épouvanta à un tel point la reine, qu'elle n'osa faire ce qu'elle avait médité. « Vous voyez, madame, dit la princesse, que les esprits qui volent en l'air me sont favorables. — Je crois, dit la reine, outrée de colère, que les démons s'intéressent pour vous; mais, malgré eux, votre père saura se faire justice. »

La reine la quitta, et tint conseil sur ce qu'elle devait faire contre la princesse. On lui dit que le plus prudent serait d'essayer de découvrir son intrigue. La reine approuva cette pensée; elle envoya coucher dans sa chambre une jeune fille qui contrefaisait l'innocente : elle eut ordre de lui dire qu'on la mettait auprès d'elle pour la servir. Mais quelle apparence de donner dans un panneau si grossier? La princesse la regarda comme son espionne.

Elle n'osait plus se mettre à la petite fenêtre, quoiqu'elle entendît voltiger l'oiseau qui lui était si cher. Elle passa un mois entier sans paraître; l'Oiseau Bleu se désespérait.

L'espionne de la princesse, qui veillait jour et nuit,

depuis un mois, se sentit si accablée de sommeil, qu'enfin elle s'endormit profondément. Florine s'en aperçut; elle ouvrit sa petite fenêtre, et dit :

Oiseau bleu, couleur du temps,
Vole à moi promptement.

L'Oiseau l'entendit si bien, qu'il vint très promptement sur la fenêtre. Quelle joie de se revoir! Les amitiés et les protestations de fidélité se renouvelèrent mille et mille fois. Enfin l'heure de se quitter étant venue, sans que la geôlière se fût réveillée, ils se dirent l'adieu le plus touchant. Le lendemain encore l'espionne s'endormit, la princesse se mit à la fenêtre, puis elle dit comme la première fois :

Oiseau bleu, couleur du temps,
vole à moi promptement.

Aussitôt l'Oiseau vint, et la nuit se passa comme l'autre, sans bruit et sans éclat; nos amans se flattaient que la surveillante prendrait tant de plaisir à dormir, qu'elle en ferait autant toutes les nuits. Effectivement, la troisième se passa encore très heureusement; mais pour celle qui suivit, la dormeuse ayant entendu quelque bruit, elle écouta sans faire semblant de rien, et vit au clair de la lune le plus bel oiseau de l'univers qui parlait à la princesse, qui la caressait avec sa patte, qui la béquetait doucement, enfin elle entendit plusieurs choses de leur conversation.

Le jour parut, la princesse se jeta sur son lit, et le roi retourna dans le creux de son arbre. La geôlière courut chez la reine ; elle lui apprit tout ce qu'elle avait vu et entendu. La reine envoya quérir Truitonne, et il fut arrêté que l'Oiseau Bleu était le roi Charmant. « Quel affront ! s'écria la reine. Ah ! je me vengerai d'une manière si sanglante, qu'il en sera parlé. »

La reine envoya l'espionne dans la tour ; elle lui ordonna de paraître plus endormie qu'à l'ordinaire. La pauvre princesse déçue, ouvrant la petite fenêtre, s'écria :

<blockquote>
Oiseau bleu, couleur du temps,<br>
Vole à moi promptement.
</blockquote>

Mais elle l'appela toute la nuit inutilement, il ne parut point ; car la méchante reine avait fait attacher au cyprès des épées, des couteaux, des rasoirs, des poignards ; et lorsqu'il vint à tire d'aile s'abattre dessus, ces armes meurtrières lui coupèrent les pieds ; il tomba sur d'autres, qui lui coupèrent les ailes, et enfin, tout percé, il se sauva avec mille peines jusqu'à son arbre, laissant une longue trace de sang.

Il ne voulait prendre aucun soin de sa vie, persuadé que c'était Florine qui lui avait fait jouer ce mauvais tour.

Mais son ami l'enchanteur, qui avait vu revenir chez lui les grenouilles volantes avec le chariot, sans que le roi parût, parcourut huit fois toute la terre pour le chercher, sans qu'il lui fût possible de le trouver. Il faisait son neuvième tour, lorsqu'il passa dans le bois où il était, et, selon les règles qui s'était prescrites, il sonna du cor assez long-temps, et puis il cria cinq fois de toute sa force : « O Charmant, roi Charmant, où êtes-vous ? » Le roi reconnut la voix de son meilleur ami : « Approchez, lui dit-il, de cet arbre, et voyez le malheureux roi que vous chérissez, noyé dans son sang. » L'enchanteur regardait de tous côtés sans rien voir : « Je suis Oiseau Bleu, » dit le roi d'une voix faible et languissante ; à ces mots l'enchanteur le trouva sans peine dans son petit nid. Il ne lui en coûta que quelques paroles pour arrêter le sang qui coulait encore, et il guérit le roi aussi parfaitement que s'il n'avait pas été blessé.

Il le pria ensuite de lui apprendre par quelle aventure il était devenu oiseau, et qui l'avait blessé si cruellement. Le roi lui dit que c'était Florine qui avait décelé le mystère amoureux des visites secrètes qu'il lui rendait; et que, pour faire sa paix avec la reine, elle avait consenti à laisser garnir le cyprès de poignards et de rasoirs, par lesquels il avait été presque haché. « Quel malheur serait le vôtre, lui dit-il, si vous étiez capable d'aimer plus long-temps cette ingrate? » L'Oiseau Bleu n'en put demeurer d'accord : il aimait encore trop Florine.

Cependant il pria son ami de le porter chez lui, et de le mettre dans une cage où il fût à couvert de la patte du chat et de toute arme meurtrière.

Florine, la triste Florine, désespérée de ne plus voir le roi, passait les jours et les nuits à sa fenêtre, répétant sans cesse :

Oiseau bleu, couleur du temps,
Vole à moi promptement.

La présence de son espionne ne l'en empêchait point; son désespoir était tel, qu'elle ne ménageait plus rien.

La reine et Truitonne triomphaient. Cependant le père de Florine, qui devenait vieux, mourut. La fortune de la méchante reine et de sa fille changea de face : elles étaient regardées comme des favorites qui avaient abusé de leur faveur; le peuple mutiné courut au palais demander la princesse Florine, la reconnaissant pour souveraine.

La reine irritée voulut traiter l'affaire avec hauteur. La sédition devient générale; on enfonce les portes de son appartement, on le pille, et on l'assomme à coups de pierres. Truitonne s'enfuit chez sa marraine la fée Soussio.

Les grands du royaume s'assemblèrent promptement, et montèrent à la tour, où la princesse était fort malade : elle ignorait la mort de son père, et le supplice de son ennemie. Quand elle entendit tant de bruit, elle ne douta pas qu'on ne vînt la prendre pour la faire mourir. Mais ses sujets s'étant jetés à ses pieds, lui apprirent le changement qui venait d'arriver à sa fortune : elle n'en fut point émue. Ils la portèrent dans son palais, et la couronnèrent.

Décidée à chercher partout l'Oiseau Bleu, elle nomma un conseil, afin d'avoir soin de son royaume en son absence; ensuite elle se munit d'une grande quantité de pierreries, et partit une nuit toute seule, sans que personne sût ou elle allait.

L'enchanteur qui prenait soin des affaires du roi Charmant, n'ayant pas assez de pouvoir pour détruire ce que Soussio avait fait, s'avisa de l'aller trouver; ils se connaissaient depuis cinq ou six cents ans, et de lui proposer quelque accommodement, en faveur duquel elle rendrait au roi sa figure naturelle.

La fée le reçut très agréablement. « Il s'agit, ma commère, dit le magicien, du meilleur de mes amis, d'un roi que vous avez rendu infortuné. — Ha, ha! je vous entends, s'écria Soussio; mais il n'y a point de grâce à espérer pour lui, s'il ne veut point épouser ma filleule. »

L'enchanteur pensa demeurer muet, tant il trouva Truitonne laide; cependant il ne pouvait se résoudre à s'en aller sans régler quelque chose. Enfin, après bien des démêlés, l'enchanteur conclut avec sa commère Soussio, qu'elle mènerait Truitonne dans le palais du roi Charmant; qu'elle y resterait quelques mois, pendant lesquels il prendrait sa résolution de l'épouser, et qu'elle lui rendrait sa figure, quitte à reprendre celle d'oiseau, s'il ne voulait pas se marier.

La fée et Truitonne se rendirent au royaume de Charmant, qui venait d'y arriver avec son fidèle ami l'enchanteur. En trois coups de baguette il se vit le même qu'il avait été; mais la seule pensée d'épouser Truitonne le faisait frémir.

Cependant la reine Florine, déguisée sous un habit de paysanne, avec ses cheveux épars et mêlés, qui cachaient son visage, un chapeau de paille sur la tête, un sac de toile sur son épaule, commença son voyage tantôt à pied, tantôt à cheval, tantôt par mer, tantôt par terre : elle craignait toujours d'aller d'un côté, pendant que son aimable roi serait de l'autre. Un jour qu'elle s'était arrêtée au bord d'une fontaine, elle eut envie de se laver les pieds. Il passa dans cet endroit une petite vieille, toute voûtée ; elle s'arrêta, et lui dit : « Que faites-vous là, ma belle fille, vous êtes bien seule ? — Ma bonne mère, dit la reine, je ne laisse pas d'être en très grande compagnie, car j'ai avec moi les chagrins, les inquiétudes et les déplaisirs. »

A ces mots, ses yeux se couvrirent de larmes.

« Quoi ! si jeune, vous pleurez, dit la bonne femme. Ah ! ma fille, ne vous affligez pas ; dites-moi sincèrement ce qui vous fait de la peine. » La reine lui conta ses chagrins.

La petite vieille se redresse, change tout d'un coup de visage, paraît belle, jeune, habillée superbement ; et, regardant la reine avec un souris gracieux : « Incomparable Florine, lui dit-elle, le roi que vous cherchez n'est plus oiseau ; ma sœur Soussio lui a rendu sa première figure, il est dans son royaume ; ne vous affligez point, vous y arriverez, et vous viendrez à bout de votre dessein. Voilà quatre œufs, vous les casserez dans vos pressans besoins, et vous y trouverez les secours qui vous seront utiles. » En achevant ces mots elle disparut.

Florine mit ses œufs dans son sac, et tourna ses pas vers le royaume de Charmant.

Après avoir marché huit jours et huit nuits sans s'arrêter, elle arrive au pied d'une montagne prodigieuse par sa hauteur, toute d'ivoire, et si droite, que l'on n'y pouvait mettre les pieds sans tomber. Après mille tentatives inutiles, elle se coucha au pied de cette montagne, résolue de s'y laisser mourir; mais tout-à-coup elle se souvint des œufs que la fée lui avait donnés. Elle en prit un; dès qu'elle l'eut cassé, elle y trouva de beaux petits crampons d'or, qu'elle mit à ses pieds et à ses mains. Quand elle les eut, elle monta la montagne d'ivoire sans aucune peine. Lorsqu'elle fut tout au haut, elle eut de nouvelles peines pour descendre; toute la vallée était d'une seule glace de miroir. Il y avait autour plus de soixante mille femmes qui s'y miraient avec un plaisir extrême, car chacune s'y voyait selon ce qu'elle voulait être. Cette circonstance n'y attirait pas moins d'hommes; le miroir leur plaisait aussi. Personne n'était jamais parvenu jusqu'au sommet de cette montagne, et quand on y vit Florine, les dames poussèrent de longs cris de désespoir : Où va cette mal avisée, disaient-elles. Du premier coup elle brisera notre glace. »

La reine ne savait comment faire : elle cassa un autre œuf, dont il sortit deux pigeons et un chariot, qui devint en même temps assez grand pour s'y placer commodément; puis les pigeons descendirent légèrement avec la reine. Elle leur dit : « Mes petits amis, si vous vouliez me conduire jusqu'au lieu où le roi Charmant tient sa cour, vous n'obligeriez pas une ingrate. » Les pigeons ne s'arrêtèrent ni jour ni nuit qu'ils ne fussent arrivés aux portes de la ville. Florine descendit, et leur donna à chacun un doux baiser.

Oh! que le cœur lui battait en entrant! elle se barbouilla le visage pour n'être point connue. Elle demanda aux passans où elle pouvait voir le roi? Quelques-uns se prirent à rire : « Voir le roi! lui dirent-ils: hé, que lui veux-tu, ma mie Souillon? Va, va te décrasser, tu n'as pas les yeux assez bons pour voir un tel monarque. » La reine ne répondit rien; elle demanda encore à ceux qu'elle rencontra où elle se pourrait mettre pour voir le roi? « Il doit venir demain au temple avec la princesse Truitonne, lui dit-on; car enfin il consent à l'épouser. »

Ciel! quelles nouvelles! Truitonne, l'indigne Truitonne sur le point d'épouser le roi! Florine pensa mourir :

La reine chercha où se loger, et se coucha. Elle se leva avec le jour, elle courut au temple; elle n'y entra qu'après avoir essuyé mille rebuffades des gardes et des soldats. Le roi vint le premier; Truitonne parut ensuite richement vêtue, et si laide qu'elle en faisait peur. « Qui es-tu, dit-elle à Florine, pour oser t'approcher de mon excellente figure, et si près de mon trône d'or? — Je me nomme Mie-Souillon, répondit-elle, je viens de loin pour vous vendre des raretés. » Elle fouilla aussitôt dans son sac de toile, elle en tira les bracelets d'émeraudes que le roi Charmant lui avait donnés. « Ho, ho, dit Truitonne, voilà de jolies verreries! en veux-tu une pièce de cinq sous? — Montrez-les, madame, aux connaisseurs, dit la reine, et puis nous ferons notre marché. »

Truitonne s'avança jusqu'à son trône, et montra au roi les bracelets. A la vue de ces bracelets, il se souvint de ceux qu'il avait donnés à Florine; il pâlit, il soupira, et fut long-temps sans répondre; enfin, il lui répliqua : « Ces bracelets valent, je crois, autant que mon royaume; je pensais qu'il n'y en avait qu'une paire au monde, mais en voilà de semblables. »

Truitonne se plaça sur son trône, où elle avait moins bonne mine qu'une huître à l'écaille; elle demanda à la reine combien, sans surfaire, elle voulait de ces bracelets. « Vous auriez trop de peine à me les payer, madame, dit-elle; il vaut mieux vous proposer un autre marché : si vous me voulez procurer de coucher une nuit dans le cabinet des échos qui est au palais du roi, je vous donnerai mes émeraudes. — Je le veux bien, Mie-Souillon, dit Truitonne, » en riant comme une perdue, et montrant des dents plus longues que les défenses d'un sanglier.

Il est à propos qu'on sache que, pendant que le roi était Oiseau Bleu, il avait conté à la princesse qu'il y avait sous son appartement un cabinet, qu'on appelait le cabinet des échos, qui était si ingénieusement fait, que tout ce qui s'y disait fort bas était entendu du roi lorsqu'il était couché dans sa chambre; et comme Florine voulait lui reprocher son infidélité, elle n'en avait point imaginé de meilleur moyen.

On la mena dans le cabinet par ordre de Truitonne : elle commença ses plaintes, ses regrets, et les continua jusqu'au jour. Les valets de chambre l'avaient entendue toute la nuit gémir et soupirer : ils le dirent à Truitonne. Pour le roi, il ne l'avait point entendue. Depuis qu'il avait aimé Florine, il ne pouvait plus dormir; et lorsqu'il se mettait au lit pour prendre quelque repos, on lui donnait de l'opium.

La reine passa une partie du jour dans une étrange inquiétude. « S'il m'a entendue, disait-elle, se peut-il une indifférence plus cruelle? S'il ne m'a pas entendue que ferai-je pour parvenir à me faire entendre? » Il ne se trouvait plus de raretés extraordinaires, il fallait cependant quelque chose qui piquât le goût de Truitonne : elle eut recours à ses œufs. Elle en cassa un; aussitôt il en sortit un petit carrosse d'acier poli garni d'or de rapport : il était attelé de six souris vertes, conduites par un raton couleur de rose, et le postillon, qui était aussi de famille ratonienne, était gris de lin. Il y avait dans ce carrosse quatre marionnettes qui faisaient des choses surprenantes.

La reine demeura ravie de ce nouveau chef-d'œuvre de l'art nécromancien; elle ne dit mot jusqu'au soir, qui était l'heure que Truitonne allait à la promenade; elle se mit dans une allée, faisant galoper ses souris, qui traînaient le carrosse, les ratons et les marionnettes. Cette nouveauté étonna si fort Truitonne, qu'elle s'écria deux ou trois fois : Mie-Souillon, Mie-Souillon, veux-tu cinq sous du carrosse et de ton attelage souriquois? — Dormir encore dans le cabinet des échos, dit-elle, est tout ce que je demande. — J'y consens, pauvre bête, répliqua Truitonne. »

La nuit vint, Florine dit tout ce qu'elle put imaginer de plus tendre, et elle le dit aussi inutilement qu'elle avait déjà fait, parce que le roi ne manquait jamais de prendre son opium. Il n'y avait plus qu'un œuf dans son sac dont elle dût espérer du secours; elle le cassa, il en sortit un pâté de six oiseaux qui étaient bardés, cuits et fort bien apprêtés; avec cela ils chantaient merveilleusement bien, disaient la bonne aventure, et savaient mieux la médecine qu'Esculape. La reine fut avec son pâté parlant dans l'antichambre de Truitonne.

Comme elle attendait qu'elle passât, un des valets de chambre du roi s'approcha d'elle, et lui dit : « Ma Mie-Souillon, savez-vous bien que si le roi ne prenait pas de l'opium pour dormir, vous l'étourdiriez assurément ; car vous jasez la nuit d'une manière surprenante. Florine fouilla dans son sac, et lui dit : « Je crains si peu d'interrompre le repos du roi, que si vous voulez ne lui point donner d'opium ce soir, en cas que je couche dans ce même cabinet, toutes ces perles et tous ces diamants seront pour vous. » Le valet de chambre y consentit, et lui en donna sa parole.

A quelques momens de là, Truitonne vint ; elle aperçut la reine avec son pâté, qui feignait de le vouloir manger : « Que fais-tu là, Mie-Souillon ! lui dit-elle. — Madame, répliqua Florine, je mange des astrologues, des musiciens et des médecins. »

En même temps tous les oiseaux se mettent à chanter plus mélodieusement que des sirènes ; puis ils s'écrièrent : « Donnez la pièce blanche, et nous vous dirons votre bonne aventure. » Un canard qui dominait, dit plus haut que les autres : « Can, can, can, je suis médecin, je guéris de tous les maux et de toute sorte de folie, hormis de celle d'amour. » Truitonne, surprise de tant de merveilles : « Par la vertu-chou, voilà un excellent pâté ! je le veux avoir ; ça, ça, Mie-Souillon, que t'en donnerai-je ? — Le prix ordinaire, dit-elle ;

coucher dans le cabinet des échos, et rien davantage. »
On juge si la reine y consentit.

Dès que la nuit parut, Florine se fit conduire dans le cabinet. Lorsqu'elle crut que chacun s'était endormi, elle commença ses plaintes ordinaires.

Le roi ne dormait point, et il entendait si distinctement la voix de Florine et toutes ses paroles, qu'il ne pouvait comprendre d'où elles venaient; mais son cœur, pénétré de tendresse, lui rappela vivement l'idée de son incomparable princesse; il se mit à parler de son côté comme la reine avait fait du sien : « Ah! princesse, dit-il, trop cruelle pour un amant qui vous adorait, est-il possible que vous m'ayez sacrifié à nos communs ennemis! » Florine ne manqua pas de lui répondre, et de lui apprendre que, s'il voulait entretenir la Mie-Souillon, il serait éclairci de tout. Le roi, impatient, appela un de ses valets de chambre, et lui demanda s'il ne pouvait point trouver Mie-Souillon et l'amener. Le valet de chambre, répliqua que rien n'était plus aisé, parce qu'elle couchait dans le cabinet des échos.

Il descendit par un degré dérobé dans le cabinet des échos, dont la reine avait ôté la clef, mais il en avait une qui ouvrait toutes les portes du palais.

Il la trouva avec une légère robe de taffetas blanc, qu'elle portait sous ses vilains habits; elle était couchée sur un lit de repos, et une lampe un peu éloignée ne rendait qu'une lumière sombre. Le roi entra tout d'un coup, et son amour l'emportant sur son ressentiment, dès qu'il la reconnut il vint se jeter à ses pieds.

La reine pouvait à peine soupirer : elle regardait fixement le roi sans lui rien dire; et quand elle eut la force de lui parler, elle n'eut pas celle de lui faire des reproches. Enfin ils s'éclaircirent, ils se justifièrent, et tout ce qui les embarrassait, c'était la fée Soussio.

Mais dans ce moment, l'enchanteur qui aimait le roi, arriva avec une fée fameuse : c'était justement celle qui donna les quatre œufs à Florine. Ils déclarèrent que leur pouvoir étant uni en faveur du roi et de la reine, Soussio ne pouvait rien contre eux, et qu'ainsi leur mariage ne recevrait aucun retardement.

Il est aisé de se figurer la joie de ces deux jeunes amans : dès qu'il fut jour, on la publia dans tout le palais, et chacun était ravi de voir Florine. Ces nouvelles allèrent jusqu'à Truitonne; elle accourut chez le roi. Quelle surprise d'y trouver sa belle rivale! Dès qu'elle voulut ouvrir la bouche pour lui dire des injures, l'enchanteur et la fée parurent, qui la métamorphosèrent en truie, afin qu'il lui restât au moins une partie de son nom et de son naturel grondeur : elle s'enfuit toujours grognant jusque dans la basse-cour.

Le roi Charmant et la reine Florine, délivrés d'une personne si odieuse, ne pensèrent plus qu'à la fête de leurs noces : la galanterie et la magnificence y parurent également.

Il est aisé de juger de leur félicité, après de si longs malheurs.

# TABLE.

### CONTES DE PERRAULT.

|  | Pages |
|---|---|
| Le petit Chaperon rouge................. | 1 |
| Les Fées............................... | 5 |
| La Barbe-Bleue......................... | 10 |
| La Belle au Bois dormant................ | 19 |
| Le Chat botté........................... | 34 |
| Cendrillon.............................. | 42 |
| Riquet à la houppe...................... | 53 |
| Le petit Poucet......................... | 64 |
| L'adroite Princesse..................... | 80 |
| Peau-d'Ane............................. | 114 |
| Les Souhaits ridicules................... | 135 |

### CONTES DE MADAME LEPRINCE DE BEAUMONT.

| Le prince Chéri......................... | 145 |
|---|---|
| La Belle et la Bête...................... | 164 |
| Le prince Charmant..................... | 186 |
| La Veuve et ses deux Filles.............. | 198 |
| Aurore et Aimée........................ | 205 |
| Le prince Tity.......................... | 218 |
| Les princes Fatal et Fortuné............. | 248 |
| Le prince Spirituel...................... | 264 |
| Belote et Laidronnette................... | 270 |
| Joliette................................. | 285 |
| Le prince Désir......................... | 296 |

### CONTES DE FÉNÉLON.

| Florise................................. | 309 |
|---|---|
| Alfaroute et Clariphile................... | 316 |
| Péronnelle.............................. | 322 |
| Rosimond et Braminte................... | 326 |

### CONTE DE MADAME LA COMTESSE D'AULNOY.

| L'Oiseau Bleu........................... | 343 |
|---|---|

FIN.

## A LA MÊME LIBRAIRIE :

BERQUIN, OEuvres complètes, 4 vol. in-8° ornés de 200 vignettes gravées sur bois.
Chaque volume 3 fr.; l'ouvrage entier 12 fr.

ROBINSON CRUSOÉ, trad. de Petrus Borel, 2 vol. in-8, ornés de 250 grav. sur bois, br. 3 fr.

PAUL ET VIRGINIE, 1 vol. in-8, orné de 100 vignettes sur bois, prix broché. 3 fr. 50

TÉLÉMAQUE, 1 vol. in-8, orné de gravures sur acier, avec fleurons, culs-de-lampe
et lettres ornées gravés sur bois, prix broché 6 fr.

MORALE EN ACTION, nouvelle édition par L. de Labedollière, un vol. in-8 orné de
300 vignettes sur bois. 4 fr. 50

LA SEINE ET SES BORDS, par Ch. Nodier, 1 vol. in-8, orné de 48 gravures sur
bois et de têtes de pages, culs-de-lampes, lettres ornées, etc. 6 fr.

LA LANTERNE MAGIQUE, histoire de l'Empire par Fr. Soulié, 1 vol. in-8 orné de 50
gravures sur bois. 3 fr. 50

BEAUTÉS DES VICTOIRES ET CONQUÊTES des Français sur terre et sur mer, ou fastes mili-
taires de la France depuis 1792 jusqu'à nos jours, par L. de Labedollière, 2 vol. in-8 ornés
de 150 vignettes gravées sur bois. 7 fr.